철학의 21세기

Philosophie à Venir

철학아카데미는 2000년 봄에 문을 연 대안철학학교이다. 인사동에 위치한 철학아카데미는 봄·여름·가을·겨울 네 번에 걸쳐 학기를 마련하고 있으며, 매 학기마다 15~20개의 철학 과목을 개설하고 있다. 초보자들을 위한 입문 과목, 본격적인 철학 공부를 위한 입문 과목, 그리고 여러 형태의 세미나들이 개설되고 있다. 철학아카데미의 강의는 누구든 수강할 수 있다.

철학아카데미에서는 1년에 두 번 학술대회를 개최하고 있으며, 서평전문잡지인 『아카필로』를 발간하고 있다. 학술대회의 결과는 논문집으로 꾸며져 발간되고 있으며, 그 첫 번째 결실로 『철학의 21세기』와 『기호학과 철학 그리고 예술』을 펴내게 되었다. 그리고 철학아카데미에서 산출되는 강의록들도 펴낼 예정이다. 철학아카데미는 살아 있는 사유를 지향하는 젊은 학자들, 그리고 순수한 철학애호가들을 위한 공간이다.

철학의 21세기

1판 1쇄 인쇄 2002년 12월 10일
1판 1쇄 발행 2002년 12월 15일

지은이 / 철학아카데미
펴낸이 / 박성모
펴낸곳 / 소명출판
출판고문 / 김호영
등록 / 제13-522호
주소 / 137-878 서울시 서초구 서초동 1621-18 (란빌딩 1층)
대표전화 / (02) 585-7840
팩시밀리 / (02) 585-7848
somyong@korea.com

ⓒ 2002, 철학아카데미

값 14,000원

ISBN 89-5626-016-8 03100

철학의 21세기

Philosophie à Venir

철학아카데미

소명출판

2000년 봄에 문을 연 철학아카데미는 연구·교육·참여라는 세 가지 축을 중심으로 활동하고 있다. 그러나 아카데미의 활동이 지금까지 주로 대중 강연을 중심으로 교육 분야에 무게중심을 두고서 진행되어 왔던 것이 사실이다. 때문에 아카데미로서는 연구와 참여 부분의 활성화를 위해 늘 준비해 왔으며, 이번에 연구 분야에서 그 첫 결실을 맺게 되었다. 아카데미에서는 1년에 4회 정도 학술 대회를 개최할 것이며, 그 성과를 『아카필로』 및 논문집의 형태로 계속 엮어낼 것이다. 이번에 한꺼번에 출간하게 된 학술총서 1~2호는 각각 1~2회 학술 대회의 성과물을 모은 것이다. 아울러 개별 연구자들의 연구 성과 및 아카데미에서의 공동 강의 결과물로 모아 펴낼 계획이다.

철학아카데미의 학술 대회 및 총서 출간은 다음 세 가지를 기조로 하고 있다. 첫째, 상투적이고 고답적인 주제가 아닌, 오늘날 살아서 움직이고 있는 주제들을 다룬다. 이것은 공자·라이프니츠·최한기 등 고전적인 철학자들을 다루지 않는다는 뜻이 아니고 이런 고전적인 인물들(또는 주제들, 사조들 등)을 다루는 경우에도 오늘날의 맥락에서 살아 있는 형태로 다룬다는 것을 뜻한다. 즉 스피노자를 다루되 들뢰즈, 마트론 이후의 스피노자를 다루고, 『도덕경』을 다루되 1980년대 이후의 연구 성과들을 매개해서 다룬다는 뜻이다. 아카데미의 학술 연구는 늘 '살아 있는 사유'를 지향할 것이다.

둘째, 첫 번째 기조의 당연한 결과이지만 아카데미의 학술 연구는 늘 다양한 담론들을 가로지름으로써 입체적이고 역동적으로 이루어질 것이다. '철학'이라는 이름에 연연하지 않을 것이며, 다른 다채로운 담론들과의 복잡한 그물망을 형성하면서 진행될 것이다. 2호에서는 기호학과 철학을 다루었으며, 3호에서는 건축과 철학을, 4호에서는 동양철학과 서양철학을, 5호에서는 사회과학과 철학을, 6호에서는 동서양의 철학 및 과학, 예술을 모두 아우르는 입체적인 연구가 진행될 것이다.

셋째, 현대적인 글쓰기를 지향할 것이다. 외국어로 가득 차 있는 딱딱한 논문 형태의 글쓰기를 지양하고, 교양층이면 읽을 수 있는 한글 위주의 글쓰기를 지향할 것이다. 외국어를 번역한 낯선 용어들이나 원어들로 도배한 논문이 아니라 학문적 알맹이를 결코 잃지 않으면서도 깔끔한 한글로 저자 자신의 생각을 핵심적으로 드러내는 그런 글쓰기를 지향할 것이다.

철학아카데미는 오늘날 우리가 직면하고 있는 현실을, 그리고 그 현실을 이해하는데 필요한 사상들을 꾸준히 개념화할 것이며, 새로운 사상적 길을 모색하고 있는 젊은 교양층과 호흡을 같이 해

나갈 것이다. 관심 있는 분들의 적극적인 참여를 바란다.

철학이라는 담론은 천하에 도가 없는 난세(亂世)를 치세(治世)로 전환시키려는 노력으로부터(동북아), 우주에 대한 경이와 그 경이의 해명으로부터(그리스), 삶의 고통으로부터의 해탈에 대한 열망(인도)으로부터 발생했다. 기원전 6세기를 전후해서 여러 문명권에서 동시에 발생한 고대의 철학 / 사상은 절대 권력과 그 담론적 쌍둥이(巫·史·브라만·사제 등)로부터 벗어나 처음으로 사학(私學)이 등장한 시대에 활짝 꽃피었으며, 이때 생겨난 다채로운 사유 형태들은 오늘날까지도 모든 사유의 원형들로 작동하고 있다.

그러나 이러한 다채로운 사유 실험들은 이후 (정치적 형태로든 종교적 형태로든) 새로운 통일 국가들(漢·로마 등)이 등장하면서 정리되며, 그 사유들 중 어느 하나(유교·기독교·힌두교 등)가 국가의 통치 이데올로기이자 유일한 진리로서 군림하는 길을 걷게 된다. '철학적 계몽'이라는 것을 한 번도 겪어보지 못한 오리엔트 지방은 말할 것도 없다(그 오리엔트 지방에서 탄생한 두 종교가 오늘날 지구촌을 불안에 떨게 만들고 있다는 것은 우연이 아닐 것이다).

이런 거대한 문명권을 떠받치던 통치 이데올로기 / 종교가 강렬하게 비판받으면서 '근대성'이 도래한다. 과학기술적인 사물 인식, 산업혁명을 통한 산업자본주의의 탄생, 민주주의와 대중문화의 등장, 그리고 이런 변화를 떠받쳤던 근대의 주체 중심적 철학 / 사상들이 인류 역사에 거대한 변환을 가져왔다. 그리고 서구에서 먼저 발달한 이 근대문화는 이후 서구 바깥의 문명들을 점령·동화하면서 오늘날 가장 일반적인 주류문화를 이루게 되었다.

오늘날 현대사회와 문화는 한편으로 근대로부터 이어받은 유산들을 더 크게 확장시키거나 변형시키고 있으며(생산양식에 정보양식이 덧씌워진 자본주의, 극미 / 극대의 세계를 조작하는 과학기술, 愚衆을 양산해내는 거대한 힘으로 화한 대중문화 등), 다른 한편으로는 이 역사적 흐름이 배태한 비극들을 비판하고 새로운 사상적 패러다임을 모색하는 이중의 시대를 형성하고 있다. 즉 오늘날 우리는 초근대(극근대)라는 '현실'과 탈근대라는 '이상'이 착종된 착잡한 시대를 살고 있는 것이다.

철학아카데미에서 펴내는 학술 총서의 첫 번째 권을 장식할 이 책에서 우리는 이런 복잡한 현실 속에서 철학이 나아갈 길을 희미하게나마 밝히는 작업을 시도했다. 철학에 대한 개념, 부여하는 가치, 관심 분야, 논의 방식, 입각해 있는 사유 전통 등등이 모두 다른 아홉 명의 저자들이 조금씩 현실이 되고 있는 미래를 염두에 두면서 나름대로 자신의 생각을 펼쳤다.

조광제의 「몸과 과학기술의 대결로 본 철학과 예술」은 점차 가속도가 붙고 있는 고도의 현대 과학기술과 인간의 몸의 관계에 대한 물음에서 시작한다. 과학기술은 우선 몸의 도구로서 출발했지만, 점차 몸을 약화시켜 버리며(망원경은 멀리 보는 능력을 약화시켰다), 마침내는 몸을 장악해 지배해 버린다. 그러나 몸은 어떤 도식으로도 고착시킬 수 없는 풍요롭고 역동적인 장이며 따라서 늘 과학기술의 장악에 저항한다. 그리고 이러한 저항에는 예술이 동맹의 관계를 형성한다. 과학기술은 몸을 소유하려 하지만, 예술은 몸을 향유하려 하는 것이다. 몸은 배꼽을 가지고 있으며 배꼽은 몸이 자체

완결적인 존재가 아니라 그 바깥 즉 자궁에서 연원한다는 것을 알린다. 그리고 배꼽과 배꼽, 자궁과 자궁은 무한 소급을 형성한다. 그래서 우리는 존재란 근본적으로 끝나지 않는 소급이요 결핍이라고 말할 수 있다. 이 결핍을 메우려는 몸부림이 예술이며, 몸이 세계와 결합하고 교접하고 일치되면서 느끼는 환희와 쾌감을 표현하는 것이 예술인 것이다. 21세기는 과학기술이 과거에 정복하지 못했던 영역들을 계속 잠식해 들어가는 과정을 보일 것이다. 특히 디지털혁명과 게놈 프로젝트가 대표적이다. 때문에 미래의 철학은 한편으로 디지털─게놈적 몸이 어떤 적극적 의미를 가지는가에 대한 해명으로 다른 한편으로는 이와 대립해서 아날로그적인 몸 디지털─게놈적 몸과 어떻게 다른가에 대한 해명으로 갈라질 것이며, 이 두 입장 사이에 격렬한 투쟁이 벌어질 것이다. 그리고 그런 투쟁이 벌어지는 전장(戰場)은 늘 우리의 몸이 될 것이다.

이지훈의 「과학과 예술을 보는 세 모형」은 현대사회에서 과학이 차지하는 큰 위상과 역으로 과학이 맞이하게 되는 몰이해를 대조시킨다. 이런 문제의식에서 출발해 저자는 '과학문화'의 정체를 파헤치며, 그 길잡이로서 「저울을 든 여인」(베르메르)에 대한 세르의 분석을 검토한다. 과학과 예술을 비교함으로써 과학문화의 정체성이 보다 분명해질 수 있다고 보기 때문이다. 베르메르의 그림은 과학(저울)과 그 바깥에서 그것의 메타차원을 이루는 무엇(예수)의 긴장관계를 드러낸다. 그것은 곧 과학기술과 정신문화(지금의 경우는 예술) 사이의 긴장이다. 이 긴장에 관련해 균형 모델(과학과 예술의 대립과 균형을 주장한다), 동일성 모델(과학과 예술이 스피노자의 두 속성처럼 한 근원의 두 표현이라고 생각한다), 위계 모델(과학과 예술을 함께 묶고 그것에 대비되는 제3의 차원을 주장한다)이 제기되었다. 균형 모델은 과학과 예술의 균형을 이야기하지만, 그런 이야기 자체가 과학과 예술을 객관성과 주관성, 추상성과 풍요로움, 인식과 정서 같은 양분법으로 갈라놓고서 시작된다는 점에 한계가 있다. 동일성 모델은 과학과 예술이 공유하는 대칭성, 질서, 조화, 유기적 통일의 이념에 입각해 있지만, 그런 유사성은 부분적일 뿐이며 두 담론이 많은 차이를 보인다는 점에서 한계가 드러난다. 위계 모델은 과학과 예술이 '전체'의 두 심급이며 따라서 전체를 응시해야만 두 담론의 한계를 넘을 수 있다는 이론으로서, 시몬 베이유의 생각이 이를 대변한다. 그리고 이 세 모델은 각각 환유·은유·제유에 상응한다. 저자는 위계 모델이 더 설득력 있다고 보며, 다만 저울의 자리에 예수가 아니라 그늘(고통과 상처, 몸, 자연)을 놓고자 한다.

정세근의 「디지털문화의 철학적 이해」는 오늘날 우리 삶을 크게 지배하고 있는 디지털문화를 여러 각도에서 분석하고 있다. 디지털은 아날로그에 비해 정확하며 또 실용적이다. 디지털은 정보를 잘게 나누어 다시 조합하는 기술을 발명함으로써 아날로그의 결함을 넘어설 수 있는 획기적인 길을 열었다. 모든 이미지들이 해상(解象)되고 전송되고, 또 유통·판매되기까지 하고 있는 것이다. 그리고 디지털과 더불어 '가상현실'이 삶의 주요 요소로 자리잡게 되었다. 그러나 저자는 디지털적 사유는 이미 동북아의 『주역』에서 발견된다는 것을 지적하고 있으며, 라이니츠와 역(易)의 관계를 통해 이를 해명한다. 음과 양의 사유는 0과 1로 모든 정보를 해독하는 디지털 사유와 매우 흡사하다고 할 수 있는 것이다. 이렇게 역사에 뿌리를 두고 있고 오늘날에 와서 거대한 현실이 된 디지털문화를 어떻게 평가하고 받아들일 것인가. 저자는 디지털문화를 둘러싼 여러 사람들의 진단을 찬찬히 살펴보면서 그것을 다각도로 점검한다. 그리고 디지털이 우리에게 많은 것을 주지만 더 중요한 것은 그 디지털 너머에 있는 현실임을 역설한다. 코소보의 소녀의 아픔은 사이버 세계로 전파되지만 더 중요한 것은 그 소녀의 아픔이고 또 그가 처한 비극적 상황인 것이다.

이정우의 「여러 세계 속에서 살아가기」는 현대인의 인식체계와 삶의 방식에 큰 변화를 주고 있는 '시뮬레이션'의 문제를 존재론적으로 다루고 있다. 이 글은 존재론의 기본 개념들 중 하나인 '세계'를 다루고 있으며, 그 기본 틀로서 우선 네 세계(현실세계, 초월세계, 미시세계, 가상세계)를 구분한다. 그리고 이런 구분을 세계사적 맥락에 연관짓는다. 가상세계는 물질성을 벗어난다는 점에서 현실세계와 다르며, 욕망의 세계라는 점에서 초월세계와 다르며, 비트의 세계라는 점에서 미시세계와도 다르다. 그러나 다른 세계들이 그렇듯이 가상세계 역시 현실세계에 뿌리 둔다. 가상세계는 탈물질적 세계처럼 보이지만 기계에 뿌리 두며, 탈현실적인 세계처럼 보이지만 자본주의 상품문화에 뿌리 두며, 탈이데올로기적 세계처럼 보이지만 미국 중심의 권력관계의 산물이다. 이런 사실을 망각한 채 가상세계를 그 자체로서 탐닉할 때, 그것은 후기 자본주의사회의 광기를 부추기는 결과를 낳는다. '세계'의 문제는 '주체'의 문제와 맞물린다. 주체는 여러 세계 사이를 드나들면서 보다 풍성한 주체가 되지만, 한 세계를 절대시하고 그 안에 빠질 때 그 세계의 포로가 된다. 그리고 그렇게 드나들 수 있는 능력은 곧 서로 다른 언어들(넓은 의미)을 번역할 줄 아는 능력이기도 하다. 여러 세계를 가로지르면서 산다는 것, 무수한 세계들을 상호 번역해가면서 자유롭게 산다는 것, 무위인(無位人)이 된다는 것은 곧 세계'들' 속의 주체(들)로 살아간다는 것을 뜻한다.

김석수의 「통일시대 한국 사회철학의 과제와 전망」은 1990년대 한국에서 이루어진 여러 사회철학적 논의들을 정리하면서 통일시대를 대비한 몇 가지 사안들을 검토하고 있다. 우선 분석맑시즘과 포스트맑시즘에 대한 논의는 기존 맑시즘의 본질주의와 환원주의적 전제를 거부하고 작은 해방을 추구하는 새로운 시도를 행했다. 이와 더불어 '신합리주의'와 '포스트모더니즘'도 논의의 대상이 되었으며, 특히 하버마스—리오타르의 논쟁을 통해서 많은 토론이 이루어졌다. 나아가 저자는 롤즈, 포퍼의 사회철학을 비롯해 1990년대 한국에서 논의되었던 다채로운 사상들을 열거하면서 그 장단점을 지적하고 있으며, 특히 사상/이론의 현실적 맥락을 중시해 각 사상들을 검토한다. 저자는 전반적으로 볼 때 한국 사회철학은 계급적 논의로부터 복지담론으로 옮겨왔다고 판단한다. 그러나 이런 변화는 서구 이론들의 이해에 관련해 형성된 것일 뿐 한국의 현실에 그대로 들어맞는다고는 볼 수 없다. 때문에 저자는 앞으로 통일시대를 대비하는 한국의 사회철학은 합리성과 도덕성, 사적 영역과 공적 영역, 차별과 정의에 대한 분석이 선행되어야 한다고 본다. 저자는 이런 문제의식을 통일 문제로 가져가며 사회철학이 통일을 대비한 이론적 준비에 (남북 공동으로) 착수해야 함을 역설한다.

이철승의 「'세계화'시대 '동양철학'담론과 연구 의미」는 신자유주의 및 세계화로 대변되는 오늘날의 현실에서 동양철학이 새로운 대안으로 제시되고 있다는 점을 지적하면서, 그러나 중요한 것은 '동양'과 '서양'의 이분법을 넘어 철학하는 것임을 논한다. 이런 이분법이 내포하고 있는 문제는 우선 이 구분이 지리적인 관점에 입각한 구분이지만 그렇게 볼 때 동과 서라는 두 가지 범주만으로 그 수많은 지리적 차이들을 묶을 수 있는가 하는 것이다. 또 일정한 지리적 관점에 입각해 분류된 철학이라 해도 시간이 흐름에 따라 그 성격이 달라질 수 있다는 점을 염두에 두어야 한다. 셋째로 이분법을 사용할 때 동양 자체와 서양 자체에 무수히 이질적인 사유들이 존재함을 무시하게 된다. 마지막으로 서양의 보편주의에 대한 지적 못지 않게 동양의 보편주의 즉 중화중심주의의 폐단도 역시 지적되어야 한다. 이런 이유에서 저자는 동과 서라는 이분법이 여러 가지 위험한 판단들을 내포하고 있다고 평가한다. 때문에 저자는 우리가 가야 할 길은 동양에 있다기보다는 '동양'과 '서양'을 아우르고 넘어서며 철학하기에 있다고 역설한다.

김시천의 「우리들의 『노자(老子)』 읽기를 위해」는 지금까지의 노자 연구, 특히 서구에서의 노자 연구를 검토하면서 앞으로의 노자 읽기는 어떤 방향을 취해야 하는가를 논의하고 있다. 서구 지성계에서의 노자 읽기는 처음에 주로 선교사들을 통해서 이루어졌으며, 때문에 천주고 / 기독교사상을 투영한 노자 읽기였다. 그러나 웨일리, 빌헬름, 레그로부터 오늘날의 찬, 라우 등에 이르기까지 본격적인 중국학자들의 노력을 통해서 『노자』는 새롭게 번역되고 읽히고 있다. 저자는 이런 시도들을 '거울'과 '프리즘'이라는 두 개념을 통해서 바라본다. 즉 서구인들의 노자 읽기는 대개 자신들을 비춰보는 거울을 통해서 이루어져 왔으나, 최근에는 프리즘이 빛을 흡수해 다시 형형색색으로 분리해내듯이 노자의 사유를 흡수해 다채로운 맥락에서 재해석하는 수준에 도달한 것이다. 이러한 변화의 의미는 무엇보다도 『노자』를 '경(經)'으로서가 아니라 '텍스트'로서 읽는 길을 마련했다는 점에 있다. 그래서 저자는 앞으로의 노자 읽기는 완고한 '경학'으로서가 아니라 우리들의 '노자 이야기'가 되어야 함을 강조한다.

진중권의 「숭고와 시뮬라크르」는 이 두 개념을 중심으로 현대철학과 현대예술 사이에서의 '동형성'을 논한다. 21세기 예술은 사물의 동일성을 해체하고서 시뮬라크르를 복권시켰다. 벤야민의 문화이론이나 뒤샹·워홀 등의 작품 활동에서 이런 점이 극명하게 드러난다. 그리고 사물 개념의 이러한 변모는 기호 개념의 변모와 맞물린다. 현대예술에서 기호는 오로지 자기 지시적인 기능을 할 뿐이며, 앙리 미쇼의 칼리그람이 이런 자기 지시성을 잘 보여준다. 기호는 일회적으로 완성되는 지시작용을 하기보다 흔적과 차연의 흐름 속으로 미끄러진다. 그리고 물질과 대립하기보다 물질과 얽힌 것으로 드러난다. 그러나 마그리트의 「이것은 파이프가 아니다」 같은 작품은 이런 자기 지시성의 개념마저 파괴한다. 그것은 완벽한 시뮬라크르의 세계이다. 데리다와 달리 리오타르는 재현을 파기한 현대예술을 '숭고의 부정적 묘사'라 부른다. 현대예술은 재현을 포기함으로써 재현할 수 없는 무엇인가가 존재한다는 것을 드러내고자 한 것이다. 이런 작업은 바넷 뉴먼에게서 잘 나타난다. 바넷 뉴먼은 시뮬라크르의 와류에 휩쓸리지 않은 성소(聖所)를 드러낸다는 점에서 워홀의 작업과 대조된다. 결국 오늘날 진리는 인식론적 재-현(再-現)이 아니라 예술적 현(現)으로 존재한다. 인식론적 회의

주의의 멜랑콜리는 이제 창조의 기쁨이라는 미적 낙관주의로 전환되는 것이다. 그러나 이 낙관주의가 단단한 것이 되려면 시뮬라크르에 대한 가치평가와 해체주의 언어철학의 정당성에 대한 검토가 요청된다.

김홍경의 「성자의 유희」는 현대문화의 기본적인 성격을 '냉소의 문화'로 보고 있으며 그것을 구도(求道)의 문화와 대비시킨다. 그렇게 함으로써 우리를 '성자의 유희'라는 세계로 초대하고 있다. 냉소의 문화는 어떤 의미도 거부하는 문화이고, 구도의 문화는 절대적 의미를 찾으려는 문화이다. 냉소주의는 억압을 본성으로 하는 모든 권력에 대한 반항으로서 존재하며, 그런 한에서 고결한 정신이다. 그러나 냉소주의는 점차 고갈되는 자신을 체험하게 된다. 냉소를 통한 해방은 허구적이다. 구도주의는 생산적이고 열정적이며 목적을 가진 활동이다. 그러나 구도주의는 끊임없이 무거운 의미의 포로가 됨으로써 무목적적인 시간의 즐거운 소비를 깨닫지 못한다. 냉소주의도 사실은 의미의 좌절에서 유래하며 역시 무목적적인 유희의 맛을 깨닫지 못한다. 저자는 무목적적 유희로부터 상상력이, 즐거운 소비가, 또 대로는 예기치 않았던 경지가 나올 수 있다고 말한다. 그러나 현대사회는 무목적적인 시간의 소비에 대해 죄의식을 갖도록 코드화되어 있다. 그래서 나이가 들수록 유희의 시간은 현저하게 감소한다. 그래서 '성자의 유희'에 귀기울여볼 필요가 있다.

이상 학술총서 1호에 실릴 아홉 편의 글이 소개했거니와 앞으로 다루어야 할 많은 주제들이 우리 앞에 놓여 있다. 우선 조광제가 그 일부를 다룬 몸철학 분야에서는 국내에서 아직 충분히 다루어지지 못한 (메를로-퐁티를 포함하는) 반성 철학 전통의 이해, 신체를 자본에 점차 종속시키고 있는 '생체 권력'(푸코) 문제의 천착(최근의 생명공학 문제를 포함), 새로운 매체들의 등장에 따른 지각 상황의 변화에 대한 해명, 한의학적 신체론의 철학적 해명과 동서 의학체계의 비교, 몸의 인식론적 역할에 대한 해명을 비롯한 여러 문제들이 있다.

이지훈이 그 일부를 다룬 과학철학 분야에서는 과학의 역사에 대한 철학적 이해, 특히 과학사를 이성의 역사로 볼 때 그 역사가 함축하는 역사철학적 문제들의 탐구, 과학의 '객관성' 문제 즉 사회구성주의의 문제(이것은 또한 존재론의 문제이기도 하다), 과학과 사회의 관계, 과학과 정치, 자본주의 등과의 관계, 문화 전체에서 과학이 차지하는 위상, 한국사회의 역사에서 과학문화가 차지하는 위상을 비롯한 많은 문제들이 놓여 있다.

정세근이 그 일부를 다룬 기술론에서는 디지털기술이 가지고 있는 정치경제학적 맥락에 대한 논의, 컴퓨터를 둘러싼 다양한 철학적 담론들에 관한 검토, 그리고 가상현실, 인터넷 등이 가져올 미래 사회에 대한 준비, 보철문화, 사이보그, 로봇 등이 야기시킬 인간존재론적 논의들, 인물성동이론(人物性同異論)의 논의들, 환경과 인간의 관계에 대한 토론, 동북아 과학기술사의 검토를 비롯한 많은 문제들이 남아 있다.

이정우가 그 일부를 다룬 존재론/형이상학 분야에서는 동서의 대표적인 형이상학체계들을 비교하는 문제, 공간과 시간의 본성을 해명하는 문제, (라이프니츠의 가능세계론을 포함해) 가능, 현실,

필연이라는 양상 범주들에 대한 분석, 그리고 그에 입각한 우연, 운명, 미래 등의 개념들에 대한 해명, 프락탈 이론, 급변론, 카오스 이론을 비롯한 현대과학들의 성과에 대한 존재론적 해명, 현대의 대표적인 두 존재론 체계인 들뢰즈 사유와 바디우 사유의 대결 문제, 분자생물학이 제기한 새로운 세계관을 철학적으로 이해하고 비판하는 문제, 존재와 무, 연속과 불연속, 하나와 여럿 등 존재론적 범주들을 현대적인 상황에서 정리하는 문제를 비롯한 많은 문제들이 기다리고 있다.

김석수가 그 일부를 다룬 사회철학 · 역사철학 분야에서는 오늘날 정치철학의 핵심 흐름인, 스피노자에서 네그리에 이르는 자율 정치철학의 이해, 1990년대의 사유를 지배했던 푸코의 철학을 체화해 동북아의 역사를 본격적으로 파헤치는 작업, 소문만 무성할 뿐 아직 제대로 이해되고 있지 못한 들뢰즈와 가타리의 노마돌로지의 이해, 오늘날의 '제국'적 상황(네그리, 하트)에 대한 정치적 분석, 욕망 · 신체 · 권력 등 현대철학이 제기한 새로운 범주들을 통해 세계사를 해석하는 문제(유럽 · 오리엔트 · 인도 · 중국을 따로 보는 것이 아니라 중앙아시아의 유목민에 새롭게 주목해 유라시아 대륙 전체의 역사를 보는 문제) 등이 남아 있다.

이철승과 김시천이 그 일부를 다룬 동양철학 분야에서는 우선 동양과 서양이라는 개념의 계보학적 검토, '동양철학'이라는 개념 자체의 정당성에 대한 논의, 철학에 있어 '지역성'이 차지하는 위상과 문제점, 고전의 독해에 대한 현대적인 검토, 중국 · 한국 · 일본 · 베트남 등 한자문화권의 철학 전통에 대한 보다 넓은 시각의 모색, 서구철학의 개념들과 한자문화권의 개념들의 면밀한 비교,

동북아에서의 도가 연구와 서구에서의 도가 연구의 비교, 영어 문헌을 넘어 다른 언어들을 통한 동북아사상의 논의 등등과 같은 많은 문제들이 산적해 있다.

진중권이 그 일부를 다룬 미학 분야에서는 20세기 예술사를 전반적으로 이해할 수 있게 해줄 철학적 개념들의 창출, 인간의 새로운 지각 상황, 매체 상황을 분석할 수 있는 새로운 미학의 창출, 놀라울 정도로 다변화되고 있는 장르들을 보다 넓은 시각에서 볼 수 있는 개념 장치의 마련, 동서의 미학을 서로 분리된 사유가 아니라 하나의 통합된 사유로 수렴시켜 나가는 작업 등이 우리 앞에 가로놓여 있다.

김홍경이 그 일부를 다룬 철학에세이 분야에서는 현대사회라는 복잡다단한 세계에서 철학적 안목을 가지고서 살아가고자 하는 많은 사람들에게 명료하면서도 내용 있는 철학에세이를 통해서 철학을 전달해줄 방법들을 모색해야 할 것이다.

철학아카데미에서는 앞으로 이런 작업들을 하나하나 해나갈 것이며 그 결과를 이 총서를 비롯한 여러 형식의 지면을 통해서 계속 출간할 것이다. 독자들의 계속적인 응원을 바라며, 또 같은 관심을 가지고 있는 젊은 학자들의 적극적인 참여를 바란다.

2002년 9월
이 정 우

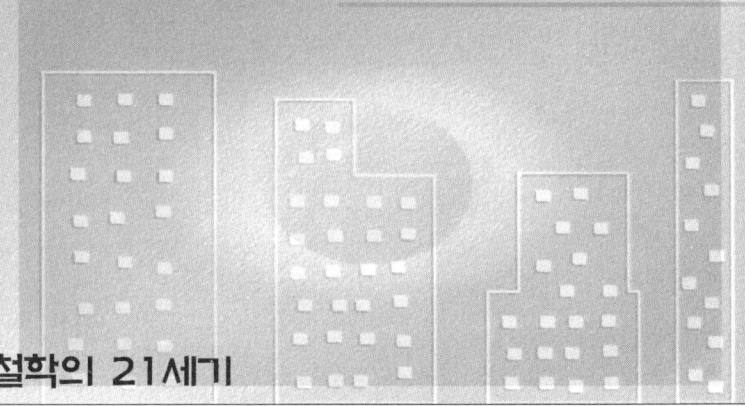

철학의 21세기

차례

책머리에 · 3

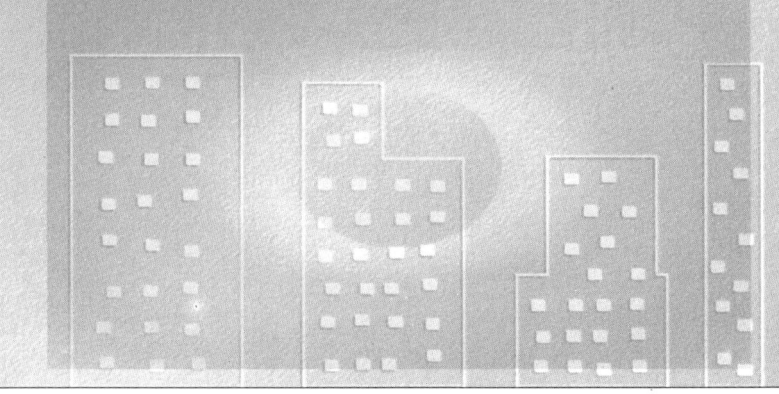

몸과 과학기술의 대결로 본 철학과 예술

21세기 철학의 향방을 가늠하며

조광제

1. 과학기술은 본질상 몸을 겨냥한다

최근 독일에서 바이오 칩을 개발하여 어느 정도의 적용에 성공했다는 발표가 있었다. 향후 인간과 시대의 운명에 관해 더 없이 중요한 소식이지만, 신문에서는 아직 그저 조그마한 단신으로 가볍게 취급되고 있다. 이 소식을 접하고서 단번에 떠오른 것은 영화 〈토탈 리콜〉이다. 이 영화의 주제는 주체성의 혼란, 현실과 상상의 혼합, 극단적인 생태계의 위기 등이다. 그런데 '완전한 회상'이라는 제목이 말해주듯, 영화 내에서 전제되고 있는 과학기술적 기반은 컴퓨터와 뇌의 호환이다. 컴퓨터에 준비된 온갖 프로그램들과 데이터베이스를 뇌에 이식할 수 있다는 것을 전제로 하고 있다. 말 그대로 생체적인 기억과 동일한 수준의 완전한 기억을 뇌 속에 심을 수 있다는 것이다. 바이오 칩, 즉 단백질로 만든 반도체에 대한 아이디어는 뇌 속의 뉴런들이 플러스와 마이너스의 전기적인 작동에 의해 기능을 발휘한다는 데 기초를 두고 있다. 말하자면, 이번 독일에서의 바이오 칩 개발의 성공은 향후 언젠가는 뇌와 호환될 수 있는 컴퓨터 시스템이 개발될 것을 예고한다. 그 결과 인간 존재와 시대가 어떻게 변환될 것인가에 대해서는 감히 상상을 하지 못할 정도다.

과학기술이 남겨 놓은 마지막 미답의 영역은 인간의 뇌다. 만약 컴퓨터와 뇌의 호환이 현실화되면 살아 움직이는 인간의 몸을 전반적으로 통제하는 것으로 알려져 있는 인간의 뇌에 관한 과학적인 연구는 진일보하게 될 것이다. 살아 있는 인간 뇌는 실험이 거의 불가능하거나 가능하다고 하더라도 극히 현상적이면서도 부분적인 방식으로만 접근될 뿐인데, 바이오 칩의 개발이 본격화되고 뇌와 컴퓨터 시스템의 호환이 가능해지면 전혀 새로운 방식으로 인간 뇌에 대한 실험이 가능해지기 때문이다.

과학기술은 근본적으로 몸을 겨냥하고 있다. 이 언명은 크게 대립되는 두 가지 방향의 의미를 띤다. 하나는 과학기술이 몸을 목적으로 하는 수단으로서 몸을 강화한다는 것이고, 다른 하나는 수단으로서의 과학기술이 목적으로서의 몸을 대체하면서 몸을 약화시킨다는 것이다.

과학기술은 본질상 생산을 위한 도구다. 도구는 사물과는 달리 즉자적인 것도 아니고 대자적인 것도 아니다. 도구는 대타적인 것이다. 즉 타자를 위한 존재(Für-Anderes-sein)이다. 도구는 도구 자체로서는 아무런 의미를 띨 수 없다. 굳이 하이데거의 말을 빌지 않더라도[1] 도구는 자생적인 것이 아니고 제작되는 것이다. 다같이 제작된 것이긴 하나 예술 작품처럼 자족성을 띠는 것은 아니다. 도구를 대타적(對他的)이라 할 때, 타자는 몸이다. 도구는 활동에 있어서도 몸을 위한 것이고, 그 결과에 있어서도 몸을 위한 것이다. 활동에 있어서는 몸의 생산성을 위한 것이고, 결과에 있어서는 몸의 욕망을 충족시키기 위한 것이다. 이는 호모 하빌리스가 사용했던 원시 도구에서부터 현대의 첨단 디지털 도구에 이르기까지 본질적으로 관철된다. 흔히 도구를 몸의 연장(延長)이라 말하는 것은 이러한 존재론적인 함의를 그 속에 담고 있다.

도구 존재에 있어서 또 하나 중요한 것은 도구가 몸을 닮으려 한다는 점이다. 몸은 지구적 환경에 맞추어 자신의 존재를 유지 확대하기 위해 진화해 왔다. 도구가 환경적인 사물과 몸을 매개하는 위치에서 몸의 연장으로서 제대로 기능하기 위해서는, 몸을 닮지 않을 수 없다. 호미와 쟁기는 오목하게 통짜로 모은 손을 닮아 있다. 이를 더 발전시켜 나온 포크레인은 통짜로 모은 손에서 손가락들이 튀어나와 있는 모습이다. 최근 급속하게 발달하고 있는 각종 로봇은 지성적인 차원에서마저 최대한 인간의 몸을 닮는 방향으로 치닫는다.

몸의 기본적인 특성은 감각 능력과 운동 능력에 있다. 그래서

---

1) 하이데거는 『예술 작품의 근원』(오병남 외역, 예전사, 1997)에서, "예술 작품은 인위적으로 제작된 측면에서는 도구와 근친성을 갖고, 자족적이고 무목적이라는 점에서 단순 사물과 근친성을 갖는다"(30~31면)고 말하고 있다.

종전의 도구는 크게 두 가지로 나뉜다. 몸의 운동을 도와 원활하게 해주는 것이 뭇 동력 기구들이고, 몸의 감각을 대신하면서 원활하게 해주는 뭇 광학 기구 및 영상 기기들이다. 한편 몸의 감각 능력과 운동 능력이 승화의 과정을 거치면서 성립되어 나오는 것이 상상력, 판단력과 추리력 그리고 표현력이다. 이는 몸 중에서도 인간 뇌가 지닌 특수성에 의해 인간 몸 전체에서 구현되는 능력들이다. 이 능력들은 몸의 상위의 능력이고, 감각 능력과 운동 능력은 몸의 토대의 능력이다.[2] 그 동안의 산업 사회를 형성하기까지의 과학기술의 발달이 몸의 토대의 능력 중 운동 능력을 원활하게 하고 도와주는 것이었다면, 이제 디지털 혁명을 거치면서 발달되어 나온 현대의 첨단의 과학기술들은 몸의 감각 능력과 상위의 능력을 원활하게 하고 도와주는 것이다. 이는 도구 혹은 과학기술이 어떻게 몸을 닮으려 하는가, 즉 도구 혹은 과학기술의 몸에 대한 모사성을 잘 보여준다.

도구의 발달 정도는 도구가 갖는 몸의 모사성이 어느 정도로 완벽하냐가 기준이 된다. 도구가 몸에 대한 모사성을 높이는 발달 과정에서 대단히 중요한 것은 도구와 몸의 공간적인 분리다. 도구가 몸과 결합되어 있을 때에는 도구가 몸을 대체한다고 정확하게

---

2) 이들 능력들은 흔히 몸과 별개의 존재인 정신을 상정해서 그 특유의 능력으로 할당하는 것들이지만, 기실 몸을 토대로 한 능력들이라는 이야기다. 이들을 편의상 몸의 상위의 능력들이라 하고, 앞의 감각 능력과 운동 능력은 몸의 토대의 능력이라 하자. 물론 이 능력들은 전신적인 몸 혹은 메를로-퐁티의 규정에 따르면 몸 자신(le corps propre)에서 존재론적으로 서로 얽혀 분리될 수 없는 관계를 지니면서 나머지 전체를 이끌면서 발휘된다. 예컨대 기하학 문제를 풀 때, 감각 능력과 운동 능력은 전면에 나서지 않을 뿐 항상 선의식적으로 혹은 전반성적으로 이미 깔려 있다.

말할 수는 없다. 그 도구를 '쥐고서' 일을 하는 한, 몸이 단위 시간 내에 더 많은 일을 할 수 있을 뿐, 도구가 전적으로 몸을 대신하는 것은 아니기 때문이다. 그런데 자동 도구가 나타나기 시작한다. 이 자동 도구는 공간적으로 몸으로부터 독립해서 작동하는 것이 특징이다. 증기 기관을 비롯한 각종 에너지 기관들, 이른바 엔진들이 자동 도구이다. 이 엔진들은 일단 시동을 걸어주기만 하면, 계속해서 몸을 쓸 필요 없이 제 스스로 반복적인 운동을 한다. 엔진이라는 자동 장치의 발명은 그런 점에서 혁명적이다. 몸과 분리되고서도 작동될 수 있기 때문이다. 이는 한편으로 몸이 지닌 자동성을 닮도록 한 점에서 도구의 몸에 대한 모사성이 한층 발달된 것이라 할 수 있다. 19세기 산업 혁명이 가능했던 것은 이렇게 몸과 분리된 도구를 발명했기 때문이다.

이러한 자동 장치로서의 엔진이 하는 자동 운동의 특징은 지극히 반복적이라는 것이다. 그런 점에서 기계적이다. 일정한 형태의 반복적인 운동을 여러 다른 형태의 운동으로 바꿀 수 있는 변환 장치들이 개발됨으로써 대량의 생산과 이동을 가능케 했다. 뭇 생산 현장에서의 설비는 물론이고, 배—기차—자동차—비행기로 이어지는 운송 도구로의 발전은 이제 이러한 자동 장치들이 없이는 몸이 존재할 수 없을 것 같은 상황을 연출한다. 여기에서 중요한 것은 도구 내지는 기술이 몸의 자동성을 모사하는 정도에 따라 점점 더 몸이 도구에 의존하는 존재로 변환된다는 점이다. 즉 도구 내지는 기술이 서서히 몸을 대체하면서 몸을 약화시키고 아울러 지배하기 시작한다는 점이다.

이렇게 몸을 대체하고 지배하는 도구 및 기술의 발달 방향은 최근 디지털기술에서 현저하게 나타난다. 그야말로 전적인 자동화가 이루어지는 것이다. 산업사회시대의 자동 장치들은 적어도 몸이 기계 옆에서 계속 신경을 쓰면서 일일이 점검하지 않으면 안되는 것이었다. 예컨대 자동차가 제대로 굴러가도록 하기 위해서는 핸들·브레이크·엑셀레이터 등을 순간 순간 조작하지 않으면 안되는 것이었다. 즉 이전의 자동 장치들은 아직까지 연속적인 조작을 필요로 하는 것이었다. 그러나 이제 자동화는 그런 것이 아니다. 일일이 연속적인 조작을 할 필요가 없는 그야말로 제 스스로 존재하는 도구 아닌 도구가 되었다. 로봇이 대표적이다. 로봇은 인간의 자동성을 최대한 닮아 있고, 또 더 닮으려 하면서 현실적인 인간 몸을 넘어서서 이상적인 인간 몸을 닮으려 한다. 감각 능력을 갖추고 판단 능력을 갖춘다. 그에 따라 미세하게 제 스스로 움직일 수 있는 운동 능력을 갖추고 있다. 이른바 몸의 근본 능력인 운동—감각적인 내적 운동의 원리를 구비했다. 그럼으로써 기계적인 반복 운동을 넘어서서 제 속에 각종 변환 장치들을 구비하여 온갖 종류의 미세한 운동을 할 수 있는 것이다. 게다가 기억과 판단의 지적 능력까지 구비하면서 스스로 학습하고 스스로 에너지를 충전해 나갈 수 있다. 간단히 말하면, 로봇이라는 도구는 최대한 이상적인 인간 몸을 닮음으로써 인간 몸으로부터 완전히 독립하는 때를 목전에 두고 있는 것이다. 즉 몸에 대한 대타성을 벗어버린 도구가 출현하는 것이다. 인간 몸의 조작을 필요로 하지 않는, 제 스스로 움직이는 자동차는 이러한 로봇의 일종이다. 앞서 이야기했듯이 몸에 대한 도구의 모사성이 완전해지면 질수록 도구가 갖는 몸의 대체성은 더욱 강화될 것이고, 그런 만큼 몸은 약화될 것이다. 영화 〈A. I.〉에서 표현되었듯이, 지성뿐만 아니라 사랑이라든가 증오라든가 하는 감정을 갖는 로봇이 나오게 되면, 어쩌면 인간 몸은 감정 능력마저 심각하게 약화될지 모른다. 그러면서 로봇이 인간을 지배하게 될지 모른다.

이러한 과정을 짐작하게 되는 데에는 다음과 같은 기왕의 과정이 있기 때문이다. 망원경의 발명은 멀리 있는 풍경을 볼 수 있는[3] 인간 몸의 능력이 약화된다. 사진기가 나온 뒤 한 번 본 풍경에 대한 기억력과 묘사력이 약화된다. 자동차가 나와 멀리 걷고 뛸 수 있는 몸의 능력이 약화된다.[4] 기술의 집적체이자 그 산출체인 거대한 도시 생활은 보고 냄새 맡고 낌새를 채고 하는 등의 직관적인 인간 몸의 능력을 대부분 약화시키거나 아예 말살시켰다. 맨몸에서 발휘될 수 있는 상상력과 표상력을 텔레비전이 약화시켰다. 그런 것처럼 디지털기술에 의한 온갖 프로그램들이나 시스템의 개발은 맨몸이 지닌 많은 능력들을 약화시킨다. 심지어 계산기가 발달한 후 맨몸으로 하는 인간의 계산 능력은 거의 상실되지 않았는가. 간단히 말해, 발달된 과학기술을 송두리째 없애버린다고 하면, 인간 몸은 지구상에서 살아남을 수 없을 정도로 현저히 약화된 것이다. 따라서 외삽법적인 짐작이긴 하지만, 앞으로 로봇 기술이 최대한 발달하여 생활 곳곳에 파고들게 되면 그야말로 로

---

3) 최근 미국의 아프카니스탄 공격이 있을 때, 아프카니스탄인들은 시력이 약 5.0이 된다는 이야기가 있었다. 정확한 근거를 확보할 수는 없지만 그럴 수도 있다는 느낌만은 지울 수 없다.
4) 마라톤이나 각종 육상 경기에서 계속 기록이 갱신되는 것은 어쩌면 이를 역설적으로 반증해주는 일이라 할 수 있다. 그런데도 아프리카 출신의 마라토너들이 위력을 발휘하는 것을 눈여겨볼 필요가 있다.

봇 문명이 도래하면서 인간 몸의 문명과 문화는 현저히 약화될뿐
더러 급기야 피지배적인 위치로 전락하게 될 것이다.

여기에다 한 가지 첨가할 것은 과학기술이 몸을 철저히 닮기
위해서는 인간 몸을 철저히 알아야 한다는 것이고, 그에 따라 최
근 발달하고 있는 것이 유전공학기술이라는 점이다. 몸에 대한 최
고도의 인식을 획득할 수 있는 길을 열기 위한 일환으로 발달된
것이 생명공학기술이다. 그런데 가장 무서운 것은 바로 이것이다.
인간 몸에 관한 인식 중 가장 기초가 되어 온 것은 의학기술이다.
의학기술은 비정상적인 몸을 정상적인 몸으로 복구하기 위한 것
이었다. 생명공학은 그 연장선상에서 발달된 것이라 할 수 있다.
게놈 프로젝트의 기본이 완성되고 이제 그 적용 영역의 구체적인
얼개를 찾아내는 것만 남은 상황이다. 원시 도구에서 디지털기술
에 이르기까지의 기술은 어디까지나 몸 바깥에서 몸에 간접적으
로 영향을 미치는 것이었다. 그런데 생명공학은 몸을 직접 공격해
들어와 변형시키고자 한다. 헉슬리의 소설 『멋진 신세계』의 이야
기처럼 주문형 인간의 생산이 언젠가는 이루어지고 말 것이라는
우려는 언젠가는 현실로 나타날 것이라 전망된다. 요컨대 이제 인
간 몸 바깥에서 발달하고 있는 과학기술 못지 않게 몸 안으로 파
고 들어와 작동하는 과학기술이 최고도로 발달할 기미를 보이는
것이다.

정리해서 보면, 과학기술이 몸을 겨냥한다는 언명의 함의는 이
렇다. ① 도구 내지는 과학기술은 몸을 위해, 즉 몸을 돕기 위해
존재하는 대타적인 존재다. ② 과학기술은 몸을 닮는 과정을 거치
고 그러면서 몸을 대체하고 몸의 능력들을 약화시킨다. ③ 과학기

술은 몸 이상으로 몸을 닮음으로써 몸을 장악하여 지배하는 방향으로 발전해간다.

그런데 몸에 대한 과학기술의 작용은 항상 세 가지 측면 모두를 동시에 발휘하는 식으로 이루어진다. 이에 몸과 과학기술의 관계는 대단히 복잡해진다. 특히 알고 보면 이 모든 과학기술들을 결국은 몸이 만들어내고 발달시킨다는 점을 보태게 되면 더욱 복잡해진다.

2. 몸은 본질상 과학기술을 빠져나간다

이렇듯 과학기술은 몸을 겨냥해서 그리고 몸을 완전히 지배해버리려는 태세로 몸을 공격해오지만, 과학기술에 대한 몸의 저항 역시 만만찮다. 과학기술은 몸과 세계를 가공하는 실행에서 본질적인 특성을 보이고, 몸 역시 주변 환경에 대한 구체적인 운동을 바탕으로 한 실천을 본질적인 특성을 보인다. 그런 점에서 대단히 유사하다. 그만큼 양자간에 투쟁과 대립이 이루어진다면, 대단히 격렬할 수밖에 없다. 과연 과학기술은 몸을 지배할 수 있을 것인가, 그렇게 되면 인간이 과학기술의 볼모가 되고 노예가 되는 셈인데 과연 그런 상태를 인간 즉 몸이 허용할 것인가?

과학기술의 기반이 되는 것은 과학이다. 몸 현상학자인 메를로 －퐁티에 따르면, 과학은 존재하는 것들에 대해 약도를 그릴 뿐이다. 약도에 담겨 있지 않은 구체적인 지리적 상황은 과학에서 빠져버린다. 그 구체적인 지리적 상황은 몸과 세계가 서로 안과 밖, 주체와 대상, 능동성과 수동성, 현재와 과거 내지는 미래를 교환하면서 교류하고 교섭하는 구체적인 상황을 비유하고 지시한다. 그런 탓에 과학은 사물들을 조작하려 할 뿐, 거기에 거주하려 하지 않는다고 메를로-퐁티는 말한다.[5]

과학은 존재하는 모든 사물들의 관계와 거기에서 일어나는 사건을 고정된 틀을 빠져나올 수 없는 것으로 여긴다. 그래서 철저히 명증한 공준과 그에 따라 뚜렷하게 정립된 법칙에 의거해서 존재하는 것만을 참다운 것으로 간주한다. 갈릴레이와 데카르트 이래 자연을 수학적인 기호로 쓰여진 양적 체계로 보는 것은 이 때문이다. 과학은 자연을 인식적으로 지배하고자 하는 인간의 욕구를 바탕으로 자연을 오로지 수학적인 함수관계로 표현할 수 있는 한에서만 참다운 것인 양 오도한다. 이렇게 왜곡된 자연관은 바슐라르를 통해 형이상학적인 외피를 획득하면서 신비함을 가진 것으로 인도되기도 한다.[6] 이를 닮은 과학기술은 이러한 명증하고

---

5) 『눈과 정신』의 원전에는 9면. 오병남 편역인 『현상학과 예술』에는 『눈과 마음』으로 번역되어 있는데, 거기에는 285면. 참고로 원문을 옮겨 보면 이렇다. "과학은 사물들을 조작하려 하고 사물들에 거주하려 하지 않는다. 과학은 사물들에 내적인 모델들로써 접근한다. 과학의 작업은 지수들 또는 변항들을 바탕으로 이루어진다. 그리고 그것들의 정의에 따라 허용되는 범위 안에서 변형을 일삼는다. 그렇기 때문에 과학은 실제세계(le monde actuel)를 대한다고는 하나 그 사이에 간격이 있을 수밖에 없다. 늘 그래 왔는데, 과학은 이처럼 놀랄 정도로 활동적이고 재기 넘치는 오만한 사고로 수행된다. 과학은 모든 존재를 거침없이 '대상 일반(objet en général)'으로 다룬다. 말하자면 마치 모든 존재가 우리에게 아무 것도 아닌 것처럼 보면서 동시에 우리가 만들어낸 인위적인 장치에 따라 그 본질이 미연에 결정되는 것처럼 다룬다."

정립적이고 빈틈없는 법칙성을 실천의 장 속에서 구현하고자 한다. 말하자면, 과학기술은 우리가 살아가는 세계를 점점 더 법칙적인 세계로 가공해가는 것이다. 불투명한 것을 견디지 못하는 과학의 속성이 과학기술에서는 아예 불투명한 것을 투명하게 예측되는 것으로 가공해 버린다.

이에 반해, 몸과 세계의 교류의 관계는 항상 불투명함을 전제로 해서 이루어진다. 불투명하다고 해서 위협이 된다는 것은 아니다. 오히려 불투명하기 때문에, 마치 어머니의 품속처럼 더 안온하고 더 친밀하고 더 깊이 들어간다. 어둠 속에서 빛이, 빛 배후에 어둠이 서로 갈라들면서 힘을 발휘하는 것과 같다. 그리고 거기에서 저류로 흐르는 풍부한 의미의 흐름을 생산해낸다. 명백하게 드러나 버리면 그것으로 새로운 의미의 창출은 거의 불가능하다. 이런 까닭에 몸과 세계는 어떻게든 불투명한 방식으로 자신을 실현하고 표현하고자 한다. 거기에서 발현되는 것이 몸만의 고유한 영역이 바로 예술이다. 과학의 속성에 의거해서 과학기술의 속성이 결

---

6) 바슐라르는 『부정의 철학』(김용선 역, 인간사랑, 1991)에서 다음과 같은 말을 하고 있다. "신비스런 몽상이란 매우 다양하고 복잡한 수학적 함수들과 수학 이상의 것을 갈망하는 것을 말한다. 우리가 원자를 이해하기 위한 현대적 사고의 노력들을 연구할 때, 원자의 기본적인 역할은 우리에게 수학을 하도록 강요한다는 것을 알게 된다. 모든 것에 앞서 수학이 있으며 …… 수학에 있어서는 실수를 하지 않아야 한다. 물리학의 시적 예술은 어떤 기능이든지 결코 멈추지 않고, 단조로운 분배를 되풀이하는 양자를 배제하는 수들과 군들과 스핀으로 이루어진다."(41~42면) 이러한 바슐라르의 언명은 과학이 시적 예술이고, 수학은 신비스러운 몽상이라고 단언함으로써 시적 예술과 신비스러운 몽상의 작업 역시 과학에 의거하지 않으면 안된다는 함축을 담고 있다. 이는 과학주의적 인식론을 최고도로 찬양하는 입장으로서, 조작 활동으로서의 과학의 본질을 호도하는 경향을 담고 있다. 바로 위 각주에서 인용한 메를로-퐁티의 언명과 어떻게 사뭇 다른가를 비교해보기 바란다.

정되듯이, 몸과 세계의 관계가 지닌 속성에 의거해서 예술의 속성이 드러난다. 예술은 근본적으로 불투명한 것이다. 그것은 상기 하이데거의 말처럼 예술 작품이 제작된 것이면서도 자족적이고 무목적인 데서도 잘 드러난다.

그래서 과학기술과 몸의 투쟁은 결국 과학기술과 예술의 투쟁으로 변환된다. 과학기술이 여러 의미에서 몸을 겨냥한 것이라고 한다면, 그래서 몸을 파괴할 수도 있는 것이라고 한다면, 예술은 그 반대다. 몸이 예술을 겨냥하는 것이다. 몸이 예술을 겨냥한다고 할 때, 그 함의는 과학기술이 몸을 겨냥한다고 할 때와는 사뭇 다르다. 그 함의는 근본적으로 예술이 몸의 의미라는 점에서 성립된다. 첫 번째로, 그것은 몸이 예술을 소유하려는 것이 아니라 향유하려고 한다는 것을 뜻한다. 두 번째로, 그것은 몸이 예술 속으로 스며들려 한다는 것을 뜻한다. 달리 말하면, 몸이 예술로 아예 변신하려고 한다는 것을 뜻한다.

이를 위해 몸은, 항상 급기야 몸을 소유하고자 하는 과학기술의 반란에 끝없이 저항할 것이고, 그러한 저항을 수행해낼 수 있는 토대를 항상 견지하고자 한다고 말할 수 있다. 말하자면, 몸은 근본적으로 과학기술을 벗어나려 하고, 또한 그럴 수 있는 것은 몸이 근본적으로 과학기술을 벗어나 있기 때문이다.

몸의 이러한 힘을 표현할 수 있는 말이 흐름으로서의 몸 내지는 몸의 흐름이다. 몸은 여느 사물들과 마찬가지로 고정된 형태를 지니고 있고 중력에 의해 지구에 뿌리를 내리고 있는 물질로 여겨진다. 그런데 액체의 운동을 지칭하는 흐름을 끌어온 듯 몸의 흐름이라고 하면 이상하게 여겨질 것이다. 하지만 몸의 흐름이란 말은 다음과 같은 바탕에서 성립된다. 몸은 고정되어 있고 그 수레 위에 실린 정신과 심리 혹은 주체가 다른 형태로 바뀔 뿐이라고 이분법적으로 생각해서는 안된다는 것, 정신과 심리는 본래 체화된 것, 즉 몸에 속한 것인데 몸 행위와 언어 행위를 통해서 몸과 독립된 것인 양 몸으로부터 솟구쳐 올라온다는 것, 몸은 개인적으로 뿐만 아니라 사회역사적으로 얼마든지 그 형태7)를 달리할 수 있는 철저히 가소적인 존재라는 것, 결국 몸은 결코 고정되어 있지 않은 근원적인 시간 속에서 세계와 이미 존재 자체를 교환한다는 것.

몸의 흐름을 이렇게 정의하고 나면, 특히 그 가소성에 따라 몸이 과학기술에 의해 얼마든지 조작 가능하고 지배될 수 있는 것으로 변형될 수 있는 것 아닌가 하고서 반문할 수도 있겠다. 그럴 수도 있지만, 몸의 가소성이라는 개념에서 중요한 것은 그러한 형태로도 될 수 있지만, 그와 정반대의 형태로도 될 수 있다는 점이다. 요컨대 몸의 가소성을 통해 몸은 다름 아니라 여러 형태로 변형될 수 있는 바탕이 된다는 점이다. 따라서 왜 하필이면 과학기술이 몸을 약화시키고 피지배적인 존재가 되게끔 끌어가려 하는가를 문제삼는 것이다.

---

7) 몸의 형태에 대해서는 아리스토텔레스가 말한 질료와 형상 간의 관계를 참고하는 것이 좋다. 동일한 질료에 어떤 형상이 새겨지는가에 따라 다른 존재가 된다는 것이 아리스토텔레스의 질료-형상론이다. 목수의 형상을 몸에 새기게 되면 목수의 몸이 되고, 의사의 형상을 몸에 새기면 의사의 몸이 된다. 개별적인 몸에 관해서는 이렇게 이야기되지만 사회·역사적인 몸에 관해서는 자본주의적 형상이 몸에 새겨지면 자본주의적인 몸이 되고, 디지털 혁명적인 형상이 몸에 새겨지게 되면 디지털적 몸이 된다는 식으로 말할 수 있게 된다.

이와 함께 예술의 흐름이라는 말도 쓰게 된다. 몸의 흐름이 어떠하냐에 따라 인간 존재의 흐름이 결정된다. 그리고 몸의 흐름은 예술의 흐름에 반영되어 나타나되, 예술의 흐름은 몸의 흐름을 선구적으로 이끌기도 한다. 그 까닭은 몸의 흐름이란 그것이 사유의 흐름으로 관념적으로 정착되어 담론화되기 전에 이미 그 근원적인 떨림과 리듬을 통해 세계 속에 발산되고, 그 근원적인 떨림과 리듬을 관념 이전에 최대한 그 자체로 표현하는 것이 예술의 흐름이기 때문이다.[8]

3. 배꼽은 몸의 존재론적인 성격을 알린다

이제 이러한 몸이 어떻게 철학적인 혹은 존재론적인 함의를 자아내는가를 살펴보자.

몸은 본래 세계 속에 뿌리를 내리고 있고, 세계는 존재를 알린다. 그렇지만 개별화된 몸은 세계로부터 분리된 느낌으로 채워져 있고, 따라서 세계와 하나가 되고자 하고 그럼으로써 존재와 접촉하고자 한다. 욕망은 근원적으로, 몸이 세계와 분리된 데서부터 솟구쳐 올라오고 세계와 하나가 되어 존재와 접촉함으로써 충족되

---

8) 관념을 담아내는 언어 장치나 담론의 흐름이 고정된 기의를 지니지 않고 계속해서 기표 아래로 미끄러진다는 것은 이러한 근원적인 사태가 그 밑바탕에 놓여 있기 때문이다.

고자 하는 바 존재론적인 것이다.

몸에 뚫린 듯 막혀 있는 배꼽은 우리에게 시사하는 바가 크다. 배꼽은 몸의 존재 즉 나의 존재가 결코 완결된 것이 아니라 내가 아닌 것에 원천을 두고 있다는 것을 알린다. 내 몸을 여물게 한 어머니의 자궁은 그런 점에서 존재론적인 함의를 지닌다. 배꼽을 통해, 몸은 어딘가에서 생성되었지만 동시에 반드시 어딘가로 돌아가야 한다는 점이 암시된다. 달리 말하면, 몸이란 돌아갈 곳으로부터 태어난 그 자체 순환적인 존재 방식을 가진 것으로 배꼽을 통해 알려진다. 어디에서부터 생성되어 어디에로 소멸될 것인가? 그러고 보면, 배꼽을 가진 모든 몸들은 무엇인가로부터 이탈되어 있고, 그 점에서 배꼽을 가진 몸은 근원적으로 결핍되어 있다. 또 배꼽을 가진 몸들은 무엇인가에로 다가섬으로써 이탈과 결핍을 극복해야 할 자들이다.

그렇다고 어머니의 자궁 그 자체로 회귀하는 것만으로는 몸의 근원적인 결핍을 메울 수는 없다. 어머니의 자궁 역시 배꼽을 가진 어머니의 몸이기 때문이다. 어머니의 배꼽은 어머니의 어머니의 자궁으로 연결되고, 그래서 결국 어머니의 배꼽은 어머니의 어머니의 배꼽과 연결된다. 그리고 계속해서 그 연결은 역사를 거슬러 오른다. 배꼽에서 배꼽으로 연결되는 몸 결핍의 통시적인 연쇄는 그 자체로는 메울 도리가 없다. 다만 몸 결핍의 근원성을 이야기해줄 뿐이다. 다산성을 의미로 삼는 자궁에서 자궁으로 이어지는 통시적인 연쇄는 배꼽에서 배꼽으로 이어지는 통시적인 연쇄의 한 계기일 뿐, 그 자체로는 몸 결핍을 충족시킬 수 없다. 오이디푸스적인 어머니의 자궁으로의 회귀는 오로지 비극을 낳을 뿐이다.

그러고 보면 세계는 이 두 연쇄, 즉 배꼽과 자궁의 연쇄를 가능
케 하는 근원으로 여겨야 하고 그런 점에서 세계의 의미는 존재가
된다. 몸이 세계를 향해 하나를 이루고자 한다는 것은 존재를 통
해 자신의 존재론적인 결핍을 메우고자 하는 것이다. 예술이 존재
론적인 결핍을 메우는 작업으로 정의된다면, 그런데 존재론적인
결핍을 메우는 것이 말처럼 수월한 것이 아니라 온갖 방식의 비틀
과 미끄러짐과 꼬임을 수반하는 것임을 감안한다면, 예술이야말로
몸이 세계와 충돌하거나 미끄러지면서 느끼는 절망과 고뇌를 표
현하는 것이요, 몸이 세계와 결합하고 교접하고 일치되면서 느끼
는 환희와 쾌감을 표현하는 것이라 아니할 수 없다.

4. 과학기술은 존재를 바꾼다

그런데 저 앞에서 과학기술에 대한 이야기에서 예고되었듯이, 몸
과 과학기술의 투쟁은 결코 만만치 않다. 하이데거는 현대의 과학기
술을 탈은폐의 역운(歷運, das Geschick)이라 하면서, 이 역운에 의해 인
간이 위험에 처한다고 말한다.[9] 탈은폐라고 번역되는 'entbergen'에

---

9) 하이데거는 『기술과 전향』(이기상 역, 서광사, 1993)에서 다음과 같이 말한다.
　"현대기술의 본질은, 인간을 현실적인 것이 언제 어디서나 다소 눈에 띌 정도로
　부품으로 되어 버리는 그러한 탈은폐의 길로 보낸다. '어떤 길로 보낸다'라는 것

서 'bergen'은 일차적으로 '안전하게 보호하다'라는 뜻을 갖는다. 그런데 접두어 'ent'는 '반대'·'대항'·'분리' 등의 의미를 기본적으로 갖는다. 그래서 말 그대로 풀면, '보호망을 벗겨 버리는 것' 또는 '보호되어야 함을 인정치 않는 것'이라 할 수 있다. 이를 몸에 관련해서 보면, 탈은폐는 불투명한 것으로 보존되어야 할 자연의 몸과 인간의 몸에 대해 그 보존되고 보호되어야 한다는 근본 성격을 제거해 버리는 것을 말한다. 그래서 탈은폐는 위험 자체로 정의되는 것이다.

그런데 기실 그 위험은 자연의 존재와 인간의 존재를 급격하게 바꾸어 버리는 것을 의미한다. 그러니까 자연의 존재와 인간의 존재를 대처할 수 없는 지대로 내모는 것을 의미한다. 몸을 인간 존재의 바탕으로 보아 해석하면, 이는 몸의 존재를 급격하게 변형시키는 것으로 귀결된다. 그렇다면 현대의 과학기술은 실제로 어떻게 몸의 존재를 급변시키려 하는가?

1) 디지털화되는 세계와 몸

향후 21세기 과학기술에서 가장 크게 세계를 바꾸는 것은 디지털 혁명임에 틀림없다. 디지털 혁명의 핵심은 세계를 전자부호로

은 우리말로는 '보내다'(파견하다)를 뜻한다. 우리는 인간을 비로소 탈은폐의 길로 보내는 그러한 집약하는 보냄을 역운(歷運)이라 부르자. 이 역운으로부터 모든 역사의 본질이 규정된다."(65~67면) "이러한 가능성들의 기로에서 인간은 역운에 의해 위험에 처하게 되는 것이다. 따라서 탈은폐의 역운은 어떠한 방식에서든지 필연적으로 위험하다."(71면) "탈은폐의 역운은 그 자체 위험의 한 형태가 아니라 위험 그 자체이다."(73면)

바꾸는 데 있지 않다. 세계가 전자 부호들 간의 체계적인 이합집산임을 폭로하는 데 있다. 그리고 그것이 최고의 진리인 것으로 확언하는 데 있다. 디지털기술이 최고도로 발달되었을 때, 그 궁극적인 모습은 아날로그적인 세계를 완벽하게 구현하는 것으로 나타날 것이다. 무한소로 분할되는 디지털적인 전자부호의 결합은 아날로그적인 세계와 완벽하게 1:1 대응되는 것으로 인식될 것이기 때문이다. 그럴 경우, 흔히 말하는 영상 이미지의 세계와 몸으로 지각되는 세계는 그 존재 방식에 있어서 완전히 일치하는 것으로 인식하게 된다. 지각될 가능성이 있는 세계와 지각된 세계는 같은가 다른가? 만약 같다고 한다면, 디지털적으로 구현되는 세계와 지각될 가능성이 있는 세계는 같은 것이 된다. 왜냐하면, 디지털적으로 완벽하게 구현되는 세계 역시 몸을 통해 지각될 수밖에 없기 때문이고, 그런 점에서도 디지털적으로 완벽하게 구현되는 세계는 지각된 세계와 다르지 않기 때문이다.

그렇다면 디지털 혁명은 세계를 어떻게 바꾸는가? 이전에는 지각 가능하지 않은 세계를 이제 지각 가능하게 만들었다는 것이 핵심이다. 둥근 사각형은 제 아무리 디지털이 발전하더라도 지각 가능하게 만들 수 없다. 그러나 반인반마는 얼마든지 지각 가능하게 만들 수 있다. 에드문트 후설에 따르면, 지각 가능성은 존재 의미의 충전성(充全性, Adäquatheit)을 보장하는 기준이 된다. 그에 따르면, 현실적인 지각 가능성이 없는 반인반마는 의미 지향(Intention des Sinnes)은 가능하지만, 의미 충족(Erfüllung des Sinnes)은 불가능하다. 지각 가능한 것은 현실적인 정립(actuelle Setzung)이 가능하지만, 그저 상상할 수 있을 뿐인 것은 '마치 그러한 양(gleichsam)'한 것으로서 잠재적인 정립(potentielle Setzung)만이 가능할 뿐이다.[10] 그런데 컴퓨터 그래픽으로 처리되었긴 하지만, 영화 〈쥐라기 공원〉에서 우리는 살아 뛰어 다니는 공룡들을 마음껏 지각했다. 다만 입체적이지 않은 것이 다를 뿐이다. 최근에 국내의 정홍 교수가 '실시간 영상 정합시스템'이라는 이름의 실시간 입체 영상 카메라를 발명해 제네바에서 신기술 최고상을 받았다는 소식이 있었다. 이에 홀로그래피 영상기술이 첨단으로 발달하게 되면 늦어도 21세기 중반쯤이면 영상들이 거리를 활보하는 시대가 올 것이다. 그러니까 반인반마가 거리를 활보하는 때가 곧 온다는 이야기다. 영화 〈토탈 리콜〉에서 여주인공 샤론 스톤의 홀로그램 영상 테니스 조교처럼. 이는 이제 잠재적인 정립에 불과한 영역들이 현실적인 정립, 즉 현실적으로 존재한다고 판단할 수 있는 영역으로 포함되어 들어온다는 이야기다. 여기에다 나중에 이야기하게 될 유전공학의 유전자 조작기술이 확대되어 얼마든지 실제로 살아 있는 반인반마를 지각할 수도 있다는 점이 결합되면, 그 정도는 더욱 확대되고 분명해질 전망이다. 요컨대 디지털기술의 발달은 현실적인 정립과 잠재적인 정립의 경계가 없는 세계를 만드는 방향으로 이루어질 것이다.

　이렇게 세계가 바뀌면 세계와 통일되어 하나를 이루고자 하는 몸 역시 바뀌지 않을 수 없다. 몸은 세계와 하나를 이루기 위해 세계가 요구하는 형태들을 자신 속에 구조화하기 때문이다. 디지털화된 세계에 적응하고 조화를 이루기 위해서는 이제 몸은 디지털화되는 방식을 취하지 않을 수 없다. 그런데 과연 몸은 어떻게 디

---

10) 에드문트 후설, 최경호 역, 『순수현상학과 현상학적 철학의 이념들』, 문학과지성사, 1997, §113 참조.

지털화될 것인가?

디지털 혁명은 몸에 관련해서 이중적인 측면을 띤다. 디지털기술은 그 동안 그냥 몸으로써는 지각할 수 없는 것들을 지각하게 만듦으로써 몸을 확장해주는 역할을 한다. 그런가 하면, 디지털화된 세계는 디지털화될 수 없는 몸의 원리를 부적절하거나 그저 수단에 불과한 것으로 강압하게 된다. 이미 이렇게 대립되는 두 방향의 경향은 상당 정도 나타나고 있다. 인터넷의 발달은 마치 몸이 세계 어디에건 구석구석 가 있는 것 같은 착각을 일으킬 수 있도록 한다. 특히 머드 게임처럼 전 세계의 게이머들이 모여 시합을 벌이는 경우, 시공간의 저항은 제로가 된다. 직접 몸을 활용할 필요가 없다. 그런데 머드 게임에서 이기기 위해 실제의 음모가 일어나고 심지어 직접적인 몸싸움을 벌이기도 한다. 디지털 영역의 사건이 실제의 아날로그적 사건을 일으키는 주 운동인과 목적인이 된다. 아날로그적 시각으로 보면, 이건 분명 본말이 전도된 것이다.

물질과 빛의 관계에서 빚어지는 아날로그적 세계가 전자기적 부호와 빛의 관계에서 빚어지는 디지털적 세계로 바뀌면서 몸의 물성 내지는 물질성은 부정적인 저항으로 작용하게 되는 셈이다. 영화 〈메트릭스〉는 이를 요약해서 영상으로 만들어 보여주고 있다. 전자기적인 선로를 따라 완전히 디지털화된 몸이 전달되지 않으면 물질적인 몸이 물질적인 몸으로 살아서 기능을 할 수가 없다. 여기에서 디지털화된 몸을 중심으로 일어나는 디지털적인 사건은 아날로그적인 몸을 중심으로 일어나는 아날로그적 사건의 원인이 된다. 완벽하게 치환된 세계를 잘 표현한다.

2) 아날로그는 본질상 디지털이다?

20세기 철학의 핵심적인 특징은 일체의 초월 욕구, 즉 인간의 근본 운명인 죽음이 문제로 등장함으로써 생겨나는 현실을 초월하여 천상 내지는 신적인 세계에로 진입하려는 욕구를 초월적인 전제에서 찾는 것이 아니라 완전히 인간 현실에 내재화된 영역에서 찾게 되었다는 점이다. 이는 특히 20세기가 시작되면서 열린 현상학적인 사유 방식에 의해 정착되었다 할 수 있다. "사태 자체에로(Zu den Sache selbst)"라는 현상학적인 구호는 존재론적으로 볼 때, 일체의 초월적인 영역들을 제거하고 그 의미들을 내재적인 현실에 기반을 둔 것으로 확증하자는 것이었다. 그래서 하이데거는 죽음 이후 혹은 죽음을 넘어선 영역에 의존하지 않고, 죽음을 내재적인 현실적 삶을 그러한 초월적인 힘들로부터 자유롭게 하는 계기로 삼았고, 사르트르는 의식의 초월을 의식이 자신 속에서 자신을 초월하는 것으로 보았고, 메를로-퐁티는 몸과 세계를 하나이면서 둘이게끔 하는 근원적인 존재를 구체적인 이름의 살이라 했다. 사르트르의 자기 내의 자기 초월적 주체의 가능성을 비판하면서 나온 구조주의는 인간 삶을 가능케 하는 힘이 사회의 공시적인 구조에 있다고 보았다. 그때 구조주의는 사회 바깥에서 그 사회의 구조를 떠받치는 원인이나 이유를 찾지 않고 사회 구조의 형성은 우발적이라 했다.

적어도 20세기 철학들이 바탕하고 있는 세계 내지는 사회는 아날로그적인 연속의 성격을 띤 것이다. 그 이전 플라톤의 이데아적인 천상세계는 아날로그적인 연속의 세계라 할 수 없다. 이데아들이란 따로따로 독립해서 떨어져 있는 것인데다, 개념이나 관념은 아날로그적인 것이 아니기 때문이다. 심리적이고 정신적인 흐름은 아날로그적인 연속성을 띠지만, 획정된 개념들이나 관념들은 그럴 수가 없기 때문이다. 심리적이고 정신적인 흐름을 아날로그적인 연속성으로 잘 표현한 철학자는 '일체의 존재와 사건들을 내재화하여 지니면서 흐르고 있는 절대적 체험류 내지는 의식류'를 제시한 에드문트 후설이다. 베르그송 역시 지속이라는 개념으로 이러한 아날로그적인 연속성을 잘 표현했다. 그리고 보면 아날로그적인 연속성을 존재론적인 기반으로 삼은 철학은 곧 내재성의 철학임을 짐작할 수 있다.

이런 관점에서 볼 때, 철학은 초월적인 전제를 끌어들이지 않고 존재의 의미를 내재적으로 발굴해내는 작업이라 할 수 있다. 그래서 초월적인 신은 인간의 관념적인 창조물로 자리매김되고, 언어와 그에 의거한 이성적 사유는 신이 인간에게 자신을 알 수 있는 데 쓰는 도구로 준 것이 아니라 인간의 의식적 삶 내지는 몸의 삶에서 발원한 것으로서 정위된다. 언어를 신이 준 도구로 보고 언어에 의해 사유가 결정되고, 언어적인 사유에 의해 존재의 의미가 결정된다고 믿는 것은 사실 디지털적인 것이다. 나누어 분별하고 뒤섞이면 안되고, 확실하게 분절되면서 결합되는 것이야말로 디지털의 근본 속성이기 때문이다.

이러한 언어 및 언어적 사유가 디지털적인 성격을 띠긴 하지만, 근원적으로 보면 언어는 몸의 미세한 아날로그적인 떨림에서 연유하는 것이고 언어적 사유는 몸의 미세한 아날로그적인 떨림을 관념의 형태로 갈무리하여 생겨난 것이라고 여기는 것이 몸철학이다. 그런 점에서 몸철학은 근본적으로 아날로그적인 삶의 방식을 주장하고, 거기에서 존재의 의미를 찾기 때문에 존재 역시 아날로그적인 것으로서 항상 연속적인 떨림과 리듬의 원천으로서 발견되는 것이다. 기호학에서 기의가 원천적으로 기표에 근거한다고 말하는 것은 디지털적인 영역이 아날로그적인 영역에 근거해서 성립한다는 주장으로 읽을 수 있다. 그런 점만을 본다면, 기호학은 몸철학의 동반자가 될 수 있다. 현상학적인 몸철학으로 보면, 그 뜻을 '몸에 체화된 의식'과 유비적으로 '기표에 체화된 기의'로 볼 수 있기 때문이다.

그런데 앞서 말한 것처럼 디지털 혁명을 통해 아날로그적인 연속적인 떨림과 리듬이 마치 디지털기술의 나노적인 분절과 결합에서 생성되는 것인 양 뒤집어지고 있다. 글 언어뿐만 아니라 말 언어 역시 디지털화됨으로써 아날로그적으로 재현된다. 그래서 이제 기표는 본질로는 디지털인데, 현상으로는 아날로그적인 것으로 '정확하게 오인'된다. 색채가 그러하고 형태가 그러하다. 깊이가 그러하고 거리가 그러하고 입체성이 그러하다. 심지어 물질성마저 본래는 디지털적인 것인데 지각적인 대상으로 드러날 때 마치 아날로그적인 양 한 것으로 '정확하게 오인'된다. 몸의 떨림을 직접 일러주는 감정은 아직 디지털화되지 않은 것으로 여겨지지만, 디지털적인 인식과 실천의 환경에서 형성되는 소위 '사이버'한 감정이 아날로그적인 환경에서 형성되는 감정보다 더 강도가 높고 지속적인 경우가 많은 것으로 보아 결코 그렇지 않다. 감정마저 본래는 디지털적인 것인데 현상적으로 아날로그적인 양 한 것으로 '정확하게 오인'되는 것이다. 앞서 지적한 영화 〈A. I.〉는 이를 웅

변적으로 보여주고 있다.

 '정확하게 오인'되는 사태는 참과 거짓의 영역을 넘어선다. 왜냐하면, 오인 자체가 정확하게 이루어지기 때문에 거짓으로 판명될 수 있는 한 오라기의 실마리마저 지니지 않기 때문이다. 보드리야르가 말하는 하이퍼리얼리티는 바로 이러한 정확한 오인에서 성립된다고 말할 수 있다. 그래서 그는 하이퍼리얼리티의 영역에서는 참도 거짓도 없다고 말하는 것이다. 이렇게 되면, 원래 아날로그적인 세계를 척도로 하여 참과 거짓이 판별되던 디지털적인 사유의 세계는 당연히 참 혹은 거짓이라는 억압감에서 벗어나게 된다. 전통적인 디지털의 세계인 언어와 언어적 사유의 세계는 이제 아날로그적인 세계를 척도로 해서 이루어지는 것이 아니라, 21세기의 디지털의 세계를 척도로 해서 이루어진다. 그래서 당연히 참과 거짓이 판별되지 않는, 또 그렇게 판별될 필요도 없는 상황을 맞이하게 되는 것이다. 이를 이해할 수 있는 가장 간단한 예는 "반인반마는 존재하지 않는다"라는 주장이 있다 치면, 아날로그적인 영역을 척도로 삼으면 거짓이라고 판명되겠지만, 디지털적인 영역을 척도로 삼으면 아예 디지털로 반인반마를 만들어 버리면 참이 되는 것이다. 그래서 디지털적인 세계에서는 참과 거짓의 판별은 무의미한 것이다. 기실 참과 거짓이란 언어적인 주장이 영향을 미칠 수 없는 언어 독립적인 뚜렷한 영역이 있음을 전제로 해서 성립하기 때문이다. 만약 언어적인 주장이 그 주장과 관계되는 언어 독립적인 영역에 영향을 미쳐 일정하게 변형을 일으킨다면, 그곳에서는 참과 거짓이 성립할 수 없다.[11]

3) 아날로그적인 몸과 디지털적인 몸의 대립과 조화

이 대목에서 미리 가상적인 이야기를 하나 하고자 한다. 디지털적인 입체 영상이 거리를 활보하는 시기가 온다고 하자. 그것이 애매하면 로봇이 거리를 활보한다고 해도 좋다. SF 공상영화처럼, 이 로봇들 혹은 입체 영상들이 제 스스로 로봇을 만들 수도 입체 영상들을 복제해 개별화하여 만들 수 있다고 해보자. 그리고 이것들이 제 스스로의 작동이 어떻게 이루어지는가를 알고 그 원천적인 에너지가 무엇인가를 알아 이용할 줄 안다고 해보자. 그리고 인간이 다 사라진다고 해보자. 그 세계를 우리는 어떻게 받아들여야 할 것인가?

아날로그적인 몸과 세계 환경이 점점 더 디지털적인 세계 환경과 몸으로 치환되는 과정을 겪으면서 아날로그적인 몸과 디지털적인 몸이 결합되려는 경향을 보인다. 사이보그의 출현이 예고되는 것이 그것이다. 사이보그를 단순히 기계로 된 장기들을 몸속에 가진 것으로 생각하면 곤란하다. 그 기계들은 고성능의 컴퓨터 칩으로 된 것들이다. 영화 〈터미네이터〉에서처럼 디지털화된 사이보그 인간은 여러 가지 기능면에서 아날로그적인 인간의 몸을 능가한다. 아날로그적인 인간의 몸이 디지털적인 몸에 대해 변별성을 나타내는 것은 몸의 떨림과 전율에서 나오는 깊은 감정일 것이다. 만약 아날로그적인 몸이 디지털적인 몸과 싸운다고 한다면, 그 나름의 독자성과 우월성을 감정에서 찾아야 할 것이다.

---

11) 이에 관해서는 푸코가 담론을 정의하면서 이미 한 이야기다.

감정의 주체는 여전히 아날로그적인 몸의 전유물이 아니겠는가 하는 것이다. 이런 상황이 견지되는 한에서, 21세기의 철학은 일단 감정을 중심으로 한 철학으로 될 것이다. 감각에 대해서는 어떻게 하면 붉은 색이 나오고 어떻게 하면 높고 침울한 듯한 소리가 나는가를 디지털적으로 거의 완전히 계산된다. 냄새나 촉각도 그러하다. 몸의 운동은 로봇의 발달과 함께 계산되어 점점 정교해지고 있다. 지성은 인공 지성 연구와 함께 디지털적인 처리 과정에 의해 수학적으로 계산되면서 설명될 전망을 보인다. 이전에는 수학적인 계산의 대상이 되지 못해 아날로그적인 인간 몸의 고유한 능력인 양 여겨지던 이것들이 이제 디지털적인 몸으로 이관되고 있는 것이다. 마치 17~18세기 근대 과학 혁명을 거치면서 자연에 대한 철학이 아예 과학으로 되어 철학권에서 벗어나가 철학 자체의 존립을 위협한 것처럼, 디지털적으로 계산될 수 있는 감각과 운동은 디지털 과학의 손아귀에 들어가게 될 것이다. 또한 학습을 비롯한 인공 지능이 발달하게 되면서, 지성의 작업 역시 디지털 과학의 손아귀에 들어가고 있다.[12] 마지막 남은 것은 감정이다. 인공 감정의 문제는 자본주의적 효율성에 도움이 되지 못하기 때문이기도 하겠지만 아날로그적인 인간 몸의 고유성에 해당되는 것이라 너무나 복잡한 나머지 아직 엄두를 내지 못하는 모양이다. 괴로워하고 즐거워하는 디지털적인 로봇은 아직 불가능한 것이다.

---

12) 이에 관해서는 인지심리학, 생리심리학과 같은 심리학에서 최대한 과학적으로(계산적으로) 설명하기 위한 작업이 착착 진행되어 왔다. 각 나라에서 21세기의 뇌를 마지막 과학의 미답 영역으로 보고서 집중적으로 탐구하게 되면 지성의 작업은 언젠가 정복될 것이다.

하지만 만약 호르몬의 영향에 의해 인간의 감정이 일정하게 달라지는 것이 분명한 현실이고 보면, 이 호르몬의 작용을 디지털화하게 되면 감정의 영역도 서서히 잠식될 것이다.

디지털적 영상의 세계는 곧 디지털화된 사물의 세계다. 디지털화된 사물의 세계를 아날로그적인 몸이 얼마든지 누릴 수는 있다. 그러나 아날로그적인 본래의 몸으로는 누릴 수 없는 초아날로그적인 디지털의 세계가 불가능란 법은 없다. 그래서 요구되는 것이 디지털화된 몸이고 사이보그적인 몸이다. 예컨대 자외선과 적외선과 같은 전자기 빛을 볼 수 있는 사이보그적인 몸이 만들어지면 그 영역에서의 디지털화된 세계가 만들어질 것이다. 이 과정에서 순수 아날로그적인 몸은 퇴락한 내지는 탈락된 몸으로 치부되고 디지털화된 정도가 어떠한가에 따라 우월한 몸 내지는 진보된 몸으로 취급될 수 있다.

4) 게놈화되는 몸

여기에다 우리는 게놈 프로젝트의 기본적인 완성을 고려하지 않을 수 없다. 21세기의 과학기술을 주도하는 두 흐름을 지적한다면 디지털의 흐름과 게놈의 흐름일 것이다. 게놈 프로젝트에 의한 유전자기술은 일단 아날로그적인 몸에 관한 것이다. 물론 이를 가능케 한 것은 디지털기술이다. 그 극점을 모르고 날로 발전하는 것이 디지털 관련기술들이다. 고집적 회로기술인 반도체기술이 더욱 가속화되면서 컴퓨터의 처리 속도와 용량이 점점 더 고밀도 대량화되는 가운데,13) 이제 착착 게놈 프로젝트를 근간으로 세밀한 유전자의 시시콜콜한 번지수까지 다 알게 될 것이다. 최근에 인간 몸의 유전자가 3만 내지 4만 개밖에 되지 않기 때문에 뭔가 유전자들 간에 뭔가 종합적이고 상호소통적인 유기적 체계가 존재하리라는 추측이 나와 단순히 선형적인 유전자 결정론으로는 귀착되지 않을 전망이어서 앞으로의 연구가 지난하리라는 예상은 된다. 하지만 유전자공학에 의한 생물체의 복제는 유전자 조작과 관련해서 초미의 관심사가 되고 있다.

유전자 조작에 의한 아날로그적인 인간 몸의 변형이 어디까지 가능할지에 관해서는 예상이 불가능할 정도로 그 가능성이 높다고 할 수 있다. 이 일들이 다반사로 현실화되면 그야말로 몸은 게놈화된 몸으로 불릴 것이다. 게놈 프로젝트가 인간의 몸에서 일어나는 모든 사건들의 기초가 게놈에 따른 것임을 전제로 하고 있기에, 게놈 프로젝트의 원리로 보면 몸은 이미 게놈화된 몸이라 부를 수 있다. 유전자 조작에 의한 몸의 변형이 실용화되면 게놈화된 몸이 본래의 몸임이 확증된다는 사실이 남아 있을 뿐이다.

여기에 디지털화되는 몸이 결합되면 이렇게 될 것이다. 유전자의 기능들과 그 메커니즘들이 일일이 밝혀지게 되면 그것들은 디지털화될 것이다. 그렇게 되면 디지털적으로 만들어진 몸들(입체 영상과 로봇 혹은 사이보그)은 고도의 게놈적인 메커니즘을 확보하게 되

---

13) 최근 우리나라에서 개발된 초전도 물질을 반도체기술에 응용하는 것이 실용화되면 현재의 노트북만한 크기로 현재의 수퍼 컴퓨터의 기능을 담을 수 있을 것이라 한다. 반도체기술에서 가장 문제가 되는 것은 도선의 저항인데 이를 완전히 제로로 만들어 그 속도를 높일 수 있기 때문이라고 한다.

면서 아날로그적인 몸을 완전히 복제한 것으로 될 것이다. 그 결과, 게놈−디지털적인 몸의 탄생이 가능할 것이다. 이 몸은 그야말로 완전한 사이보그다. 더욱이 생체 칩이 고도로 발전되면 이러한 게놈−디지털적인 몸은 완전히 아날로그적인 몸과 호환이 될 것이고, 그 결과 결국에는 디지털이니 아날로그니 하는 몸의 구분이 무의미해질 것이다.

5) 몸에 변환에 따른 존재의 변환

몸과 세계가 게놈−디지털화되는 사태는 처음부터 그래서는 안 될 것이 그렇게 되는 것은 아니다. '그래서는 안된다'라는 당위의 영역은 '이미 그렇다'라는 사실 혹은 존재의 영역을 규정할 수 있는 실제적인 힘을 가진 것은 아니기 때문이다. 그럴 수 있기 때문에 그런 것이고, 그러다 보면 그렇게 하더라도 아무 문제가 없는 것으로 되기가 일쑤다. 하이데거의 말처럼 존재는 이미 우리를 그런 쪽으로 보내고 있는 것이다. 존재론적인 상황 전반이 변환되는 것이다.

5. 철학은 어떤 형태로건 몸철학으로 기울 것이다

　철학을 최종적으로 존재에 대한 의미를 발견 내지는 부여하는 것이라고 한다면, 이제 21세기의 철학은 아날로그적인 몸이 어떻게 디지털적인 혹은 게놈-디지털적인 몸과 다른가를 존재론적으로 해명하는 쪽으로 집중하게 될 것이다. 그러면서 아날로그적인 몸에 대한 향수로 몸부림치게 될 것이다. 철학은 대부분의 경우 회고적인 성격이 강하기 때문이다. 그런 와중에 디지털적인 상황 혹은 게놈-디지털적인 상황에 대해 어떻게 적극적인 의미를 부여할 것인가에 대한 철학적 논의가 활발해질 것이다. 이 두 가지 방향의 철학이 서로 교직을 이루면서 대립하기도 하고 서로 의존하는 방식으로 발전하게 될 것이다. 기존의 철학적인 주제들은 이러한 몸철학의 바탕 위에서 재조명하게 될 것이다.

　몸철학이 향후 철학의 방향을 틀어지게 될 것이라는 예상은 위에서 말한 바 21세기의 존재론적인 상황을 결정짓는 큰 두 가지 흐름의 과학기술이 바로 몸을 겨냥하고 있기 때문이다. 그런데 배꼽을 단 아날로그적인 몸이 배꼽이 없는 디지털적인 혹은 게놈-디지털적인 몸으로 바뀌게 되면, 배꼽에서부터 연원하는 존재에 대한 근원적인 의문은 시들어질지 모른다. 그렇게 되면 마치 이전의 신화가 실재적인 문화의 의미를 상실하고 만 것처럼, 철학은 어쩌면 실재적인 문화의 의미를 상실하면서 한갓 골동품처럼 될지도 모른다. 다만 그렇게 되기 전까지 몸철학이 번성할 것이라는 예견이다.

6. 그렇다면 예술은?

만약 철학이 문화의 골동품으로 전락하고 말면, 예술은 어떻게 될 것인가? 예술은 존재론적인 상황을 선구적으로 앞서서 표현하는 것이기 때문에 결코 삭지는 않을 것이다. 우선 최근 들어 아날로그적인 몸을 비틀고 자르고 해체해서 전시하는 설치 미술들이 많이 유행하고 있다. 또 몸을 어떻게 표현하고 있는가를 기초로 해서 이루어지는 미술 평론들도 심심찮게 나오고 있다. 그런가 하면 컴퓨터로 만들어낸 디지털 영상물과 매체들 자체를 설치해서 전시하는 예술들도 많이 나온다. 20세기 들어 복제문화가 자리를 잡으면서 벤야민이 이미 이야기한 것처럼 예술에서 아우라가 사라졌다고들 쾌재를 부르거나 한탄을 하면서 아우성이다. 그런 와중에 맥루언의 말처럼 미디어 자체가 메시지라는 점이 분명하게 부각되고 있다. 이제 예술은 과학기술의 흐름 자체에 편승하지 않으면 안된다는 조급한 심정으로 진행되기도 하고, 그래서 과학기술에 의한 매체 자체를 예술의 표현 대상으로 삼기도 한다.

그러나 예술은 항상 존재론적인 떨림 즉 인간 존재를 중심으로 열리는 존재의 표정을 표현하는 것이기에 21세기의 특징인 몸의 변환과 그에 따른 존재의 변환을 문제삼지 않을 수 없다. 이미 디지털적인 몸의 승리에 굴복하듯이 아날로그적인 몸의 해체와 와해를 표현하고 있지만, 결국에는 디지털적인 혹은 게놈―디지털적인 몸이 횡행하는 존재론적인 상황을 견디다 못해 이에 대립하고 저항하는 아날로그적인 몸의 원초성을 지향하게 될 것이다. 그런 점에서 매체를 거부하고 아날로그적인 몸 자체를 수단으로 하는 퍼포먼스나 해프닝은 21세기의 예술 지형을 그리는 선구적인 작업이라 할 수 있다.

물론 디지털적인 몸을 이용한 예술 형식들이 가장 많이 성행할 것이고, 또한 디지털적인 몸과 아날로그적인 몸이 어떻게 대립되면서도 화합할 수 있는가를 표현하는 예술들이 많이 성행할 것이다. 디지털적인 영상—사물들은 아날로그적인 물질—사물들에 비해 가소성이 훨씬 더 높다. 예술은 기본적으로 조형적이다. 가소성이 높은 것들이 내용에 있어서나 매체에 있어서 훨씬 더 활성화되기 쉬운 것이다.

한편 디지털적인 상황이 강화되면서 그 한편에서, 아날로그적인 몸 자체가 지닌 순수한 가치를 더욱 강하게 인지하게 될 것이고, 따라서 아날로그적인 상황에의 향수와 함께 벌거벗은 몸 자체와 벌거벗지 않고서는 불가능한 아날로그적인 성 자체를 활용하는 예술 형식들이 나타날 것이다. 물론 20세기를 통해 미리 마련된 생식으로부터 해방된 성은 이제 디지털적인 상황을 만나 더욱 가속화될 것이고, 그에 관한 디지털적인 예술 형식들도 얼마든지 생산될 것이다.

7. 마무리

21세기의 철학의 방향을 몸을 근간으로 하는 소위 몸철학적인 쪽으로 가닥을 잡고 보면, 철학은 감각과 감정을 중시하는 쪽으로 흐를 것으로 예상할 수 있다. 그렇게 되면 당연히 철학은 예술을 두 몸이 붙은 '샴쌍둥이'처럼 여기지 않을 수 없을 것이다. 그러면서 철학은 예술을 출구로 해서 쏟아져 나오는 새로운 뭇 존재론적인 표현들을 견디다 못해 개념적인 언어를 잃어버리고 개념적인 사유를 잃어버리게 될 공산이 크다. 그 대신 감정적인 언어에 기대게 되고 감정적인 느낌에 기대게 될 것이다. 말하자면 철학은 예술 속으로 함입되어 버릴 공산이 크다.

하지만 예술이라고 해서 그다지 안전한 것은 못 된다. 디지털적인 존재 상황은 아날로그적인 시각에서 보면 그 자체 하나의 상상력에 입각한 상황이고, 예술이란 본래 존재의 낌새를 채는 상상력의 산물이기 때문에 결국 예술과 비예술의 경계가 희미해질 가능성이 높기 때문이다. 물론 이는 이미 20세기 초 뒤샹의 〈샘〉을 비롯한 레디-메이드 예술에서 확립된 것이긴 하지만, 디지털적인 상황이 대대적으로 전개되면 전혀 다른 차원에서 예술과 비예술의 경계가 지워지기 시작할 것이다. 그런 가운데 예술은 20세기의 미니멀리즘이 그랬던 것처럼 또다시 새로운 상황에서 자신의 정체성을 문제삼는 작업을 되풀이할 공산이 크다.

철학이 예술에 함입되어 들어가고, 예술이 삶 전체의 상황 속으로 함입되어 들어간다면, 그러면서 기실 철학이 없어진 것이 아니

라 근본적으로 형태를 바꾼 것이고 마찬가지로 기실 예술이 없어
진 것이 아니라 근본적으로 형태를 바꾸어 삶 전체의 흐름 속으로
매설되면서 표현되는 방향으로 상황이 전개된다면, 현재의 시각으
로 보더라도 비관적인 것이 아니라 전혀 새로운 의미로다 낙관적
이라고 해야 할 것이다. 즉 더 이상 삶을 적극적으로 긍정하는 것
을 화두로 삼는 일이 없을 정도로 이미 삶은 긍정되고 있다고 해
야 할 것이다.

과학과 예술을 보는 세 모형

이지훈

1. 전형

과학기술이 우리에게 주는 의미를 말하기란 쉽지 않다.[1] 과학기술이 짜놓은 그물의 규모조차 아직 뚜렷하지 않기 때문이다. 문명의 여러 징후들은 곳곳에서 우리의 이해 수준을 보여준다. 가령 '과학문화'나 '과학예술'이란 말을 떠올려보자. 낯설게 들린다. '종교

---

[1] 이 글에서 말하는 과학기술과 예술은 대학제도로 나뉜 분과라기보다 과학기술과 예술이란 말이 상징하는 사유 형태와 문화 활동을 폭넓게 포괄하는 것임을 미리 밝힌다. 더불어 이 글은 과학과 기술을 엄밀하게 나누지도 않을 것이다. 과학이란 낱말 하나로 과학기술을 통틀어 가리킬 때도 있을 것이다.

예술'이란 말이 그럴듯하게 들리는 반면에 과학예술이 낯설게 들리는 까닭은 무엇인가?[2] 과학이 그만큼 예술이나 문화하고 어울리지 않는다고 느끼기 때문이 아닌가? 그런데 한편에서는 정보사회나 과학기술사회 같은 말을 쓴다. 과학기술이 온 사회를 꿰뚫는다는 뜻에서 말이다. 여기에 문제 상황이 있다. 문화가 아닌 것이 온 사회를 꿰뚫다니. 아니, 문화에 대하여 과학기술이 한편으로 낯설고 다른 한편으로 친숙한 이 현상을 어떻게 풀이할까? 언뜻 문명과 문화를 나누어, 과학기술은 문화보다 문명에 해당한다고 할까? 그러나 문명은 물질이고 문화는 정신이라는 이분법의 고루함은 제쳐두더라도, 과학기술이 현대인의 존재 방식, 이를테면 정신에 미치는 영향 또한 적지 않음을 생각할 때, 과학문화란 말이 어색하다는 언어 현상은 확실히 하나의 징후이다. 우리가 과학기술의 의미를 낮추어 보거나 혹은 아예 이해하지 못했음을 말해준다.

사실 전통사회는 끊임없이 당대의 과학기술을 이해하고 자기 체계 속으로 모았으며, 과학기술은 그 속에서 분명하게 인지된 장소, 기능, 가치를 가졌다. "확정된 의미(sens)"를 가졌던 셈이다.[3] 그런데 이제는 그것이 과연 어디로 가는지, 누가 그것을 결정하는지 알기 어렵다. 인간 복제나 사회의 정보화가 무엇을 뜻하는지, 기술을 통해 인간의 기억을 옮겨 받아 인간과 비인간 사이를 어른거리는 기계가 장차 우리에게 무슨 영향을 줄지 미처 헤아릴 수 없다. 그래서 과학문화란 말이 낯설 수 있다. 우리가 과학의 의미를 아직 모르거나, 문화(상징)적으로 통합해내지 못했기 때문이다.

---

2) 소흥렬, 「기술과 예술의 과학문화」, 2001년 과학문화재단 세미나.
3) Gilbert Hottois, *Le signe et la technique*, Aubier, 1984, p.105.

이런 혼돈의 지속은 아마 근대 이전에는 없었을 텐데, 한편으로 역설적이기도 하다. 근대 인간은 모든 초월적인 것을 뒤로 물리고 주체로서의 자아를 앞에 내세웠다. 과학은 또한 자아—주체가 스스로 만들어낸 것 가운데 으뜸가는 결실일 법도 하다. 그런데 이렇게 제 힘으로 무엇을 만들어내자마자 그것을 이해할 수 없게 되다니! 문제는 더구나 과학의 의미를 알지 못하는 상황, 또는 의미의 부재가 마침내 위기와 두려움을 자아내는 데 있다. 여기에는 전통적인 상징체계가 무너지는 데서 오는 두려움도 섞여 있다. 이전에 과학은 자신의 '확정된 의미'가 옳건 그르건 간에, 자기 의미를 정해주는 체계를 크게 위협하지 않았다. 세계의 이해에 따른 가치의 위계, 즉 존재론의 바탕을 흔들어놓지 않았다. 그러나 이제 과학은 마치 속뜻을 알 수 없는 블랙박스 같지만, 그 효과는 존재의 의미체계를 흔든다. 심지어 전통 상징체계를 낮추어 보면서도 오히려 기계를 삶의 상징으로 만드는 사람도 있다.4) 이로부터 적지 않은 사람들은 과학기술 앞에서 상실감이나 두려움을 느낀다.

기술—공포(techno-phobia)에서 벗어나려면 인간이 '스스로 창조한 것'의 의미를 이해하고 전체 문화 속에서 다시 통합해내는 길밖에 없다. 결국 과학기술이 짜놓은 그물 전체를 돌이켜보는 데서 출발할 터인데, 우리는 다음 물음으로 실마리를 잡고자 한다. 과학과 예술은 실제로 어떻게 다른가? 서로 대척점에 있는 듯한 두 영역을 견주어 볼 때, 과학의 정체가 좀더 분명해질 듯하다.

베르메르의 작품을 풀이하며 세르는 좋은 얘기 거리를 제공한

---

4) 멈포드, 김문환 역, 『예술과 기술』, 민음사, 1999, 52면.

다.5) 〈저울을 든 여인〉(1664) 중앙에는 저울이 있고, 여기서 뻗은 수직선과 수평선을 따라 화폭은 넷으로 나뉜다. 이것을 데카르트 (1596~1650)의 좌표체계에 빗대어 보아도 큰 무리가 없다. 좌표의 원점(origin)이란 무엇인가? 표지와 측정의 제로 기점이다. 한 장소에서 일어난 사건을 말하고 기입하는 준거 지점으로서, 이것이 없으면 어떤 표상도 헤아릴 수 없고 어떤 헤아림도 표상이 될 수 없다. 표상을 기입하는 곳이자 낳는 곳, 즉 데카르트가 찾아 헤매던 표상의 기원이다. 화폭 가운데 있는 저울은 좌표의 원점 역할을 하며, 전체 그림 표상의 중심이 된다. 한편, 가운데 저울을 원점으로 잡을 때 나뉘는 4분면(分面)을 보라. 저마다 중심점과 좌표－표상의 구도를 되풀이한다. 왼쪽 위의 벽과 아래의 바닥, 그리고 오른쪽 위에 걸린 그림, 나아가 방 전체 모양은 모두 자기 차원에서 데카르트 좌표의 정규 직교(ortho-normal) 공간을 엄격하게 재현한다. 전체가 부분들 속에서 반복 재생된다고 해도 좋고, 근본 원점의 표상체계(A)를 하위체계(a)들이 모방한다고 해도 좋다. 한 좌표와 법칙(함수)이 x축, y축, 또는 원점을 중심으로 변환하는 양상으로 여러 a들은 저마다 자기 영역에서 A를 본 딴다. 베르메르의 그림은 이렇게 엄밀하다.6)

이로부터 과학과 예술이 별로 다르지 않다는 주장이 나올 법하

---

5) Michel Serres, *Hermes III(La Traduction)*, Minuit, 1974, pp.189~202.
6) 근대적 표상이 작동하는 방식과 닮았다. 근대사회는 모든 영역들이 중심체계를 따르도록 북돋우지만 그 모방이 늘 자발적이고 다양하도록 하위 영역을 부추긴다. 따라서 하위 영역은, 비록 큰 원점을 바탕에 두되, 늘 스스로 (하위) 중심을 찾고 그에 맞추어 변이(variation)한다. 베르메르의 그림은 이렇게 엄밀한 방식으로 근대 정신의 알맹이를 보여준다.

다. 유사성을 결정하는 중심축에 따라 두 방향을 생각할 수 있다. 하나는 과학을 중심에 두고 예술을 끌어오는 것이다. 이 관점에 따를 때 과학과 예술은 모두 세계의 이해에 관여한다는 점에서 서로 닮았다. 흔히 인식설로 불리는 이 사조는 과학과 예술이 세계를 인식하는 방식 자체가 비슷할 수 있다고 본다.[7] 다른 한편 예술을 중심에 두고 과학을 끌어올 수 있다. 이를테면 예술이 과학과 닮을 수 있다면, 과학도 예술처럼 아름답게 표현될 수 있다고 볼 수 있다. 실제로 미학적 평가를 "현대 과학 활동의 핵심"으로 보는 견해가 있고,[8] 뛰어난 현대 물리학자들은 스스로 그렇게 말하기도 했다.[9] 심지어 보어와 아인슈타인이 양자역학을 놓고 벌인 논쟁을 실제로는 우주의 아름다움에 대한 미학 논쟁으로 보는 이도 있으니까 말이다. 한 마디로 과학이론의 아름다움은 진리를 함축한다는 믿음이다. 인식설이 과학을 중심으로 예술을 들여다보았다면, 과학 활동에서 미학적 평가를 두드러지게 하는 입장은 아무래도 예술을 중심에 놓고 과학을 얘기한 격인데, 이쯤 해두고 다음 그림을 보자.

본디 원근법에는 두 종류의 점이 있다. 관찰자의 눈이 있는 한편, 눈길이 향하는 곳이 있는데, 둘은 그림에서 직접 드러나지 않

---

7) 세르의 입장도 여기에 속할 텐데, 그는 이를테면 터너의 그림에서 열역학을 읽기도 했다.

8) Gideon Engler, "Aesthetics in Science and in Art", *British Journal of Aesthetics*, vol.30, no.1, Jan. 1990.

9) 가령 보어, 하이젠베르크, 리, 디랙, 바일, 양 같은 이들이 대표적이다. 디랙은 "방정식 속에 미를 포함하는 것이 방정식을 실험에 맞추는 것보다 중요하다"고 했으며, 바일은 "내 작업은 언제나 진리와 미의 통합을 시도한 것이었다. 그러나 둘 중에 하나만을 골라야 했을 때, 나는 대개 미를 선택했다"고 밝히기도 했다.

는다. 평행선이 하나로 모이는 소실점으로 눈길이 간다지만, 대체 평행선이 하나로 될 만큼 아득한 데를 어떻게 그리며, 또한 거기를 보는 눈은 어디에다 그릴 것인가? 하나는 그림 바깥쪽으로 끝이 없고 다른 하나는 안쪽으로 끝이 없다. 그리고 이 무한한 두 점 사이에 유한한 세계−그림이 놓인다. 그런데 베르메르는 이 야릇한 두 점을 그렸다. 하나는 그림 한 복판에 있다. 황금을 재는 저울이야말로 당시 사람들이 세계를 보는 눈이라는 뜻이겠다. 이를 테면 주체 자리에 저울을 넣은 셈이다. 그럼으로써, 원근법 그림의 근본 형식이되 알맹이는 비어 있던 점 하나가 채워진다. 주체 자리의 저울은 그림의 기하학적 중심이자 왼쪽 창에서 들어오는 빛이 여인의 눈으로 들어가는 반영의 중심이기도 하다. 그리고 여러 상징이 겹쳐진다. 저울이란 무엇인가? 상업과 과학의 상징이며, 부동점(fixed point) 하나로 힘들의 분배를 보여주는 기계로서 17세기 정역학(statics)의 상징이다. 또한 부동점이란 무엇인가? 저울과 지렛대에서 힘을 증폭하는 지점이며, 천문학에서 천체 운동의 중심이다. 따라서 저울을 중핵(core) 기호로 잡은 것은 절묘하다. 기하, 천문학, 광학, 정력학, 힘의 분배와 계산 그리고 모든 담론과 표상의 중심을 저울 위에 겹침으로써 고전시대를 한 번에 보여준다. 한편으로 물리학이 학문의 중심으로 자리잡던 세기, 다른 한편 네덜란드인들이 황금시대로 부를 만큼 '지리상의 발견'과 상업이 무성하던 17세기를 담는다.

하지만 예술이 한 시대의 목록을 보여준다는 것은 별로 솔깃한 얘기가 아니다. 문제는 오히려 예술이 단순한 목록에서 그칠 때 생길 수 있다. 특히 한 시대를 넘어서려 할 때 예술이 다만 시대를 기술하고 거기에 머문다면 어떠한가? 상황의 이해라는 역할을 빼놓고는 딱히 예술에게 기대할 게 없지 않은가? 더욱이 "반응도 아니며 항변도 반항도 아니며" 오직 증상의 징후에 지나지 않는 것에게 치유를 맡기기는 어렵다.

그런데 아직 점 하나가 더 있다. 여인은 과연 무엇을 저울질하는가? 뒤편 벽에 걸린 도상, 최후의 심판을 위해 강림하는 예수를 보라. 지상의 군상(群像)은 그녀와 같은 높이에 있고, 예수는 정확하게 여인의 머리 위에 있다. 그녀의 감은 듯한 두 눈은 손에 든 저울을 향한 것 같지만 사실은 세속과 영혼의 무게를 저울질하고 있다. 그리고 예수의 두 팔을 보라. 매우 길게 그려진 두 팔에는 분명히 뜻이 있다. 뒤집어진 저울? 무한소실점 자리에 예수가 들어와 있다. 세계를 구성하는 한계이자 세계 속의 모든 저울질을 궁극적으로 평가하는 '저울의 저울'이다.[10]

하나의 전형이다. 저울은 근대세계를 이루지만, 그것은 다시 어떤 메타-저울 아래에 있다는 메시지를 담고 있다. 좌표 표상으로 말하자면 원점 덕분에 모든 표상이 기입되고 구성되지만 이 원점의 위치를 잡아주는 것은 좌표 바깥의 무엇 X라는 형국이다. 우리

---

10) 필자는 이 대목을 주체와 무한소실점이 내면화되는 동시에 대상화되는 양상으로 보고 싶다. 먼저 주체의 시선이 돌아왔다. 사실 원근법에서는 화폭이 세계를 내다보는 창(窓)이므로, 주체의 시선은 원심운동을 한다. 창 안쪽 너머에 숨겨진 눈으로부터 바깥 세계를 향해 뻗는다. 반면에 이제는 세계를 보는 눈(황금 저울)이 그림 가운데 있으므로, 시선은 우선 그림 중앙으로 쏠린다. 이 구심운동으로 말미암아 화폭은 오히려 자기 눈을 들여다보는 거울이 된다. 이 거울을 통해 만나는 것이 내면의 무한소실점이다. 거꾸로 된 저울, 곧 '저울의 저울'이다. 이로부터 주체의 눈과 무한소실점은, 근대 정신의 내면을 보여주는 동시에, 그림 한 부분을 차지할 만큼 가시적인 대상이 된다.

는 이것을 과학에 대한 평가로 옮겨 볼 수 있다. 과학기술과 X 사이에는 긴장이 있고, 전자의 의미는 후자를 통해 밝혀진다.

2. 세 모형

앞의 관점을 전형이라고 부른 까닭은 그것이 근대과학의 의미를 성찰하는 한 준거점이 되었기 때문이다. 이에 따라 우리는 몇 가지 모형을 나눌 수 있다.

먼저 균형 모델. 이렇게 이름 붙인 모형은 과학과 정신적인 가치가 서로 맞선다고 보며 둘 사이의 균형을 호소한다. 베르메르의 전형이 좌표 바깥의 무엇에게 무게를 실었다면, 이 입장은 오히려 팽팽한 균형을 생각한다. 가령 멈포드가 여기에 속할 듯하다. 이때 예술은 정신적인 가치를 대표한다. 예술은 모든 것을 기계 수준으로 돌리려는 과학문명으로부터 정신을 지켜내는 울타리이며, 정신의 의미는 바로 과학문명 아래 짓눌린 듯한 예술 속에서 추구된다. 예술의 원천, 이를테면 상상력의 자유와 내면의 위대함이 추구된다.

다음은 동일성 모델. 이렇게 부를 수 있는 모형은 과학과 예술을 맞세우지 않는다. 앞에서 말했듯이 과학 활동에서 미학적 평가를 두드러지게 보는 입장이나 과학과 예술이 모두 세계의 이해를 더해준다는 관점이 여기에 해당할 터이다. 전자를 과학—예술 관점으로, 후자를 인식설로 부르고 싶다. 이들에게 과학과 예술은 동일한 정신 활동의 두 다른 양상에 지나지 않는다. 그런데 동일성 관점은 다시 정신적 가치를 설정하는 시각에 따라 둘로 나뉠 법하다. 하나는 정신적인 가치에게 따로 자리를 내주지 않는다. 정신적 가치는 과학과 예술을 떠나 있는 게 아니라 오히려 그들을 통해 이루어지는 것으로 묘사된다(세르는 아마 여기에 속할 듯하다). 반면에 과학과 예술을 한 덩이로 묶은 다음, 이것과 구별되며 더 심층적인 무엇을 설정하는 입장이 있을 수도 있다. 서양 신학 전통에서 곧잘 엿보이는 관점으로서, 시몬 베이유를 예로 들 수 있으며 '저울을 든 여인'도 어쩌면 여기에 가장 가까울 듯하다. 이것을 특히 위계 모델이라고 부르고 싶다.

이런 모형들에게는 저마다 그럴듯한 근거가 있다. 그런데 앞의 두 모델(균형, 동일성)은 한 가지 모호한 측면을 전제로 깔고 있다. 마지막 위계 모델은 이들이 뚜렷이 하지 않은 측면 하나를 드러내면서 이루어진다. 각 모델을 간단하게 살핀 뒤에 필자의 생각을 밝히겠다.

1) 균형 모델

예술과 과학 사이에 균형을 이룸으로써 새로운 문화를 만들자는 생각은 사실 둘 가운데 하나만을 내세우는 견해에 비해 건강하다. 그런데 균형 개념에는 둘이 서로 배타적이라는 전제가 깔려 있다. 가장 흔한 주제로는 과학이 세계에 대한 앎을 제공하는 데 반해 예술은 그렇지 않다는 생각이 있다. 하지만 꼭 엄격한 지식은 아니라 해도 예술도 세계에 대한 이해를 담는다. '저울을 든 여인'에서 알 수 있듯이 가령 『전쟁과 평화』를 역사의 서술로 볼 수는 없지만 나름대로 전쟁에 대한 이해가 담겨 있다고 할 수 있으며, 시스티나 성당 벽화를 신학 논문으로 볼 수는 없지만 당시 사람들이 이해하던 세계가 담겨 있다고 할 수 있다.11) 따라서 예술에게 전혀 지적인 의미를 부여할 수는 없다는 주장을 받아들이기는 어렵다. 양적인 인식, 이를테면 측정되는 변수 사이에 있는 규칙성과 인과관계를 개념적으로 파악하는 것만을 지식이라고 하기는 힘들다.

한편 예술도 앎을 표현할 수 있지만 우연하거나 부수적이라는 생각이 있을 수 있다. 언뜻 듣기에 앞의 주장하고 다를 바 없지만, 이 관점은 예술의 특성을 되려 적극적으로 내세운 것이다. 이들에게 예술이란 주관 감정(정서)과 가치에 대한 표현이다. 따라서 내면 세계의 앎을 표현하는 것이 핵심이며, 외부세계에 대한 앎은 부수적이다. 하지만 예술을 곧 주관 정신의 표현으로 보는 발상은 근대 이후에야 나왔을 법하며, 세계의 인식을 죄다 과학 몫으로 넘겼을 때야 있음직하다. 다시 말해 '과학 지식이 곧 세계에 대한 앎'이라는 틀을 받아들인 뒤에 예술의 존재 의의를 다만 내면의 표현에서 확보하려 한다. 따라서, 비록 예술을 높게 두었다 해도, 과학 우위의 지식 개념이 만든 틀을 벗지 않았다는 데서 우리는 마찬가지 비판을 들이댈 수 있다.

---

11) 그레이엄, 이용대 역, 『예술철학』, 이론과실천, 2000, 102면.

물론 과학과 예술이 다르다는 생각은 매우 친숙한 경험에 바탕을 둔다. 그리고 과학은 자칫 예술에서 결여되기 쉬운 객관적 태도를 제공하며, 예술은 반면에 과학에서 모자라기 쉬운 상상력이나 정서의 측면을 보충함으로써 균형을 이루자는 생각은 건전하다. 그러나 균형 개념은 둘을 먼저 양극단으로 쪼개놓고 평형을 찾는 노력에 가깝다. 객관성과 주관성, 또는 차가운 기술과 따뜻한 상징, 이렇게 둘을 쪼개기는 쉽지만, 실제 과학과 예술이 이루어지는 사정하고는 멀다.

　군터는 대중에게 비친 과학자와 예술가의 이미지가 통속 영화 수준이라고 지적한 적이 있다.[12] 사회 여론에 맞서 고독하게 진실을 좇는 파스퇴르, 천재적인 영감에 휩싸여 독창적인 세계를 여는 쇼팽 같은 이미지라는 것이다. 그러나 과학자가 얼마나 사회 여론이나 경제 정책에 민감한지, 거꾸로 예술가가 얼마나 많은 시간을 앞선 작가들의 모방과 학습에 보내는지.[13] 과학도 예술처럼 창조적인 상상력으로 꾸려지며, 예술가도 과학 연구 방법에 맞먹을 만한 방법상의 엄격함을 요구한다는 점은 어떠한지. 또한 예술도 과학처럼 사물들간의 상호관계를 드러내는 형식을 만들어내고, 과학도 예술처럼 상호연관성을 밝히는 은유나 상징을 쓴다는 점은 또 어떠한지. 이를테면 보통 사람들이 동떨어지고 무관하게만 여기던

---

12) Gunther Stent, "Prematurity and Uniqueness in Scientific Discovery", *Scientific American*, 227(1972.12), pp.84~93.
13) 현대 과학자는 이미 "엔지니어—사회학자"라는 주장은 이런 측면을 오히려 적극적으로 보는 것이다. 깔롱은 "원하건 원하지 않건 엔지니어는 사회학자로 바뀐다"고 했다. 깔롱 외, 송성수 역, 『과학기술은 사회적으로 어떻게 구성되는가』, 새물결, 1999, 214면.

낙하운동과 밀물썰물 사이에서 유사성을 찾아내고 보편중력법칙을 끌어낸 뉴턴의 사유가 얼마나 시인의 통찰과 닮았는지. 서로 다른 감각 영역들, 감각적인 것과 감각되지 않는 것들을 잇고 합치는 과학 정신으로부터 '다름 속에서 같음'을 노래하는 은유의 동일화운동을 볼 수는 없는지.

하지만 과학 활동에서 생생한 직관의 경험이 약해지는 것은 사실이다. "추상적인 범주와 일반 법칙과 분류의 도식은 생생하고 선명한 심상을 사라지게 하며, 직접 경험의 풍부함, 감성의 자발성과 의미가 고정된 법칙에 희생되고" 있다.14) 속도의 문제일까? 멈포드의 말처럼 상징보다 느리게 발전하던 기술이 지난 4백 년 동안 상징의 발전 속도를 앞지른 바람에 과학기술을 문화(상징)적으로 통합하기 어렵게 되었을까? 만약 사정이 이렇다면 해결책은 분명하다. 과학의 속도를 늦추는 한편 상징 기능, 즉 상상력과 정서적 표현 능력을 북돋움으로써 문명은 다시 균형에 이를 수 있다. 특히 예술 정신의 보충이야말로 '평형에서 먼' 문명을 거듭 나게 해줄 것이다.

그러나 문제를 이렇게 상대 속도로 좁혀 놓으면 피상적인 진단에 그치기 십상이다. 속도 조절로 이루어질 평형이 있다면 그것은 오직 기술과 상징을 객관성과 주관성으로 양극화한 다음에나 가능한 평형일 것이다. 여기에 균형 모델의 한계가 놓인다. 균형이라는 비유에 파묻히면 되려 균형을 잃을 우려가 있다. 객관성과 주관성을 때놓아 한쪽 면만을 부각시키기 때문이다. 더욱이 문제는

---

14) 레이더 · 제섭, 김광명 역, 『예술과 인간가치』, 이론과실천, 1990, 389면.

오늘날 예술에게 과연 평형 추의 능력이 있는지 의심이 간다는 데 있다. 현대예술에서 추상의 경향이 높아졌다면 그만큼 생생한 직관과 서정이 줄어든 셈이기 때문이다. 그렇다면 평형 추는 오히려 (현대)예술 바깥에 놓여 있을 법도 하다. 필자의 속내를 밝히자면 과학이 일으킨 문명의 위기를 넘어서려면 (기존)예술을 대안으로 내세울 게 아니라 과학과 예술이 함께 바뀌어야 한다는 것이지만, 우선 여기서 거듭 하고 싶은 말은 적어도 균형 모델은 도식적인 이분법에 바탕을 두었으므로 실질적인 대안으로 보기 어렵다는 점이다. 마치 동도서기나 중체서용을 납득하기 어려운 것처럼 말이다.

2) 동일성 모델

과학과 예술을 맞세우지 않으며, 둘을 동일한 활동의 다른 양상으로 보는 관점. 과학 활동에서 미학적 평가를 두드러지게 보는 과학—예술 입장이나, 과학과 예술이 모두 세계의 이해를 더해준다고 보는 인식설이 여기에 해당하는데, 둘을 모두 하나의 큰 맥락에서 생각할 수 있다. 이것을 가능하게 해주는 맥락을 말하라면 뭐니 해도 피타고라스의 사상을 들 수 있다.

러셀은 "현대과학에서 가장 희한한 측면은 피타고라스주의로의 회귀"라고 했는데 참으로 요령을 얻고 있다. 피타고라스에게 우주는 아름다우면서도 수학적인 것임을 생각한다면, 우주를 탐구하고 향유하는 과학과 예술이 기본적으로 다르지 않다는 주장이 나올 수 있다. 물론 현대 과학자들이 피타고라스처럼 온 우주에 걸친 형이상학을 전제하지는 않을 테지만, 서로 통하는 데는 있을 성싶다. 기실 하이젠베르크는 아름다움을 "적절한 정합(proper conformity)"으로 정의했다.15) 이후 과학자들의 미학 개념에 두고두고 영향을 미친 이 유명한 정의에 따르면, 정합은 부분들 또는 부분과 전체가 가지런히 들어맞음을 가리키며, 흔히 말하는 '다양함 속의 통일'뿐만 아니라 '유기적 통일' 같은 상태를 포괄한다. 한편으로 수학적 형상에 맞아떨어지면서 전통적으로 예술에서도 중요한 위치를 차지해온 정합 개념에도 상응하는 정의이다. 이 정의를 고려할 때, 과학과 예술이 닮았다는 주장을 거절할 까닭이 없다. 모두 아름다움과 통일성에 대한 감각을 존중하기 때문이다. 나아가 단순함 · 대칭성 · 질서(order) · 우아함(elegance) · 조화 등도 마찬가지이다. 정합 개념과 유사한 방식으로 과학과 예술의 공통 분모가 될 법하다.

　미학적 평가도 크게 보면 이 맥락에서 생각할 수 있다. 과학이론이 묘사하는 자연의 질서는 미적 반응을 일으킨다는 뜻에서 미적 향유의 대상이 될 수 있다. 다윈의 『종의 기원』에서 '자연 선택(wedging)'과 '자연의 상호 연결(entangled bank)' 개념이 기본적으로 자연의 숭고함(the sublime)과 아름다움에 바탕을 두었다는 점,16) 게다가 현대과학으로 말하자면 프랙탈(fractal) 기하학으로 만들어낸 도상들의 아름다움, 그리고 물리학의 역동적 평형 개념과 시각예술

---

15) W. Heisenberg, "Beauty is the proper conformity of parts to one another and to the whole", *Across the Frontiers*, Harper and Row, 1974, p.174.

16) D. Kohn, "The Aesthetic Construction of Darwin's Theory", *in The Elusive Synthesis : Aesthetics and Science*, ed. Alfred I. Tauber, Kluwer Academic Publisher, 1996, pp.13~49.

에서 모빌(mobile)이 보여주는 아름다움의 유사성 등을 예로 들 수 있다. 한편 우아함을 생각할 때, 과학에서 말하는 우아함이 결국 간결함에 이어진다면, 예술에서 말하는 우아함과 통하는 것은 분명하다. 더욱이 조화 개념은 말할 것도 없다. 음악의 화음과 수학적 비례의 일치를 표현하는 범주로서 전통예술에서 으뜸 가는 목표였을 뿐더러, 이성적인 수학이 감각적인 즐거움을 수반할 수 있음을 보여주는 전형적인 범주이다.

이렇게 놓으면 심각한 균열들은 사라진다. 그럼에도, 과학─예술 입장처럼 동일성을 내세우기는 어렵지 않을까 하는 생각이 든다. 물론 그들이 완전한 일치를 내세우진 않으며, 다만 세계 인식 양상과 미적 평가의 유사함을 알리는 데 그칠 뿐이지만, 이때 유사함은 오직 한 측면에 지나지 않음을 생각할 필요가 있다.

물론 거듭 말하자면, 상식적인 관점에 비해 동일성 모델이 말하는 과학과 예술의 유사함은 확실히 변호될 필요가 있다. 가령 과학은 분석이며 예술은 종합이라는 이분법으로 과학─예술 입장을 비판하기는 어렵다. 과학도 예술처럼 미와 통일성을 존중하기 때문이다. 부분들의 형식과 추상관계의 분석은 현대예술에서도 강조되는 한편, 과학의 분석 또한 늘 종합을 전제로 하기 때문에 예술만큼이나 과학도 전체성을 중요하게 여기는 셈이다.[17) 그러나 유사성의 한계는 분명하다. 전체성 범주를 놓고 볼 때 그 한계는 과학이 전체성을 중요시하느냐 하지 않느냐 하는 여부에 있지 않다.

---

17) 뉴턴이 『광학』에서 정의한 것을 보더라도 분석은 "일반 결론(general Conclusion)" 을 얻는 과정으로서, 그것을 통해 구체적인 현상들을 설명하는 종합(Composition) 을 위한 과정이다.

문제는 강조되는 전체성의 성격에 있다. 과학에서는 부분들의 통일이 기본적으로 수학적 관계이므로 미감의 바탕 또한 수학적 구조에 있다.

물론 구조의 완전함에서 오는 미감은 예술과 겹치기도 한다. 앞서 들었던 대칭성·질서·조화 등은 다 그런 맥락에 놓일 수 있다. 그리고 수학 구조는 비록 추상—형식적이긴 해도 종합적 상상력과 창조를 북돋운다. 요컨대 과학자들은 자연의 탐구 과정 내내 미적 개념의 도움을 받으며 지각—지성, 감각—감정 양상 모두로부터 즐거움을 얻을 수 있다. 그럼에도, 과학의 미적 조건은 결국 수학적이다. 반면에 예술은 비록 기하학적 형태, 조형미, 수학적 관계를 포함하되, 거기에 머물지 않는 미감도 포함한다. 예술의 상상력 또한 그렇다. 과학의 미감에도 상상력이 배어 있지만 궁극적으로 자연 현상의 예측과 수학적 기술(記述)에 닿아 있는 반면 예술의 미감은 훨씬 지각(知覺)적이며, 단순한 사실 차원 또는 외적 기술의 차원에 완전히 종속되지 않는다.

따라서 둘은 겹치는 데가 있지만 그렇지 않은 데도 있다. 겹치는 부분을 담는 틀은 인식설과 과학—예술 관점이며, 피타고라스 사상이다. 여기서 과학과 예술의 균열은 없으며, 정신과 물질문명의 갈라짐도 없다. 그러나 겹치는 데만 주목하면 과학—예술 관점의 섣부른 일반화를 부를뿐더러, 예술의 몫을 제한할지도 모른다. 과학에서 미적 범주의 가치가 온 우주의 미와 질서를 긍정하는 형이상학 차원에 닿을 만큼 중요하다 해도, 그 가치의 성격이 늘 예술과 같지는 않다. 예술은 때로 추상적인 사유와 명확한 개념으로 가둘 수 없는 이미지를 다루기도 하며, 엄격한 증명과정을 수용하는 일반 형식을 내세우지 않는다.

3) 위계 모델

위계 모형은 지금까지 얘기하고 동떨어진 게 아니라 오히려 그 것이 뚜렷이 하지 않은 측면 하나를 드러내면서 이루어진다. 무엇을 드러내는가? 균형 모델은 과학과 예술을 대척점에 놓은 다음 평형을 겨냥한다고 했다. 그런데 대척점일 만큼 이질적인 두 요소의 균형을 맞추려면 적어도 둘 바깥에서 둘을 조절하는 무엇이 필요하다. 최소한 저울과 같은 존재가 필요하다. 그러나 균형 모델에서는 밝혀지지 않았다. 두 요소와 다른 동시에 그들을 함께 안을 수 있는 제3의 요소가 명시되지 않았다. 한편 동일성도 비슷하다. 어떤 둘이 같다고 할 때는 공통 요소가 필요하다. 공통 속성을 하나 뽑아 올린 뒤에 둘이 같다고 해야 한다. 그렇다면 이 공통 속성과 제3의 요소란 무엇인가? 필자는 거기에 해당하는 범주가 '전체'라고 생각한다.

거듭 말해보자. 균형에는 반드시 두 요소가 아닌 동시에 둘을 조절하는 요소가 필요한데, 이 요소는 둘과 같은 차원에 놓이지 않는다. 만약 같은 차원이라면 조절은 불가능하다. 이렇게 같은 평면에 놓이지도 않으면서 둘을 포괄하는 요소를 무엇이라고 부를 것인가? 다른 한편 공통 속성도 마찬가지이다. 공통 속성이란, 적어도 그 속성에 관한 한, 두 요소를 포괄한다. 세계를 인식－향유하는 양상이나 세계의 성격 자체가 과학과 예술의 공통 속성을 결정한다면 이것은 적어도 그 측면에 관한 한 과학과 예술을 포괄한다. (우리는 그 한 예로 피타고라스사상을 들었으며, 그때 공통 속성은 피타고라스사상으로 파악된 수학적 우주(Cosmos)라고 할 수 있었다. 그러나 실제로 동일성 모델을 내세우는 이들은 과학과 예술의 동일 구조를 명시할 뿐, 이 형이상학적 우주관을 분명히 드러내지 않는다.) 따라서 필자는 동일성 모델이 전제하는 공통 속성과 균형 모델이 전제하는 제3의 요소를 「전체」라고 생각한다. 그것을 전체로 본다는 말은 과학과 예술이라는 두 요소를 전체의 부분들, 즉 사례(instance)들로 본다는 말이다. 가령 균형 모델에서는 과학과 예술의 균형을 맞추는 것으로서 대개 인류 문명 또는 그것의 바람직한 발전을 설정하는데, 이때 과학과 예술은 인류 문명이라는 전체의 두 사례로 볼 수 있다. 동일성 모델도 비슷하다. 다만 공통 속성을 내세우는 동일성일 경우에 부분들은 동일성으로 연결되며, 제3의 요소를 내세우는 균형일 경우에 부분들은 이질적인 것으로 서로 맞선다는 점이 다르다.

균형과 동일성은 이처럼 전체를 바탕으로 하면서도 전체를 숨김없이 드러내지 않았다. 그리고 전체에 대한 부분의 관계를 명시하지 않았다. 이점을 밝힐 때 우리는 위계 모델을 만난다. 위계 모형은 과학과 예술을 한 덩이로 묶은 뒤에 그 묶음의 바탕이 되는 무엇 X를 설정한다.

베이유의 논지가 전형적이다. 현대과학은 "현대문명의 괴수"이며 현대예술에게는 "미래"가 없다.[18] 이제 "집단적인 삶"은 없고

---

18) "돈, 기계론, 대수학—현대문명의 3대 괴수. 셋이 완전히 동일하다. 대수학과 돈은 본질상 대상을 평준화한다. 대수학은 지적으로, 돈은 실제적으로 평준화한

"죽어 버린 집단성"만 있기 때문인데, 베이유는 그 까닭을 "기호와 기호 내용의 관계가 소멸"한 데서 찾았다. 기호와 내용이 직접 이어지지 않고 매개 요소가 너무 끼어 드는 탓에 "기호들간에 주고받는 유희"가 "유희를 위한 유희"로 늘고 복잡해지면서 "기호의 기호"가 필요해진다. 기호의 기호란 우리가 유희의 소통 질서를 잡으려고 끌어들였지만, 의미를 알 수 없는 기호이다. "돈, 기계론, 대수학" 등이다. 이들 덕분에 "집단적인 사고"가 등장한다. 집단적인 사고는 죽어 버린 집단성을 만들어내는 한편 현대과학과 예술의 토대를 마련한다. 그러나 과학의 집단성은 오직 전문 집단 속에서만 의미를 인정받고 실용기술이나 유희에 빠질 뿐이며, 예술도 마찬가지로 그저 "풍자극"만이 가능할 뿐이다.

베이유에 따르면, 과학이 "그것을 넘어서 있는 것"에서 영감의 원천을 찾지 않으면 멸망한다. 그러면서 저울의 비유를 들며 균형의 중요함을 얘기한다.[19] 한편으로 전형적인 균형 모델로 보이기도 한다. 하지만 여기서 저울은 과학, 예술하고 같은 차원에 놓여 있지 않다. 이점은 본디 베이유에게 과학과 예술이 무엇인지 살펴본 다음에 분명해진다. 그녀는 과학을 유리창에 빗대었다.[20] 유리창이란 모름지기 바깥을 내다보는 데 쓰이는 것으로서 투명한 자신을 통해 불투명한 무엇을 보여준다. 창은 그래서 투명할수록, 즉 보이지 않을수록 좋다. 이때 불투명한 것이 바로 '신성함'이다. (이

다." 베이유, 윤진 역, 『중력과 은총』, 사회평론, 1999, 231면.
19) "힘을 무력하게 만들 수 있는 것은 오직 균형뿐이다. 사회의 어느 한쪽에 균형이 무너지면 가벼운 쪽에 추를 더 얹어 저울의 균형을 되찾아야 한다." 베이유, 위의 책, 256면.
20) 베이유, 위의 책, 200~201면.

것이 베르메르의 그림에서 '저울의 저울'임을 덧붙일 필요는 없겠다.) 베이유가 "초월적인 점성술과 연금술"을 근대 천문학과 화학보다 높게 보는 까닭도 같은 맥락에서 이해된다. 전자는 천체와 물체의 결합이 보여주는 상징 속에서 영원한 진리를 관조하지만, 후자는 그 임무를 포기함으로써 전자보다 타락한 상태이기 때문이다. 요컨대 과학은 우주적 진리, 신성함을 관조해야 한다. 말하자면 "종교적"으로 주의를 기울어야 한다. 이때 과학의 대상은 "초감각적이며 필연적인 것으로서의 아름다움"이다.

한편 예술은 어떠한가? 베이유는 현대예술도 그다지 높게 평가하지 않는다. 과학보다 별반 나을 게 없다는 식이다. 기독교 전통에 따르자면 당연한 귀결인지도 모르겠는데, 하여간 예술은 보통 "우연과 악의 그물을 통해 느껴지는 감각적이고 우발적인 아름다움"을 지향한다는 것이다. 베이유는 그러나 작품이 완전할 때 "무언가 본질적으로 익명의 것"이 있음을 놓치지 않는다. 익명의 것이란 무엇인가? 신이 창조를 한 결과로서의 세계가 우리에게는 익명으로 보이지 않던가? 참된 예술은 신의 창조 활동, 즉 신의 예술이 익명으로 보이는 방식을 모방한다. 그리하여 "개인적인 동시에 비-개인적인 신, 개인적이지도 비-개인적이지도 않은 신"의 존재를 증명한다.[21] 그래서 최고의 예술은 본질적으로 종교적이며 신이 물질 속에 현존함을 보여주어야 한다는 것이다. 요컨대 과학과 예술은 모두 신적인 아름다움을 담아야 한다. 위계 모형은 이

---

21) 이 대목은 이후에 전개된 레비나스(Lévinas)의 예술 개념을 떠올리게 한다. 레비나스에게 예술의 본질은 또한 근본적으로 비(非)인격적인 것(l'impersonalité), 익명성을 드러내는 데 있다.

런 방식으로 과학과 예술의 바탕이 되는 존재-전체를 드러낸다.

3. 변형적 위계 모델—은유·환유·제유

여태까지 모형들을 비유법으로 옮겨보면 얘기가 또렷해진다. 먼저 균형 모델은 환유에 가깝다. 서로 맞서는 둘은 스스로 공유하는 어떤 전체의 부분이 되며, 전체를 매개로 하여 이질적인 둘이 인접한다. 그것이 환유인 까닭은 다만 사람의 활동이란 점에서 가까이 닿아 있을 뿐, 아무런 내적 연관성을 갖지 않기 때문이다. 이때 내적 연관성은 은폐되어 있다. 그래서 부분들은 서로 닿아 있을 뿐, 기본적으로 무관한 것으로서 서로 단절되어 있다. 그래서 환유이다. 한편 동일성 모형은 은유의 동일성에 가깝다. 공통 속성을 바탕 삼아 둘이 동일시된다. 그들은 은유의 동일관계 속에서는 부분들이지만 그 관계가 맺히기 전에는 저마다 하나의 전체였다. 전체와 전체의 동일시 관계를 은유라고 부른다면 동일성 모형은 은유에 가깝다.

그렇다면 위계 모형은 어떤가? 언뜻 제유에 가까울 듯하다. 부분들이 한 전체의 구조를 되풀이하여 낳기 때문이다. 베이유의 경우에 과학과 예술은 모두 '물질에 현존하는 신'이라는 전체를 자기 영역에 맞게 재생산하는 활동이었다.[22] 그러나 일반적인 뜻에서 제유는 아니다. 부분-전체의 동일성이 제유의 알맹이라면 위계에는 말 그대로 부분−전체의 등급이 있기 때문이다. 가령 과학과 예술은 신의 창조를 되풀이한다기보다 낮은 수준으로 모방할 뿐이다.[23]

필자는 위계 모델이 매우 유익하다고 생각한다. 다른 관점들 또한 과학기술을 문화적으로 통합하고 '두 문화'를 껴안으려 했지만, 자기 속에 잠재된 전체성 범주를 뚜렷이 드러내지 않는 탓에 이론적인 한계를 노정(露呈)한다. 물론 '전체성 없는 환유'를 내세울 수 있다. 처음부터 균형이나 동일성을 거부하고 나온 발상으로서 가령 '순수 차이' 같은 것 말이다. 사실 특정한 표상체계 하나만을 드높이며 다른 차이를 모두 지워 버리는 데는 문제가 있고, 바로 이점에서 전통적인 위계 모델은 심각한 도전을 받기도 한다. 여기에 어려움이 있다. 한편으로 제3의 요인(전체)을 지니지 않을 때 균형이나 동일성은 있을 수 없으며, 다른 한편으로 전체에 힘을 주면 부분들의 다양함이 줄어든다. 따라서 필자는 일종의 변형된 위계 모델을 생각한다.

변형된 위계 모형은 제유에 가깝다. 여기서 제유란 두 가지 측면에 주목한 것이다.[24] 첫째는 은유와 환유에게 전체성의 근거를

---

22) 피타고라스주의 역시 제유로 볼 수 있을까? 물론 엄격한 뜻에서 우주의 수학적 아름다움을 전제한다면 그렇게 보아야 한다. 그때 과학과 예술은 우주의 질서−전체를 저마다 영역−부분에서 재생산하는 활동이 될 것이다. 그러나 현대 과학에서 심미적 평가를 부각하는 관점은 피타고라스주의 같은 형이상학을 문자 그대로 받아들이지는 않는다. 여기서 제유는 다만 잠재되어 있다.

23) 전체가 본디 부분들과 다른 차원에 있음을 생각한다면, 전체−부분관계에 바탕을 둔 제유가 처음부터 위계관계라는 점을 생각할 수도 있다. 그러나 그것은 제유를 생각하는 한 가지 가능성에 지나지 않을 터이다.

24) 제유를 이렇게 은유와 환유의 심층에 놓는 관점은 구모룡 교수의 연구로부터 따왔다. 구모룡, 『제유의 시학』, 좋은날, 2000.

마련해주는 덕에 그들의 토대가 되는 측면이다. 제유는 한 전체 속에 둘이 부분으로 포함되는 부분—전체관계를 확보하여 두 다른 부분들이 동일시(은유)되거나 단절—인접되는(환유) 근거를 마련해준다. 둘째는 제유에서 부분들이 전체를 되풀이하여 저마다 전체가 되는 측면이다. 부분—전체의 동일성이다. 이 둘째 대목에 주목할 때 변형된 위계 모형은 전통적인 위계 모형을 벗어난다. 이처럼 제유를 모형으로 할 때 얻음 직한 이점도 이중적이다. 위계의 계기를 어느 정도 지니면서도 자유로울 수 있다.

거듭 말해보자. 변형된 '위계'에서 위계의 계기를 보존하려는 까닭은 무엇인가? 전체성의 중요함 때문이다. 여기서 필자는 특히 현대예술의 성격에 주의를 돌리고 싶다. 가령 피카소의 게르니카 벽화를 보면 여러 생각이 꼬리를 문다. 어쩌면 우리 시대의 폭력과 공포를 다만 심미적인 형식으로 바꿔 놓은 것은 아닌가?[25] 다시 말해 폭력을 거부하기는커녕 오히려 심미적으로 즐긴 것은 아닌가? 나아가 게르니카는 위험한 이 시대를 표현한 게 아니라, 되려 위험한 시대를 만들진 않았을까? 말하자면 잔혹한 시대를 그림에 반영했다기보다는 차라리 폭격으로 찢고 칼로 베듯이 사물을 보는 큐비즘이 잔혹한 시대를 형성하지는 않았을까?[26] 만약 그렇다면, 예술은 기술이 낳았음직한 폭력에 맞설 수 없다. 기술의 번역에 지나지 않기 때문이다.[27] 동일성보다 위계란 말을 끌어온 까

25) 멈포드, 김문환 역, 『예술과 기술』, 민음사, 1999, 14면.
26) 미셸 세르, 박동찬 역, 『해명』, 솔, 1994, 31면.
27) 이 점에서 근대 미학이 "기술에 대한 부정적 모방"이라는 표현은 적절하다. 구모룡, 『제유의 시학』, 좋은날, 2000, 89면.

닭은 여기에 있다. 과학에 문제가 있다면 과학과 예술을 함께 바꾸어야 한다. 전체를 저울질하는 저울이 필요하다는 뜻이다.

하지만 위계의 성격을 생각할 때 '변형'된 위계라는 까닭은 무엇인가? 필자가 생각하는 위계는 부분들의 '근원'에 있는 무엇이라기보다 차라리 부분들 '사이'에 있으면서 부분들을 물들이는 무엇에 주목하기 때문이다. 가령 다음 관계를 보자. A, B, C, …… 이때 문자들 사이에 있는 쉼표를 무시한다면, 우리는 환유를 보게 된다. 인접하되 단절해 있다. 반면에 여기서 쉼표를 자세히 들여다 볼 때 그것은 오히려 말없음표(……)라고 할 수 있을 터이다. 이 말없음, 침묵이 뜻하는 바를 무시하지 않고 그 뜻을 밝게 새길 때 드러나는 무엇, 그것을 필자는 부분들 사이에 있으면서 부분들을 물들이는 무엇이라고 부르고 싶다. 일반 언어로 하자면 침묵이며, 존재론의 비유로 하자면 김영일 시인이 범주화한 '그늘' 개념에 가까울 것으로 보인다. 절대적인 어둠이 아니라 빛과 마주할 때 생기는 존재로서의 그늘을 생각한다면 말이다.

현대과학과 예술은 어쩌면 밝은 빛 속에서 만들어지고 있다. 투명한 논리 속에서 이어지는 산물은 그러나 실제로 투명하게 연결되고 있지는 않다. 대부분의 과학과 예술은 인간 자신과 자연의 고통을 헤아리지 않으며 그 신음을 다만 말없음표나 쉼표로 묻어버리고 넘어갈 뿐이다. 이제 과학과 예술의 관계를 생각한다면 그 쉼표와 침묵의 모습으로 불쑥불쑥 나타나는 그림자에 주목해야 한다. 그림자를 실마리로 삼아 그늘을 읽어야 한다. 베르메르의 그림으로 말하자면 '저울의 저울' 자리를 생각해야 한다. 다만 베르메르가 상징적으로 예수를 생각했다면, 우리는 그 자리에 그늘을 놓는 게 좋겠다고 생각한다. 모호한 비유이지만, 밝은 이성에 대한 반대급부로서의 고통과 상처, 정신 지상주의에 대한 반대급부로서의 몸, 문명에 대한 반대급부로서의 자연을 생각하는 것이 좋을 듯하다. 이 일련의 대립에서 후자들은 물론 우리의 유일한 근원은 아니다. (우리의 근원은 빛과 어둠, 밝게 드러난 부분과 어두운 그늘 두 가지 모두이기 때문이다.) 우리의 심층을 이루며 우리를 물들이는 무엇이라고 해야 할 터이다.

특히 앞의 대립 가운데 마지막 자연에 주목할 필요가 있다. 베르메르나 베이유처럼 문명이나 정신적 가치를 중심에 놓기보다는 일종의 비인간적인 요소인 자연을 그늘에 놓는 데는 중요한 의미가 있을 듯하다. 루소(Rousseau)의 생각처럼 인간 외적인 것 앞에서 오히려 인류 문명의 동일성이 확보될 것으로 보이기 때문이다. 그리고 제유의 두 번째 계기를 살려, 부분들이 전체를 되풀이하여 저마다 전체가 되는 측면을 살려야 한다고 생각한다. 이처럼 부분－전체의 동일성을 확보하고 그늘의 수평적인 이어짐을 고려할 때, 전통적인 위계로부터 자유로울 수 있을 것으로 보인다. 다시 말해 과학과 예술의 공통된 뿌리를 자연에 둠으로써 한편으로 자연과 과학예술 사이에 전체－부분의 동일성을 마련하고, 다른 한편으로 과학과 예술이 저마다 고유한 상상력을 펼침으로써 환유적 차이를 보이는 것이 좋다고 생각한다.

이미 기술과 예술 영역에서 생태, 에너지 문제가 의미 있는 전제로 등장했다는 점을 들어볼 수도 있겠으나, 필자가 염두에 두는 자연은 그렇게 사물－대상으로 주어진 것이 아니라, 사물들을 낳는 원초적 생명으로서의 자연이며, 우리를 포함하되 우리 바깥에 있는 까닭에 '경외'되어야 할 활동력이다. 따라서 무엇보다 그늘로서의 자연에 대한 감수성과 상상력의 회복이 중요할 것으로 보인다.[28] 상상력은 이미 정해진 진리를 인지하는 활동이 아니라 실천과 더불어 알아 가는 활동이기 때문이다.

---

28) 가령 고전시대의 유기체적 우주론에서도 모든 부분이 조화로운 질서로 이어져 있고, 여기서 소우주–대우주, 진선미의 균열은 없다. 그런데 이때 과학과 예술은 모방과 참여 개념과 결합되는 경향이 있다. 물론 모방과 참여는 향유의 일체감과 공유(communal)를 강조함으로써, 사람을 "자기보다 큰 어떤 근원", 즉 자연에 연결시켜준다. 그러나 이미 정해진 질서를 본 따는 수준을 넘어서기 어렵다. 상상력을 언급한 까닭은 이것을 넘어서자는 뜻이다.

디지털문화의 철학적 이해

정세근

디지털 텍스트가 시간과 존재의 문제에 대해 새로운 관점을 요한다는 것은 사실입니다. 언젠가 엠아이티 스쿨을 방문했을 때, 그곳의 미디어랩에서는 플라스틱으로 된 전자 종이를 내게 보여주었어요. 양피지에서 펄프 종이를 거쳐 플라스틱 종이 시대가 오지 말란 법도 없는 것이지요. 그러나 한 가지 분명한 것은 하이퍼텍스트가 결코 전통적인 텍스트를 대체하지는 못하리라는 것입니다. 음악에다 비유하면 전통적인 텍스트는 권위 있는 악보에 바탕을 둔 클래식 음악에 해당하며, 누구나 한 줄 즉흥적으로 써 넣을 수 있는 열린 텍스트인 하이퍼텍스트는 재즈 음악에 해당한다고 할 수 있겠지요. 재즈의 즉흥 연주가 클래식의 악보 위주 연주를 대체하지 않는 것처럼, 하이퍼텍스트와 전통적 텍스트 역시 서로 공존해갈 것입니다.
— 움베르토 에코, 「디지털매체, 책 말살하지 못한다」, 『시사저널』, 1996.12.14

1. 디지털이란?

디지털이란 본디 손가락(digit)을 가리키는 말로 셈하는 것을 뜻한다. 손가락을 하나씩 접어 셈을 하듯이, 디지털이란 일정한 양을 독립적으로 표현함을 말한다. 따라서 수(數)는 디지털을 가장 대표적으로 상징한다. 오늘날 전세계를 통일하고 있는 아라비아 숫자도 시원적으로는 손가락의 모습을 닮았으며, 그 손가락의 특정한 모습은 각기 특정한 수를 가리킨다. 디지털은 이처럼 개별적 양을 무엇보다도 우선시한다. 이런 손가락이 가리키는 것과 저런 손가락이 가리키는 것 사이의 값은 없다. 그런 점에서 그 값이 분명하고 확실하다.

우리가 피아노를 두드릴 때 건반(鍵盤)을 치게 되는데, 사실상 건반 하나 하나도 디지털이라고 불린다. 왜냐하면 도는 도의 값, 레는 레의 값을, 미는 미의 값을 각자 지니기 때문이다. 오늘날의 악기 가운데 피아노가 디지털의 길을 앞서 갈 수 있는 것도, 건반의 독립적 성격 때문이다. 피아노는 선에서 음가(音價)를 낸다는 점에서 현악기(絃樂器)이지만, 그 선을 개별적으로 두들김으로써 음차(音差)를 낸다는 점에서 타악기(打樂器)의 성격을 띠는, 그래서 독립적으로 구분되는 건반악기이다. 우리가 음악교본으로 피아노를 꼽는 것은 그만큼 건반 곧 디지털의 정확도 때문이다. 그 건반은 늘 그 값을 지닌다. 현악기가 갖고 있는 음의 모호성을 타악기화함으로써 정확성을 높인 악기가 바로 건반악기인 것이다.

우리가 '얼마큼이냐?'고 물었을 때, '이만큼'이라고 주먹을 폈다

쥐었다 하면, 그 양의 정확도는 떨어진다. 그러나 손가락으로 셋 또는 넷을 표현하면 그 양은 매우 정확하게 드러난다. 그러나 세계의 일은 모두 그렇게 가리켜지지 않는다. '떡 주세요!'라고 할 때, '얼마큼?'이라고 묻는다. '다섯 개'라고 말할 수도 있지만, '먹을 만큼'이라고 말하기도 한다. 손가락으로 '다섯'을 가리킬 수도 있고, 손을 오므리면서 '이만큼'이라고 보여줄 수도 있다. 이 두 대답 가운데 과연 어떤 것이 정확한가? 우리가 떡을 보고 있을 때도 있고, 그렇지 않을 때도 있다. 몇 개 먹어서 배부른 것도 있고 그렇지 않은 것도 있다.

오늘날의 문명은 숫자로 이야기해주길 바라고 있다. 그런 점에서 디지털세계이다. 그러나 아이들은 '얼마큼 사랑해?'라는 질문에 '이만큼'이라면서 두 손을 활짝 편다. 숫자적이지 않고 지시적인 것이다. 우리는 이러한 지시성을 아날로그라고 부른다. 사랑에 대한 답으로 디지털적인 답은 아무래도 모든 것을 다하지 못한다. 그래서 두 손을 활짝 피며 아날로그적으로 사랑을 표현한다. 때로 숫자를 무한화시켜서 '만의 만의 만의 만'이라고 말한다 쳐도, 비록 디지털적인 사고로 답한 것이긴 하지만, 무한의 개념이 개입함으로써 그 역시 아날로그적 해답으로 볼 수밖에 없을 것이다.

디지털은 셈이며, 아날로그는 가리킴이다. 그 둘의 철학적 특징을 한마디로 정의하면, 디지털은 '나눔' 곧 분할(分割)이며 아날로그는 '어어짐' 곧 연속(連續)이다. 디지털이 처음부터 정확한 것은 결코 아니었다. 그러나 분할이 무한은 아닐지라도 극한까지 이름으로써 정확도를 높였고, 따라서 디지털은 정확성의 대명사가 되어 버렸다. 자동차의 계기판에서 바늘이 100km에서 왔다갔다할 때 우리는 속도계에 찍혔는지 아닌지 걱정하지만, 숫자로 100km라고 쓰여 있다면 그것보다는 정확하게 알 수 있는 것과 같다. 비록 근래의 바늘은 디지털이 많지만, 여기에서 바늘이란 아날로그이고 100은 디지털이다.

디지털이 이처럼 우리에게 다가온 것은 다름 아닌 전기 때문이다. 이른바 전기신호란 기본적으로 (+)와 (−)의 값으로 나누어지며, 그것이 또한 극도로 분할되기 때문이다. 아무리 고급의 계산기인 컴퓨터라 할지라도 그가 0과 1이라는 이진법(二進法)의 계산밖에 할 수 없음은 바로 전기의 성질에 기인한다. 그러나 0과 1뿐이라 할지라도 숫자라는 점에서 호환(互換)이 보장되기 때문에 10진법과 진배없다. 정확히 말하면, 과거의 전기신호 송출의 방식은 '강약(強弱)'으로 구별되는 아날로그였지만, 현재는 '켰다, 껐다(on-off)'로 '단락(段落 : 붙였다 뗐다, 곧 연결과 단절)'되는 디지털인 것이다.

나는 이 자리에서 묻는다. 이렇게 0과 1의 값으로 생각하는 것은 어떤 의미를 지니는가? 자연계는 디지털인가, 아니면 아날로그인가? 우리의 전통 속에서 디지털적 사고는 있는가, 없는가? 있다면, 어떤 의미를 갖는가? 디지털은 정말로 우리의 삶을 행복하게 해줄 수 있는가? 이러한 질문에 대한 개괄적인 대답을 그려보고자 한다.

2. 디지털의 효용

무지개를 보자. 우리는 그 무지개를 '빨강 · 주황 · 노랑 · 초록 · 파랑 · 남색 · 보라'로 기억한다. 그러나 이러한 분류법은 서구적이다. 동양에서 무지개는 '오색영롱(五色玲瓏)'한 것이지, 결코 7색이 화려한 것이 아니다. 그런 점에서 색도(色度)란 절대의 값이 있는 것이 아니다. 파랑도 하늘 색깔(sky blue)도 있고, 쪽 색깔(cobalt blue)도 있다.[1] 하다 못해, 희고 검은 것도 여러 층차로 나뉘어질 수밖에 없는 것이다. 무지개를 보며 우리는 색깔의 범주가 문화마다 다름을 쉽게 알 수 있다.

에스키모인들이 눈을 60가지로 구분한다고 할 때, 우리는 기껏해야 10가지일 것이다. 그것은 눈의 범주가 다른 것이다. 생활 속에서 눈의 역할과 영향이 그만큼 다르기 때문에, 그들은 눈을 그렇게 구별하는 것이고, 우리가 그렇지 않은 것은 아열대성 기후 속에서 눈이 차지하는 비중이 그만큼 적기 때문일 것이다. 나는 개인적으로 우리말에서 '푸르다'의 범주처럼 융통성이 있는 개념은 없다고 생각한다. 우리말의 '푸르다'도 '푸르스름하다', '푸르죽죽하다' 등 여러 층차로 나누어질 수 있지만, 결정적으로 외국어와 다른 점은, 녹색[綠 : green]과 청색[靑 : blue]을 구별하지 않는 데

---

1) KS 색도로는 Sky Blue(먼셀 기호 : 9.5B 7.0 / 7.5)는 하늘색이고, Cobalt Blue(7.0P 3.0 / 8.0)는 그냥 코발트블루로, 藍色은 Prussian Blue(2.0PB 3.0 / 3.5)이다. Albert H. Munsell의 색채계통표 이외에도 Wilhelm Ostwald의 것도 있다. 유관호, 『디지털 색채론』, 세진사, 1998 참조.

있다. 그럼에도 불구하고, 우리는 일상생활에서 크게 불편을 느끼지 못한다. '푸른 하늘'이라 해도 알아듣고, '푸른 벌판'이라 해도 알아듣는다.

디지털이란 이런 온갖 층차를 미세하게 나누는 데 있다. 개인용 인쇄기가 처음 나왔을 때, 우리는 '도트(dot)' 프린터라고 불렀고, 그 점의 미세성에 따라 프린터의 품질이 차이가 났다. 문자가 연속적으로 '쓰여지는 것'이 아니라, 점들이 매우 작게 잘리어 몰리거나 멀어짐에 따라 문자가 '드러나는 것'이다. 현재 프린터의 원리는 기본적으로 이러한 '점들의 분할과 그 집산(集散)'이라는 개념과 크게 다르지 않다. 이른바 해상도란 말이 가리키는 바와 같이, 구상물[象]의 분해[解] 곧 점의 미분도(微分度)를 가리킨다. 현재 그 '도트'는 '닷'이라는 이름으로 인터넷시대의 상징처럼 쓰이고 있다.

아직도 사진기의 경우, 아날로그가 디지털보다 낫다는 말을 한다. 그러나 중요한 것은 극한으로 나가는 디지털은 이론적으로 아날로그보다 나을 수밖에 없다는 점이다. 특히 디지털은 여러 번의 작업을 통해서도 원판의 손상이 거의 없이 계속 출력되지만, 아날로그는 비교적 그렇지 못하다. 최근 등장하고 있는 디지털 사진관은 과거의 전통방식보다 절대 경쟁력을 갖는다. 가격면에서 그러하고, 시간면에서 그러하고, 보존면에서 그러하다. 오늘날 증명사진은 바로 그 자리에서 여러 가지 크기와 배경으로 원하는 만큼 뽑아낼 수 있다. 플로피 디스켓에 담긴 원판을 얻어 왔다면, 전자우편으로 보내 뽑아달라고 해도 된다. 가져와서는 컴퓨터에 옮겨놓고 배경 화면으로 깔아도 되고, 사진을 달라는 잡지사로 전송해 주어도 된다.

우리가 컴퓨터 화면에서 만나는 색은 모두 언어화된다. 컴퓨터 언어 속의 숫자는 곧 색이며, 그 미분된 색깔끼리 만나 어떤 전체적인 색깔을 이루며, 나아가 그림을 만든다.2) 아날로그에서 혼색(混色)은 색깔과 색깔의 물질적이며 직접적인 혼합(混合)이지만, 디지털에서 혼색이란 미분된 공간의 개별적인 집적(集積)일 뿐이다. 현 상황에서 디지털 색채란 작은 네모 속의 일정한 색깔이 만나, 아리따운 아가씨의 얼굴을 만들어내는, 일종의 '모자이크'이다.3) 따라서 화면을 최대한 확대하면 어떤 아가씨의 얼굴도 네모로 나뉘어질 수밖에 없으며, 그 네모가 그녀의 미모(美貌)를 나타내는 정보일 뿐이다. 더 나아가 그 네모는 일련의 숫자로, 그것도 이를테면 01010100101111······로 이루어진 행렬에 불과하다. 그럼에도 불구하고 우리는 디지털 속에 빠져 열광하거나 흥분한다. 디지털에 돈을 바치고 시간을 보낸다. 그리고 디지털화되지 않은 것에 불만족스러워하고 초조해 한다.

이렇게 디지털은 우리 가까이 와 있다. 우리가 좋건 싫건 우리는 이미 디지털시대에 살고 있다. 우리의 모습은 이렇게 해상(解象)되고 있다. 이른바 분할과 그 집산은 곳곳에서 벌어지고 있다. 디

---

2) 이를테면 오늘날 인터넷 통신의 주요 수단인 HTML(Hyper Text Markup Language)에서 색깔은 이른바 Tag로 불려지는 Sentinel(특정 정보의 처음과 끝) 안에 갇혀진 숫자에 불과하다.

3) 나는 로마 교황청의 모자이크를 보며, 모자이크가 사생(寫生 : drawing / skeching)보다 낫다는 생각을 한 적이 있는데, 이것이 디지털적인 사고였음은 나중에서야 알 수 있었다. 교황청의 천장을 바라본다는 것은, 곧 현재 우리가 컴퓨터에서 미녀의 사진을 보는 것과 동류의 감상이었다. 작은 타일은 바로 오늘날 컴퓨터의 사각격자에 해당된다. 그런 점에서 유럽인에게 디지털은 그리 낯설지 않은 사물에 대한 회화적 인식 태도임을 알 수 있다. 이른바 점묘(點描)법도 그런 전통의 하나이다.

지털이라는 이름은 우리에게 모든 사물의 정보를 해체하여 전송 가능토록 만들어주고 있다. 문자는 물론, 사진과 영상까지 우리는 공유하게 되었다. 그런 점에서 디지털의 효용성은 진정 극대화되어 있다.

3. 디지털세계는 있는가?

디지털이 상징하고 있는 세계는 바로 '가상현실(假想現實)'이다. 가상현실이라는 번역어에는 이미 '가짜'라는 의미가 강력히 개입되어 있어 현실이 아니라는 판단이 내포되어 있다. 그러나 원어에서 그것은 거꾸로 '진짜'라는 의미가 더욱 강하다.[4] '현실(reality)'가운데 정말로 현실화되어 있는 것이라는 뜻으로, '사실상의, 실질적인 실재'를 가리킨다. 서구의 전통어법으로 직역하면, 그것은 '실제현실(實際現實)'에 해당된다.

여기에서 우리는 도대체 어떻게 '진짜'가 '가짜'로 옮겨지고, 그 번역이 우리에게 별 불편이나 착오 없이 쓰이게 되는지를 묻지 않을 수 없을 것이다. 이는 서구철학사의 기본 흐름에 익숙하지 않

---

4) 'He is virtually dead'는 '그가 가짜로 죽었다'가 아니라 '죽은 것이나 다름없다' (사실상 죽었다)는 말이고, 'the virtual head of business'는 '사업의 명목상 대표'가 아니라 '사업의 실질대표'를, 'virtual defeat'는 '진 척 가장하는 것'이 아니라 '사실상 패배'를 가리킨다.

아 생겨나는 현상이다.

　서양철학사의 앞머리를 차지하고 있는 플라톤은 우리가 살고 있는 이 땅이 가짜이며 속여지고 있는 것이라 생각했고, 오히려 저 먼 데 이 세상의 원형이 되는 그 어떤 것이 있을 것이라고 믿었다. 그것이 바로 그의 이데아(idea)설이다. 그런데 중요한 것은 그에게 이데아야말로 참된 것으로 실재(real)이며 오히려 이 현실은 가짜였다는 점이다. 따라서 플라톤적 영향에서 결코 자유로울 수 없는 근세 이전의 철학에서 실재(real)란 관념(ideal)이며, 오늘날 이야기하는 자연계(the realm of nature)는 비실재적인 것으로 이해되었다. 서양언어에서 이 세상이 실재적인 것으로 받아들여지기 시작한 것은 영국의 경험론적 전통에서 발전한 '소박 실재론'의 등장 이후부터이다. 그들이 '소박'이라는 말을 붙여야 했던 것은, 실재란 그렇게 거대하거나 고원한 것이 아니라, 바로 여기에 있는 것이라는 생각 때문이었다.

　'가상현실'이라는 번역어는 플라톤적인 사고가 주요 전통이 아니었던 세계의 언어를 반영하고 있는 것이거나, 아니면 소박 실재론 이후의 세계관을 기반으로 하고 있는 것이다. 서양인들의 언어 맥락에 충실하여 디지털을 생각해보자. 그렇다면 실재는 디지털이며, 그 디지털이 현현된 것이 바로 가상현실이 된다. 다시 말해, 진정 이 세계의 모습은 011010100 등과 같이 이루어진 숫자의 배열이라는 이론을 받아들이는 셈이다. 그런 점에서 우리는 가상현실의 형이상학적 근거로 신플라톤주의, 더욱 정확하게 말하자면, 과도현실주의라는 용어를 빌려 써야만 할 것이다.[5]

　우리는 디지털세계를 대하면서 이미 많은 철학적 판단을 하고 있다. 이를테면, 이 세계는 숫자적으로 환원될 수 있는가? 0과 1이라는 이진법의 수리(數理)는 얼마나 포괄적이며 정밀한 것인가? 가상현실에서 이루어진 어떤 사물은 어떤 방식으로 존재하는가? 그 사물은 얼마나 실재적인가? 그러한 실재는 어떻게 현실화될 수 있는가?

디지털의 아날로그에 대한 우위가 판명된 것은, 전송과 복사 가능성에 있었다. 아날로그의 전송은 횟수에 따라 그 정확도가 떨어지지만, 디지털은 원본을 똑같이 그리고 횟수의 제한 없이 전송할 수 있기 때문이다. 아날로그는 원본과 사본(寫本)이라는 개념이 강하게 개입되지만, 디지털은 원본과 부본(副本)이라는 개념이 개입되기 어렵다. 이때, 우리는 어떤 것이 원본이고 어떤 것이 가본(假本)인지 판단할 수 없게 된다.6)

디지털의 존재론적인 성격은 이처럼 기존의 존재론을 뛰어넘는다. 플라톤이 제기한, 우중충한 현상계(現象界)와 밝고 맑은 예지계(叡智界)의 구별은 더 이상 그 위상을 상실한다. 동굴 속의 삶이나 햇볕 아래의 삶이나 똑같은 원판일 뿐인 것이다.7) 디지털세계 속

---

5) 가상현실의 문제에 대해서는 미카엘 하임, 여명숙 역, 『가상현실의 철학적 의미』, 책세상, 1997을 보라.

6) 1999년을 풍미했던 영화 〈Matrix〉가 보여주는 현실의 의미를 생각해보라. 푸른 약을 먹고 그것이 디지털임을 깨달았지만, 많은 사람들에게 디지털 세상은 실재보다 아름답고 즐거우며 깨끗하다. 〈매트릭스〉의 이중적 의미로 다시 말한다면, 가본(Matrix : 行列)은 정본(Matrix : 子宮)보다 훨씬 나은 것이다.

7) 그러나, 이 문제는 깊은 주의를 요한다. 플라톤적 맥락에서 이 세상이 가짜이고 저 세상인 진짜라는 이원론적인 사고가 개입되어 있고 그것을 해체한다는 점에서 그러하다는 것이지, 이 세상이 늘 이 세상일뿐이라는 일원론적 사고에서는 원본이나 사본이나 할 것 없이 모두 '실재'에 대한 제2차 사료(Hermeneutic materials)일 뿐이다.

에서 내가 갖고 있는 사진은 영원한 진본이다.

4. 전통 속의 디지털

동양전통 속에서 디지털적인 사고가 낯선 것만은 아니다. 아니, 어쩌면 세계 디지털 문명의 원천이 바로 동양의 고전에 있는지도 모른다. 내가 이러한 판단을 하는 것은 단순한 상상이나 추측에 머무는 것이 결코 아니다.

서양철학사 속의 라이프니츠는 인공언어를 꿈꿨다. '말로서 말 많으니, 말 말을까 하노라'라는 선(禪)적인 선언과는 달리, 라이프니츠는 '말로서 말 많으니, 말을 기호화하면 어떨까' 하고 생각했다. 오늘날의 기호논리는 기본적으로 그의 이러한 이상으로 소원(遡源)될 수 있는 것이다. 말을 수리화, 기호화, 그리고 공식화하여 진리에) 다가서고자 하는 노력의 선봉에 기호논리학이 서있는 것이다. 이런 시도는 서양의 '양화(量化)'전통과 무관하지 않다. 모든 것을 계량화, 수량화하여 '재보기[附量]'를 하는 것이다. 이를테면, '모두(all)'·'조금(some)'·'어떤(any)' 등의 한정사(限定辭, quantifier)를 써서 그것끼리의 관계를 밝히는 논리학의 대당(對當 : 반대 또는 모순을 포함하는)관계에 의한 직접추리가 그 대표적인 예이다.8)

---

8) A, E, I, O 4종 판단의 상호관계를 표시하는 Aristoteles의 대당의 사각형(Square of opposition)을 떠올릴 것. 이를테면, 大小對當의 첫 번째와 두 번째 규칙은, 全

그런데 재미있는 것은 라이프니츠가 바로 『주역(周易)』에 많은 영향을 받았다는 점이다. 그가 역의 64괘를 중국의 선교사로 나가 있던 예수회 소속 프랑스 부베 신부로부터 받은 사실은 정확한 날짜가 고증될 정도로 분명한 사실이다.[9] 라이프니츠는 나름대로의 2진산술법(1679)을 개발하고 있었지만, 복희(伏犧)로 대변되는 4천 년 전의 역의 논리에 경이를 금치 못했다. 라이프니츠는 세계 공통의 보편학을 건설코자 했으며 그를 위해 자신의 2진법으로 '발견의 논리학'을 만들고자 했던 것이다.

나는 라이프니츠의 보편적 기호법(characteristica universalis)의 이념이 제대로 성공했는지, 그렇지 않은지에 대해서는 말할 수 없다. 그러나 적어도 그의 정신이 오늘날 디지털의 세계에서 구현되고 있음은 아무도 부인할 수 없을 것이다. 현재 디지털 문법은 세계 공통의 유일한 기호법인 것이다. 비유하자면 알파벳이란 디지털을 몸뚱이 ― 이것을 라이프니츠는 '인간사상의 알파벳'이라고 불렀다 ― 로 하고 있는 껍질인 셈이다. 하다 못해, 라이프니츠가 설계한 계산기는 ― 파스칼이 더욱 원조이지만 ― 오늘날 컴퓨터의 원시적 모습인 것이다.

『주역』의 부호는 단지 두 개뿐이다. 음을 나타내는 '--'과 양을 나타내는 '―'일 뿐이다. 암수의 생식기를 생각하면 쉽게 이해가 되는 이 부호는 함께 '양의(兩儀)'[10]라 일컬어진다. 개개의 것을 따

稱(All)에서 참이면 特稱(Some)에서도 참이지만 특칭이 참일 경우 전칭이 참인지는 모른다는 그야말로 상식적인 선에서 출발한다.

9) 1703년 4월 1일. Leibniz와 『周易』의 영향관계는 동서를 막론하고 많은 자료가 있지만, 지금으로부터 벌써 30여 년 전에 쓰여진 아래의 글을 참조할 것. 김용정, 「라이프니츠의 보편기호법 사상과 역의 논리」, 『철학』 3, 한국철학회, 1969.

로 나누어 말할 때 효(爻 : 陰爻와 陽爻)라 부르며, 이것이 모여 이루어진 것을 괘(卦)라고 부른다. 그런데 처음부터 괘가 이루어지는 것은 아니다.

동양의 우주론은 바로 이러한 주역적 세계관을 바탕으로 이루어져 있다. "역은 태극이 있어, 이것이 음양을 낳고, 음양은 사상을 낳고, 사상을 팔괘를 낳는다[易有太極, 是生兩儀, 兩儀生四象, 四象生八卦]."[11] 여기에서 태극은 1로 이해되지만, 태극은 자체 내에 음양을 내포하고 있는 것이므로 중요한 것은 역시 양의이다. 양의는 이후 2에서 4로, 4에서 8로 배가되고, 마침내 8은 제곱으로 64를 이룬다.

『주역』의 64괘는 세상의 온갖 현상을 설명하고 있다고 동양인들은 수 천년 동안 믿어왔다. 태극기에 그려져 있는 것은 8괘의 절반인데, 각기 뜻하는 바가 있다. 이를테면, 건(乾)은 하늘, 굳셈(건강), 남자(아버지), 큰 내나 들판, 늦가을과 초겨울, 21시에서 23시, 서북쪽, 말[馬] 그리고 목이며, 이(離)는 불, 열(밝음, 아름다움), 여자(가운데 딸), 문서나 편지, 여름, 12시, 남쪽, 꿩 그리고 눈이다. 곤(坤)과 감(坎)은 그에 반대되는 성질을 생각하면 된다. 이처럼 역의 사고는 양의의 조합으로 이 세계의 모든 것을 설명하고 있다. 8괘는 8괘와 만나면서 더욱 복잡해지지만, 중요한 것은 위의 괘와 아래의 괘가 만나면서 제대로 된 만남[正應 : 음양이 만날 때]이나 잘못된 만남[不應 : 음음 또는 양양이 만날 때]이 이루어지고 그 결과 길흉(吉

---

10) 이때 '의(儀)'는 Modelling을 가리키는 것이다. 地球'儀'를 생각하면 쉽게 알 수 있다.

11) 『周易』 「繫辭上」.

凶)으로 정해진다는 점이다.

『주역』은 주자(朱子)도 긍정했듯이 기본적으로 점보는[占筮] 데 쓰였다. 만일 우리가 주역으로 점을 보아 얻은 결과를 놓고 그 괘나 효가 가리켜준 결과를 믿는다면, 우리는 이 세계가 음양으로 되어 있음을 믿는 것이다. 나아가, 이러한 태도는 이 세계를 디지털 코드로 이해하는 것을 동의하는 것과 별반 다르지 않다. 이를테면, 위는 물[水 : ☵]이고 아래는 불[火 : ☲]인 기제(旣濟)괘를 디지털 코드로 옮기면, 음을 0으로, 양을 1로 하여, 아래부터 올라가면, 101010이라는 값을 얻으며, 그 물과 불의 자리가 바뀌어 있는 미제(未濟)괘는 010101이라는 값을 얻는다. 주역에서 가장 좋은 겸(謙)괘의 경우, 위는 땅[坤 : ☷]이고 아래는 산[艮 : ☶]으로, 001000이라는 값을 얻는다. 라이프니츠와 다른 점이 있다면, 그는 64괘의 첫 번째 괘가 0으로 시작되기 때문에 괘의 마지막 번호가 63으로 끝나는 차이가 있을 뿐이다.

사실상 처음부터 음양의 이론과 오행설이 만난 것은 아니다. 전국말기의 추연(騶衍)이 그 둘을 정교하게 결합시키면서 오늘날의 음양오행설이 탄생한다. 주역의 괘상은 본디 음양에 기초하고 있는 것이지만 한대를 거치면서 오행과 만나고, 한 걸음 더 나아가면, 12월을 64괘 가운데 열두 개 괘로 설명되기도 한다.[12] 다시 말해, 이 세계의 모든 자연과 인간 그리고 역사의 현상조차 『주역』,

---

12) 孟喜의 卦氣說의 하나로, 復(11월 : 100000), 臨(12월 : 110000), 泰(정월 : 111000), 大壯(2월 : 111100), 夬(3월 111110), 乾(4월 : 111111), 姤(구, 5월 : 011111), 遯(6월 : 001111), 否(비, 7월 : 000111), 觀(8월 : 000011), 剝(9월 : 000001), 坤(10월 : 000000)이 각기 10월을 가리킨다. 이 이론은 京房의 음양오행적 해석이 영향을 미친다. 둘은 모두 象數易學 계열에 속한다.

명확하게는 음과 양이라는 양의로 해석될 뿐만 아니라, 심지어 예측되는 것이었다.

이러한 한역의 기호와 숫자를 중시하는 상수(象數)학적 전통은 위진시대에 이르러 철학적 의미를 중시하는 의리(義理)역학에 의해 도전 받는다. 그 대표적인 인물이 현행본『노자』를 주해한 왕필(王弼)이다. 비록 한대에도 의리 중시의 역학은 있었지만, 그 시절만큼 부호를 다양하게 변화시켜 자연계와 인간계를 설명한 때는 많지 않았기에, 우리는 한대의 역학을 상수학의 시대로 부르는 것이다. 한대의 역학은 상수가 진실로 우리에게 많은 것을 가르쳐 줄 것이라고 말한다. 상수의 비밀을 밝히는 것은 곧 자연의 원리를 찾아내는 것과 같았다.

우리가 양의를 자연계에 실재하는 것이며 결코 인식을 위한 단순한 도구가 아니라고 생각하는 순간, 우리는 벌써 디지털세계의 실재성을 나름대로 동의하고 있는 셈이다. 비록 점괘를 얻는 것은 초자연적인 능력이 필요하거나 아니면 순수한 집중력을 필요로 하는 경우가 많지만, 더욱 중요한 문제는 얻어진 부호가 나의 삶을 전체적으로 조망해준다는 태도에 대한 찬반 여부에 있다. 사실, 음양이 이 세계에 실재하는 것인지, 아니면 도구로서만 위상을 지니는지는 아무도 확언할 수 없다. 마치 'E=mc^2'이라는 도식이 자연계에 실재하는 것인지, 아니면 도구로서만 의미가 있는지를 따지는 것과 같이 정교하고 복잡한 일이다.13)

---

13) 중세의 실재론은 현대의 과학적 실재론과 만나고, 유명론은 현대의 과학적 도구론과 만난다. 만유인력의 법칙이 있다고 '실재'한다고 생각하면, 그는 기본적으로 실재론자이며, 그저 설명을 위한 '도식'일 뿐이라고 생각하면 그는 도구론

5. 디지털문화

　나는 여기에서 문화라는 말을 쓰는 데 머뭇거린다. 디지털 세상은 하나의 문명사적인 의의만 있을 뿐, 문화의 성격을 갖추지 못했다는 의식이 나를 방해하기 때문이다. 다시 말해, 디지털은 물질의 발전을 가져다 줄 뿐 정신의 고양을 책임질 수는 없을 것 같은 일련의 회의가 나를 주저하게 만들고 있는 것이다. 그러나 아래의 많은 디지털세계의 특징은 이미 문화적인 데까지 이르고 있음을 보여준다.

　현대문명은 복제의 시대이다. 우리의 복제는 단순한 문서복사(copy)에서부터 생명 복제(cloning)에까지 이른다. 우리는 복사한 자료로 논문을 발표하고 토론한다. 복사기가 없었던 시절을 생각하면, 우리의 행동 양태까지도 달라지고 있음을 느낄 수 있다. 앞으로 생명 복제가 가능해졌을 때, 우리는 지금과는 다른 행동 양태를 지닐 것임은 쉽게 미루어 짐작할 수 있다. 그런데 우리가 식민지 시절에 있던 때 독일의 미학자인 벤야민은 벌써 『기술 복제성시대의 예술작품』(1936)을 이야기하면서, 현대과학이 기술 복제를 가능하게 만들어 새로운 의미의 예술작품을 탄생시켰다고 주장한다. 이를테면, 오늘날 자본과 문화의 꽃이 된 영화가 그 대표적인 예이다. 영화는 이제 어떤 예술작품보다도 흡인력이 있으며, 아울러 예술의 대중화에 기여하고 있다. 벤야민은 이러한 복제의 시대가 예술을 망가

곧 유명론에 가깝다.

뜨리라는 회의를 갖지는 않았다. 그런 시절이라도 예술은 메시아를 기다리는 역할을 해준다고 생각했다.

다음, 우리는 묻는다. 디지털시대에 우리는 아직도 일할 수 있는가? 과거의 삶에서는 한 사람이 열 식구를 먹여 살렸다면, 오늘의 삶은 한 사람이 그 몇 배를 먹여 살리는 조건으로 바뀌어 버렸다. 노동의 의미는 삶을 유지시키는 '의무'에서 벗어나 인간이 누리는 '권리'의 영역으로 들어오고 말았다. 다시 말해, 일해야만 먹고 살 수 있는 것이 아니라 일하고 싶어도 일하지 못하게 된 것이다. 현대사회에서 노동은 몇몇의 특권으로 남았다. '엔트로피'라는 말을 우리에게 던져준 제레미 리프킨은 근작 『노동의 종말』(1996)에서 정보화시대가 초래할 대량의 해고를 걱정한다. 현재 전세계의 8억 명 이상이 실업자이거나 잠재적 실업자이다(1994, ILO). 기계에 의해 일자리를 빼앗긴 우리는 다시 기계화의 잠식에 면역된 것으로 오랫동안 여겨진 교육 및 예술 분야조차도 잠식되고 있다. 골반수술에 이미 로봇이 동원되고(1992), 도서는 모두 디스크화되어 제본조차 필요 없게 되어 지방도서관은 문을 닫게 되고, 인공지능의 소프트웨어로 쓰여진 핀치의 소설은 초판이 일만 오천 부 이상 팔리고, 슈트라우스가 칭송한 벡스타인 피아노 공장은 파산했지만(1993) 디지털 피아노는 30% 증가했고, 음악은 샘플링을 통해 없는 목소리(1958년에 닷지가 카루소의 목소리를 최초로 편집)를 만들어내며 텔레비전 배경음악(4Miami Vice)으로도 쓰이고, 배우의 역할과 연기도 모핑(morphing)되며 엑스트라도 디지털화되어 수백만 달러를 절감(The Babe)한다.[14] 변호사도 휴대용(portable lawyer)으로 바뀔지도 모른다.[15]

셋째, 독자나 관객은 더 이상 수동적이 아니다. 단방향의 전달은 쌍방향으로 되고, 줄거리는 정해진 것이 아니라 선택된다. 이른바 양자간의 공유 영역(interface)이 생겨나게 된 것이다. 글쓰기는 물론, 게임도 혼자 하는 것이 아니라 함께 한다. 동참의 영역은 수없이 많아지고 의견의 표출은 자유롭다. 이른바 하이퍼텍스트의 등장이다. 과거의 텍스트는 주체와 객체의 규정이 일방적이지만, 하이퍼텍스트는 기본적으로 비선형(非線型)적이다. 이 비선형성은 과거의 글쓰기를 빠른 속도로 파괴하고 있다. 미디어 및 커뮤니케이션 철학자인 빌렘 플루서는 책의 종말을 선언하며 2장의 플로피로도 아래와 같은 글을 발표(1987·1992)한 적이 있다. "알파벳이 근원적으로 상형문자에 대항했듯이, 현재에는 디지털코드들이 자모음 코드들을 추월하기 위해 그것들에 대항하고 있다. 근원적으로 알파벳에 토대를 둔 사고방식이 마술과 신화(형상적 사고)에 대항했듯이, 디지털코드들에 토대를 둔 사고방식은 '순차적(prozessuell)'·'진보적' 이데올로기들을 구조적·체계분석적·사이버네틱적 사고방식으로 대체하기 위해 그것들에 대항하고 있다. …… 텍스트들은 비로소 3천 년이나 걸린 투쟁 이후에 18세기 계몽주의에 이르러서야 형상과 그것의 마술적 신화를 박물관들이나 잠재의식과 같은 구석으로 몰아넣는 데 성공했다. …… 디지털적 사고는 훨씬 더 빨리 승리할 것이다."16) 그는 글의 마지막에 '먼 장래에 추방된 텍스트들이 컴

---

14) 제레미 리프킨, 이영호 역, 『노동의 종말』, 민음사, 1996, 215~221면.
15) M. 이센 카트시, 김유정 역, 『디지털시대의 법제이론』, 나남출판, 1997, 263면.
16) 빌렘 플루서, 윤종석 역, 『디지털시대의 글쓰기─글쓰기에 미래는 있는가?』, 문예, 1998, 262~263면.

퓨터 프로그램들에 대항하여 과거의 형태로 복귀하기 위해 저항할 것이라고 한 번쯤 예상해볼 수도 있겠다'는 동정 어린 문구를 덧붙이면서, 디지털 글쓰기의 승리를 예견하고 있다.

넷째, 가상현실이 현실보다 더욱 현실성을 갖는다. 우리가 컴퓨터에 빠지고 인터넷 항해에 미치는 것은 그 접속공간이 현실보다 더욱 현실감을 보여주기 때문이다. 가상현실의 기술이야말로 디지털시대의 꽃이라고 할 만큼, 흡인력이 강하다. 가상경험은 초창기의 스크린 앞에서 안경을 쓰고 보던 창문형 세계에서, 가상경기장에 자신의 모습이 비춰지는 거울형 세계, 놀이공원의 가상우주여행과 같은 탑승형 세계, 가상박물관과 같이 거대한 스크린으로 둘러 쌓인 동굴형 세계, 가상모델하우스와 같은 헬멧을 이용한 완전몰입형 환경을 거쳐, 가구배치를 스스로 해보는 확장현실에 이르고 있다.17) '가짜'현실에서 '더욱' 현실로 나가고 있는 것이다. 이제 시뮬레이션은 모의실험의 의미를 넘어 현실보다 더 현실적인 것이 되어, 이른바 '시뮬라크르'라 불리는 원본과 사본의 구별이 되지 않는 세상을 만든다.18) 컴퓨터 앞에서 보내는 시간이 사람을 만나는 시간보다 많은, 적지 않은 사람들은 이미 그러한 시대의 문을 두드리고 있는 셈이다.

다섯째, 새로운 문화운동이 등장한다. 디지털의 시대는 분명 다른 관계망을 설정한다. 이제는 소규모의 집단도 인터넷을 통해 큰 목소리를 낼 수 있고, 여론의 수집도 네티즌끼리 쉽사리 이루어진

---

17) 김영석, 『멀티미디어와 정보사회』, 나남출판, 1997, 303~304면.
18) 쟝 보드리야르, 하태환 역, 『시뮬라시옹-포스트모던 사회문화론』, 민음사, 1992 및 이정우, 『시뮬라크르의 시대』, 거름, 1999 참조.

다. 따라서 이 시대의 덕목은 거대담론에 참여하는 것이 아니다. 소박하고 순수한 사람들끼리 지닐 수 있는 가장 기초적인 덕목이 더욱 필요할지도 모른다. 따라서 소규모 공동체는 인터넷의 세계에서 새로운 사회를 형성한다. 그러나 인터넷을 장악하고 있는 거대국가나 기업은 그 공동체를 너무도 쉽게 붕괴시킬 수 있는 장치를 지니고 있다. 이때 출현하는 것이 '디지털 무정부주의(digital anarchism)'이라고 불릴 수 있는 일련의 태도이다. 나의 정의에 따르면, 디지털 무정부주의자들은 인터넷상의 연대를 통해 독점자본주의에 대항하고 국가의 정보통제에 항거한다. 이 개념은 아직 조심스럽지만 현실적으로 드러나기도 한다. 오늘날 '자유 소프트웨어 재단(http://www.fsf.org 또는 http://kldp.org)'이라는 조직을 중심으로 '소프트웨어 더불어 나누기(join now and share the software)' 운동을 벌이고 있는 '리눅스(Linux)' 애용자들이 그 대표적인 예이다. MIT의 리차드 스톨만의 주창으로 그들은 'GNU(GNU is Not Unix)'이라는 재귀적 용법을 슬로건으로 리누스 토발즈가 최초로 만들어낸 리눅스의 '쓰는 것을 막는 것말고는 누구나 쓸 수 있는 권리(copy left : copy right와 반대되어)'를 주장하고 그것을 무료로 배포(GPL : GNU General Public License)하고 있다. 이러한 디지털 무정부주의는 결국 마이크로소프트사와 같은 거대기업에 대항하여 가짐이 아닌 베품의 정신을 이상으로 하고 있다. 거대자본에 잠식되지 않는 자유의 이념을 실현하려는 것이다. 나는 이러한 GNU 운동을 현대의 과학철학자인 파이어아벤트의 이상에서 발견한다. 그가 좇고자 했던 밀의 자유론, 다시 말해, '잘 개발된 인간을 만들거나 만들 수 있는 유일한 길인 개성의 육성'의 정신과 일치한다. 중국여인들에게 전족(纏足)이 인간본성의 탁월한 부분을 못쓰게 만든 것처럼, 기업과 국가는 판권이라는 이름 아래 '자유를 증대하고 풍요로움을 가져다 주는 삶에 이르고자 하는 노력'을 억눌러서는 안되는 것이다.[19) 오늘날 국가나 기업으로부터 적극적인 의미에서 결코 완전히 자유롭지 않은 과학자들의 자각과 해방은 인터넷상의 대화와 제휴로부터 올지도 모른다.

이상의 분석은 우리에게 디지털이 우리의 삶을 근본적으로 변화시키고 있음을 나타내는 증거이다. 그런 점에서 문화적 차원에서 디지털을 접근하는 것이 가능한 것이다. 그러나, 이에 반대하는 의견도 소수이긴 하지만, 분명히 있다. 미국 예일대학의 컴퓨터 과학자이자 인공지능 분야의 제3세대 과학자들 대표하는 데이비드 겔런터는 여러 저작을 통해 그의 정보사회에 대한 보수적인 태도를 표명한다. 그에게 인터넷은 일시적인 유행에 불과한 것이며, 전자신문은 일반신문의 편의성을 따라가지 못한다. "사회에는 원래 보수적인 사람들이 있게 마련이다. 그들은 기계를 싫어하며 앞으로도 결코 좋아하지 않을 것이다. 어쩌면 그들이 컴퓨터세계는 결코 만족스런 세계가 될 수 없다는 사실을 아는 대단히 영특한 사람들인지도 모르겠다."[20)

---

19) 폴 페이어아벤트, 정병훈 역, 『방법에의 도전』, 한겨레, 19면. 그런데 그는 아나키스트적 과학의 윤곽을 그리고자 한다면서도, "나를 진지한 무정부주의자가 아닌 경박한 다다이스트로 기억해주기를 원한다"(「서론」, 주 12, 20~21면)고 말하고 있다. 그는 "신화는 우리가 철학적 논의를 통해 기대하는 것보다 훨씬 더 과학에 가깝다"(337면)고 주장하며, 아울러, "1950년대 공산주의자들이 병원과 의학교에서 『黃帝內經』을 가르칠 때 많은 전문가들은 중국의학의 몰락을 예언했지만, 실제적으로 일어난 것은 정반대였다"(348면)는 점을 예로 들기도 한다. 그런 점에서 그는 철저한 과학적 무정부주의자이다.

20) 존 브록만, 김원희·임세윤 역, 『디지털시대의 파워 엘리트』, 황금가지, 1996, 170면. 그러나 아쉽게도 여기에 소개된 digerati(digital lierati : 디지털지식인)는 빌

6. 디지털시대의 전망

우리는 1999년도를 들끓게 했던 '오양의 비디오'를 안다. 그런데 나는 그 현상—법률적 또는 도덕적 사건이 아니다. 그것은 일종의 사회적이며 문화적인 현상이다—을 통해 우리 사회가 디지털문화에 돌입했음을 느꼈다. 디지털문화의 제1특징이 바로 복제에 있기 때문이다. 다시 말해, 개인의 사생활이 어떤 보호장치도 없이 전국적으로 유통되는 그 엄청난 전파력을 가능하게 해준 것이 바로 디지털이기 때문이다. 인터넷의 국내 최대, 혹은 최초의 피해자가 탄생한 것이다.

한국과학기술단체 총연합회가 제정한 '과학기술인의 신조'에는 '우리는 인간의 존엄성이 숭상되고 그 가치가 보장되는 복지사회의 구현에 헌신한다'는 구절이 네 번째로 들어가 있다.[21] 그러나 우리의 기술과 법률은 인간 존엄성에는 진정으로 미치지 못한다. 저작권법은 '복사, 전송, 처리와 조작, 쓸모 없이 된 미디어 범주, 디지털 작업을 보고 사용하는 기술에의 의존, 검색과 연결 기능'이라는 도구에 능동적으로 대처하고 있지 못하여 '어렵고도 큰 도전을 받는 시기'에 있다.[22]

여기에서 우리는 디지털시대에 대한 두 상반된 견해를 마주한

게이츠 같은 적극적인 동참자가 대부분이다.
21) 이택식, 『공학과 공학자 그리고 기술』, 서울대, 1996, 39면.
22) M. 이센 카트시, 김유정 역, 『디지털시대의 법제이론』, 나남출판, 1997, 330 · 334면.

다. 디지털이 우리를 변하게 한다는 것은 사실이다. 그리고 우리는 그것을 받아들여야만 한다는 점에서 어찌 할 수 없을지도 모른다. 따라서 디지털에 순응적인 경우, 대부분 낙관론의 입장에 선다. 그러나 반성과 경계의 역할 또한 우리가 할 일이다. 디지털문화에 대한 성찰이 비록 비관적일지라도 그것이 가치 있고 의미 있는 이유가 바로 여기에 있다. 그것이 장밋빛 복음이거나 종말론적 묵시일지는 아무도 모를 일이지만 그냥 기다리고만 있을 수는 없는 것이다.

네그로폰테는 디지털문화의 전도사를 자처한다. "오늘날 전세계의 20%가 80%의 자원을 소비하며 1/4이 만족할 만한 삶의 수준을 누리는 반면, 3/4은 그렇지 못한 상태에 있다. …… 새로운 세대가 과거의 수많은 편견을 떨쳐 버리고 새로운 디지털 환경을 만들고 있다. 이 아이들은 우정과 협동, 그리고 놀이를 통해 편협한 근친성의 한계로부터 벗어나 있다. 디지털기술은 사람들을 더 거대한 세계의 조화로 이끄는 자연적인 힘이 될 수 있다."[23] 그의 낙관주의는 디지털화가 본질적으로 가지고 있는 분권화의 특성에 대한 신뢰로부터 비롯하고 있다. 그것이 우리에게 희망과 존엄을 가져다 줄 것이라는 것이다. 그도 비트(bit)는 먹을 수 없고 배를 채워주지 못하며, 컴퓨터가 삶과 죽음의 문제를 풀지 못할 것을 잘 알고 있지만, 디지털 세상이 낙관적인 까닭은 '탈중심화(decentralizing)·세계화·조화력·분권화'[24]를 지향하기 때문이다.

---

23) 니콜라스 네그로폰테, 백욱인 역, 『디지털이다』, 커뮤니케이션스북스, 1995, 219~220면.
24) 니콜라스 네그로폰테, 위의 책, 218면.

윌리엄 미첼(그는 자신의 이름을 wjm@mit.edu로 소개한다)은 비트의 도시를 만들기에 바쁘다. 그는 미래의 도시가 인터넷에 세워질 것을 믿고 새로운 개념을 과거의 것과 비교한다. 종래의 광장과 전자 광장의 차이는 공간 / 반공간, 육체 / 비육체, 집중 / 분산, 동시적 / 비동시적, 엿보기 / 나서기, 접촉 / 연결의 차이이다. 사이보그 시민은 눈 / 텔레비전, 귀 / 전화, 근육 / 작동장치, 손 / 원격조작, 뇌 / 인공지능(A / B는 A에서 B로)으로, 건물도 건물 / 인터페이스, 북스토어 / 비트스토어, 서가 / 서버, 박물관 / 가상박물관, 극장 / 연예 인프라, 학교 / 가상 캠퍼스, 거래장 / 전자 거래 시스템으로, 소프트 도시는 인간의 법 / 규약 조건문, 면대면(face to face) / 접면(interface), 현장 / 인터넷, 도로망 / 월드와이드웹, 이웃 / 머드(MUD : multi-user dungeons 다중 익명공간), 사유지 / 암호화, 사회관습 / 네트워크 규범으로, 비트산업은 공간의 경제학 / 비트의 경제학, 유형자산 / 지적자산, 이동되는 물질 / 처리되는 정보, 은행권 / 전자화폐, 노예 / 대리인, 관할구역 / 논리적 경계, 영토 / 위상도, 선거정치 / 전자투표, 감시 / 전자 중앙 감시 원형감옥으로 된다. 미첼 자신도 걱정이 없는 것은 아니다. 그는 혼다자동차 외판원이 자판을 두드리자 자신의 신용거래에 대한 모든 자료가 나오는 것을 보고 전자감시의 위력을 실감했으며, 이런 기술은 '푸코가 말한 지옥 사회를 눈앞에 현실로 만들어 놓을지도 모른다'[25]고 생각한다. 이러한 불확실성과 위험성에도 불구하고, 그는 그것은 새로운 가능성과 희망의 장이라고 생각한다.[26] 마치, 멈포드가 17세기와 관련하여 일터로부터의 가정의 분

---

25) 윌리엄 미첼, 이희재 역, 『비트의 도시』, 김영사, 1999, 213~215면.
26) 윌리엄 미첼, 위의 책, 233면.

리가 다시금 역전됨을 믿고, 토플러가 가족이라는 단위가 다시 원래를 되찾는 아늑한 미래상을 제시하는 것과 같다.[27)]

우리나라의 디지털 문화이론을 선도하는 김용석은 칸트의 영구평화론에 그 사상적 목표를 두고 있다. 그밖에도 독일의 문화철학자인 짐멜과 현대철학의 이단아인 파이어아벤트는 그에게 각기 내용과 방법에 영향을 주었다. 한마디로 말해, 김용석이 주창하는 문화론의 핵심은 '사이[間]의 미학'이며, 인간론의 핵심은 '탈(脫)인간성'이다. 그의 문화론에서 "간(間)이 체(體)를 초월하고 주도한다는 것은 그것이 특별한 의미에서 형이상학적 성격을 지닌다."[28)] 그는 우리말의 사이는 'inter(between : 관계맺기)'와 'intra(within : 범위형성)'의 두 뜻을 모두 갖고 있다고 여기며, '우리'와 '체'를 앞세운 결과는 제국주의였지만 사이의 문화는 개체를 새롭게 인식함을 밝힌다. 그에 따르면, 인터넷은 "이상적 세계에 대한 열망이 유토피아의 장소적 약속에서 유크로니아(理想時)의 시간적 약속으로 전이"[29)]시킨다. 그의 인간론은 '사람 밖'으로 나가고자 하는 사람에 관심을 둔다. 비(非)인간성, 초(超)인간성, 환(還)인간성 등이 그 예이다. 칸트는 76세 되던 해 유명한 세 가지 물음('나는 무엇을 알 수 있는가?', '나는 무엇을 해야 하는가?', '나는 무엇을 바랄 수 있는가?')에 '세계시민적 의미'에서 '인간이란 무엇인가?'라는 물음을 덧붙였는데,

---

27) 윌리엄 미첼, 위의 책, 131 · 136면. Lewis Mumford, *The City in History : Its Origin, its Transformation*(N. Y : Harcourt Brace and Word, 1961), p.382, 그리고 Alvin Toffler, *The Third Wave*(N. Y : Willam Morrow and Company, 1980), chapter 16(The Electronic Cottage).

28) 김용석, 『문화적인 것과 인간적인 것』, 푸른숲, 1999, 125면.

29) 김용석, 위의 책, 165면.

이때 그가 찾아낸 인간은 만들어 가는 개념으로서의 '인간'이었다.[30] 인간은 미래에 외계의 존재를 만날 수도 있고, 거꾸로 인간이 우주로 나가면서 새로운 인간이 될 수도 있다. 인간이 전지구성(globality)에서 탈지구성(post-globality)으로 나가고 있는 것이다.[31] 김용석은 이러한 탈지구성이 곧 서구적 정신의 패러다임의 붕괴를 초래한다고 희망적으로 기대하고 있다.[32]

이러한 낙관적 견해에 대한 비판도 만만치 않다. 문명비판가 제레미 리프킨이 그 선두를 달리고 있다. 1960년대 이미 맥루한은 텔레비전과 같은 미디어로 파편화된 세계를 걱정했는데, 그의 주장은 오늘도 유효해서 "전자 인간은 육체가 없다"는 그의 경구는 현실화되고 있음을 리프킨은 강조한다. 그는 이 시뮬레이션의 시대에 인간은 직접적인 경험을 상실하고 이차적인 경험으로 만족하며, 그것이 보여주는 것에 동화되고 만다.[33] 리프킨은 모든 것이

---

30) 김용석, 『문화적인 것과 인간적인 것』, 푸른숲, 1999, 336~338면.
31) 김용석, 위의 책, 374면.
32) 김용석, 위의 책, 386면. 김용석은 이윤기가 인류학용어인 'neophilist(崇新主義者)'와 'misoneist(忌新主義者)'로 한국의 '젊은 피'와 '늙은 망령'의 관계를 설명하면서 자신의 초연함을 내세우는 것을 비판하면서 다음과 같이 말한다. "오늘날 대세인 사이버문화에 대한 네오필리스트들은 어쩌면, 한국에서 사이버문화의 주장이 약세였던 십수 년 전에는 그것에 대한 미소네이스트이었는지도 모른다. 왠지 우리나라의 지성인들은 세상의 변화를 판단하는 데는 항상 한 템포 늦으면서도 대세가 형성되면 쉽게 합류한다는 느낌이 든다. 수십 년 전에 이미 사이버문화에 대한 독창적 견해로 그 약세를 옹호했던 사람이 오늘날 사이버문화의 부작용도 비판할 줄 아는 지성인이 되어 있는 것을 볼 수 있다면 참 좋을 것이다. 이 나라에는 '대세 콤플렉스'가 반영된 사회·문화적 '대세 신드롬' 같은 것이 있다는 의혹을 떨쳐 버리기가 어쩐지 쉽지 않은 것 같다."(208면)
33) 제레미 리프킨, 이정배 역, 『생명권 정치학』, 대화, 1996, 357~367면. Marshall McLuhan, *Understanding Media : The Extensions of Man*(N. Y : McGraw-Hill, 1964).

서로 연결되어 있다는 생명의 원리 아래 새로운 문명에 대한 대안을 제시한다.

토마스 모어의 유토피아로부터 탈출하여, 실제로 가능한 이상향으로서의 '유토피스틱스(Utopistics)'라는 조어를 만들며 가능한 역사적 대안의 탐구에 관심을 기울여온, 월러스틴은 '기술의 근대성'과 '해방의 근대성'을 구별하고 후자를 옹호한다. 그런데 이러한 구별이 전세계적인 규모의 해방을 위해서 필요한 기술상의 진보를 홀시하는 것이 아니냐는 질문에 그는 이렇게 답한다. "나는 기술을 반대하는 게 아닙니다. 실제로 나는 최신 테그놀로지의 열렬한 사용자이고 모든 사람이 그 편의를 즐길 수 있기를 바라는 사람이에요. 하지만 나는 실질적 합리성(substantive rationality)을 주장합니다(이건 막스 베버의 용어인데 수단의 합리성보다 목적 또는 가치의 합리성을 뜻하지요). 합리적인 사회에는 제반 선택이 포함되는데 사회적인 선택은 집단적이고 합리적으로 이루어져야 합니다. 내가 기술의 근대성이라 부르는 체제는 기술이 의문의 여지없는 가치가 되고 기술의 혜택이 자본축적에의 기여를 잣대로 결정되는 체제입니다. 이건 실질적 비합리일뿐더러 극도로 해로운 것이지요."[34]

우리에게 주어진 기술문명은 이처럼 쉼 없는 반성을 요구한다. 아니, 반성 없는 기술문명은 차라리 야만에 가깝다. 우리는 이곳에서 살면서, 어떻게 살 것인가를 고민하고, 무엇이 인간다운 삶인가를 모색한다. 인터넷시대에 안나 프랑크의 일기는 더 이상 존재하지 않을지도 모른다. 코소보의 안나 프랑크 2세는 인터넷을 통해

---

34) 백낙청과 월러스틴 간의 대담(페르낭 브로델 센터, 1998.12.5). 이매뉴얼 월러스틴, 백영경 역, 『유토피스틱스—또는 21세기의 역사적인 선택들』, 191~192면.

그의 고민을 전세계에 알릴 수 있기 때문이다. 그러나 중요한 것은 소녀의 아픔이고 그가 처한 비극적 상황이다. 그것은 결코 사이버세계로 해결되지 않는 진정의 세계인 것이다.

현대 기술문명은 우리에게 새로운 문화를 창출해주었다. 그러나 우리는 반드시 그 속에서 행복하지 않다. 약간의 행복을 가져다 줄지언정, 절대의 불행을 없애지는 못한다. 나는 디지털이 전쟁과 기아를 해결해주는 데 도움이 될 것이라고 믿지만, 문제는 디지털세계 또한 거대국가와 독점자본으로부터 완전히 벗어나지 못한다는 데 있다. 과거는 땅[領土 : land]을 정복해야 했지만, 현재는 그물[網 : net]을 장악하면 되는 것이 달라졌을 뿐이다. 따라서 그것을 견제하는 피를 가진 사람의 공동체 — 그것이 디지털적이건 아니건 — 는 여전히 요청되는 것이다.

기술철학 및 기술사회학을 선도하는 애거시의 말은 새겨들어 볼 만하다. "즉, 민주주의와 합리주의는 인간에 대한 자유주의철학 안에서 통합되어야 한다. 이런 방향으로 나아가는 첫걸음은 사상의 자유와 행동의 자유를 구분하는 것이다. 즉, 사상의 자유는 무제한적이어야 하고 과학을 지배해야 한다. 그러나 행동의 자유는 우리가 필요하다고 느낄 때 그러나 최소한 범위 내에서 제한되어야 한다. 그리고 행동의 자유를 책임지고 있는 사람들도 감시되고 제한되어야 한다."35)

퍼지(적당) 논리가 유행하면서 우리의 가전제품 모두에 그 용어를 붙인 적이 있다. 전기공학자인 자데는 1970년대에 '참, 거짓, 참

---

35) 조셉 애거시, 이군현 역, 『현대문명의 위기와 기술철학』, 민음사, 1990, 124면.

이 아닌 것, 매우 참인 것, 매우 참은 아닌 것, ……' 등등의 많은 층차로 참과 거짓이라는 2분법을 다시 나누었는데, 이후 세계는, 아니, 우리는 이 적당한 값을 찾는 기계를 만들기 위해 혈안이 되었던 것이다. 그런데 오늘날은 갑자기 디지털이 유행한다. 무엇에도 디지털이란 말을 붙인다. 나는 디지털 혁명이 퍼지의 역할과는 비교될 수 없음을 잘 안다. 그러나 나는, 퍼지의 중심 목표는 세탁기에 있었지만, 디지털의 핵심 사명에는 사람과 그들의 미래가 있다는 점을 분명히 말하고 싶은 것이다.36)

---

36) 자료를 소개한다. 다방면의 전문가의 개괄적인 이해로는, 최혜실 편, 『디지털시대의 문화 예술』, 문학과지성사, 1999가 있다. 철학자들의 토론으로는 「정보화 사회 무엇이 문제인가?」, 『철학과현실』, 철학과현실사, 1996년 가을호 및 『문화의 진보와 정보통신기술』, 한국철학회, 1997년도 춘계학술발표대회보, 1997.5.24를 꼽을 수 있다.

여러 세계 속에서 살아가기
시뮬레이션의 존재론

이정우

현대 사유의 핵심에 놓여 있는 '시뮬라크르'는 두 얼굴을 띤다. 한편으로 그것은 사건과 이미지의 의미를 새로이 인식하고 예술 등을 통해 그 잠재력을 펼치는 것과 관련되지만, 다른 한편으로 사건과 이미지를 만들어내고 조작하고 나아가 유통시키고 매매하는 행위들을 함축한다. 전자는 현대 존재론의 성과를 통해서 다루어졌지만, 후자는 테크놀로지의 발달과 후기 자본주의사회의 도래를 배경으로 한다. 시뮬라크르의 이 두 얼굴은 때로는 합쳐지기도 하고 또 때로는 날카롭게 대립하기도 하면서 현대문화를 수놓고 있다. 현대 테크놀로지는 이전의 인류가 단지 꿈꾸기만 했던 것을 현실화했고, 자본주의는 과거에 유통과 판매의 대상이 아니었고 또 아니어야 했던 존재들을 유통, 판매할 수 있는 배경을 제공했다. 시뮬라크르의 조작을 우리는 '시뮬레이션'이라 한다. 시뮬레이션은 어떤 존재론적 바탕에서 성립하는가? 인간 존재에 대해 어떤 의미를 함축하는가? 어떤 가치론적 함축을 띠는가? 이런 문제들을 사유하는 것은 곧 우리 시대를 존재론적으로 사유하는 것이다.[1]

1. 네 세계

우리가 평소 '세계'라고 말할 때 그것은 현세계(現世界)를 말한다. 현세계는 일상과 상식의 세계이며, 개별적 실체들과 물질적 바탕, 그리고 인간이 만든 문화적 산물들로 구성되는 세계이다. 현세계의 인식론적 가능 조건은 지각 그리고 지각에 바탕해 만들어진 일상 언어에 있다. 인간의 지각은 사물의 미시적 운동을 따라가지 못하며 따라서 일정하게 평균화되고 등질화된 세계를 포착한다. 대부분의 경우 우리는 '녹색의 탁자'에서 녹색이 아닌 다른 미세한 색들은 놓치게 된다. 우리 신체가 이미 조직되어 있기 때문에

---

1) 시뮬라크르를 논하는 것과 시뮬레이션을 논하는 것은 다르다. 시뮬라크르는 그 연원도 오래되었거니와(플라톤의 'phantasma'), 관련되는 문제들 또한 방대하다. 이미지·사건·현상·'象'의 논의, 영상을 비롯한 문화에 대한 논의, 물질과 이미지에 관련된 존재론적 논의, 의미에 관련된 담론학적 논의를 비롯해, 사건과 이미지에 관련되는 모든 문제들이 시뮬라크르의 문제들이다. 그러나 시뮬레이션은 현대에 와 성립한 것이며 특정한 기술적 조작과 관련된다. 따라서 시뮬레이션의 문제는 시뮬라크르와 관련되는 수많은 문제들 중의 한 분야로 볼 수 있다.

그에 상관적인 세계도 조직된 세계로 나타난다. 그리고 지각의 이런 성격은 관념과 언어에 그대로 투영된다. 우리의 관념은 지각에 기반해 생겨나며, 그에 상관적으로 일상 언어가 구성된다. 그래서 상식의 세계는 물, 공기 같은 유체들을 제외하면 일정하게 덩어리진 실체들 / 명사들과 성질들 / 형용사들로 구성되는 세계이다. 그리고 이들의 변화를 통해서 운동들 / 동사들이 성립한다. 이 세계를 우리는 세계 I이라고 할 수 있다.

현세계 / 현실을 감성적 언표들의 총체로 규정하고 이 총체(언표장)를 객관적 선험으로 보는 것(『가로지르기』에서 취한 구도)은 지금 생각해보면 두 가지 점에서 문제가 있다. 감성적 언표를 사건으로 이해할 경우, 이 규정은 지나치게 운동 / 동사 중심이 되며 현세계의 구조적 안정성을 무시하게 된다. 또 이미지로 이해할 경우,[2] 이 규정은 지나치게 감각적 성질들 / 형용사들 중심이 되며 역시 개체들 / 명사들을 무시하게 된다. 그러나 우리가 살고 있는 현세계는 개체들을 떠나 생각할 수 없으며, 감성적 언표들을 통한 규정은 이미 하나의 이론적 추상인 것이다. 나아가 추상적 존재들, 가치들 같은 보다 고급한 존재들 또한 이미 현세계를 구성하고 있다. 현세계는 그 자체 시간 속에서 변해가며 어떤 한 측면으로 환

---

2) 이미지는 필연적으로 물질의 존재를, 아니면 물질이라는 규정이 너무 좁다면 어떤 바탕을 필요로 한다. 이미지는 어떤 표면에서 나타나며, 표면은 언제나 무엇인가의 표면이다. 표면만 따로 떼어서 사유하는 것이 가능하다 해도, 표면이 무엇인가의 표면인 한 우리는 또한 바탕 / 물질에 대한 사유를 필요로 하게 된다. 이미지는 그 배후에 실체성 / 물질성을 전제한다. 반면 사건이란 정확히 그것이 그런 바탕으로부터 벗어나는 순간에 성립한다. "장종훈이 홈런을 쳤다"는 사건은 물질적 바탕 위에서 솟아오르지만, 그것이 '사건'이 되는 것은 탈물질적인 무엇으로서 존재하게 되는 그 순간에 성립하는 것이다.

원될 수 없는 복합체인 것이다. 특정한 측면으로(예컨대 감성적 언표들로) 현세계를 규정하는 것, 그리고 다른 존재들을 그로부터 이해하는 것은 하나의 논리적 재구성이며 그 자체 어떤 특정한 존재론적 입장을 전제한다. 그러나 현세계는 그러한 존재론적 반성 이전의 **중성적인** 무엇이며, 사건들과 이미지들, 개체들, 추상적 존재들의 복합체인 것이다.

또 하나 현실과 객관적 선험은 구분되어야 한다. 선험은 현실이 아니라 현실을 가능하게 하는 것이며, 이 점에서 객관적 선험은 사건들과 이미지들을 조직해주고 있는 논리적 구조, 담론의 공간, 들뢰즈적 의미에서의 '문제'로 보아야 할 것이다. 언표'장' 개념에 이미 이런 생각이 포함되어 있었지만, 분명히 할 필요가 있다. 이 논리적 구조에는 한편으로 세계 자체의 주어진 존재 방식인 필연적 구조가 있으며, 다른 한편 시대와 문화에 따라 사건들 / 이미지들을 조직하는 구조인 코드가 있다. 필연적 구조를 연구하는 것은 존재론의 작업이고, 코드를 연구하는 것은 사회학 / 역사학의 작업이다. 두 작업의 종합이 사유 일반을 구성한다. 객관적 선험은 현실세계인가? 그것은 한편으로 선험적 위상을 띤다는 점에서 일차적 현실은 아니다. 그러나 객관적 선험이란 현실 속에 내재하며 그것의 또 다른 심층적 얼굴이라는 점에서는 현실이다. 넓게 보아 현세계는 감성적 현실과 객관적 선험을 동시에 내포한다.

그러나 인간은 현세계를 '초월'하는 다른 세계를 찾았다. 그것은 가변적이고 지리멸렬한 현세계 너머에서 보다 참된 존재를 찾으려는 지적 호기심에서(다양한 현상들을 주재하는 원리, 이법), 또는 현세계에서는 해결하기 힘든 실존적인 문제를 풀기 위해서(삶에 대한 공포와 죽음에 대한 두려움), 또는 현세계 내에서의 권력을 초월적 차원을 통해 정초하기 위해서였다(왕, 귀족과 신 사이의 혈연관계). 여기에서 초월세계와 객관적 선험의 차원은 구분된다. 객관적 선험은 현세계의 가능 조건으로서 현실 속에 내재하지만, 초월세계는 바로 그 객관적 선험을 벗어나는 다른 세계이기 때문이다. 이 세계가 인간의 창조물일 뿐인지 아닌지는 다른 문제이다.

전통사회는 기본적으로 이 세상(세계 I)과 저 세상(세계 II)의 이분법에 기반해 성립했다. 그리고 세계 I에서 벌어지는 일들은 세계 II에 근거하는 것으로 이해되었다. 세계 II는 세계 I에 '구현(具顯)'된다. 전통사회의 형이상학적 사유에서 일차적인 것은 비물질적인(즉 현세계를 초월하는) 차원이며(형상·리 등) 이 차원이 물질적 차원에 구현됨으로써 현세계가 성립한다. 운동성은 물질의 특성으로 부과되며, 따라서 실체 / 명사, 성질 / 형용사, 운동 / 동사라는 존재론적 위계가 성립한다.3) 나아가 세계 II는 세계 I에서 벌어지는 일들을 평가하는 가치론적 잣대이기도 했으며, 가치―존재론적 위계가 전통사회를 지배했다고 할 수 있다. 전통 형이상학에서 중요한 문제는 세계 I과 세계 II의 관계를 해명하는 것이었고, 그 관계의 해명을 통해 현세계에서의 삶을 정초하는 것이었다.

세계 II에 대한 거부는 근대성을 특징짓는다. 근대적 사유를 특징짓는 것은 미시(微示)세계(및 거시세계)에로의 접근이다. 미시적인 것에 대한 감수성이 현대인을 특징짓는다. 명사·형용사·동사라

---

3) 후대로 갈수록 이 위계가 전복되는데, 니체와 베르그송 이후의 생성철학들에서 이 전복이 완성된다. 그러나 변화 / 운동을 사유하려는 시도의 실마리는 플라톤 자신에 의해 마련되었다고 해야 할 것이다. 『소피스테스』, 247E면 이하를 보라.

는 일상 언어적 요소들로 사유하던 전통은 무너지고 전혀 다른 접근법이 도래한다. 이제 사유는 상식의 세계로부터 날아올라가기보다는 그 아래를 파고 들어간다. 미시적인 것들(……子, ……素 등)의 '조합'을 통해서 거시세계가 설명된다(구조주의 역시 근대적인 성격의 과학이지만, 조합의 사유를 사용하지 않는다는 점에서 독특하다. 개별적인 요소들의 조합이 구조를 형성하기보다 구조—변별적 위치들의 체계—가 개별적인 요소들의 '의미'를 결정하기 때문이다). 기구들이 발달할수록 미시세계의 층위는 계속 낮아지게 되며 극한으로 내려간 미시의 세계는 이제 수학적 구조를 통해서만 이해되는 존재들을 드러내고 있다. 때때로 과학은 말하자면 수학적 미립자를 사용하는데, 해석학에 의해 한 사물에서의 무한소를 규정하고 적분을 통해 그 사물을 재구성하는 기법은 근대과학의 핵심에 놓여 있다. 따라서 세계 Ⅰ에서 발생하는 모든 것들은 미시세계의 운동이 일으키는 효과로서 전락한다.[4] 이 과학기술의 세계를 세계 Ⅲ이라 할 수 있다(때로 과학기술은 오히려 현세계보다 거시적인 세계를 탐구하는데, 예컨대 천문학이나 진화론이 그렇다).

전통사회에서 늘 세계 Ⅰ과 세계 Ⅱ가 문제시되었다면(형상/리와 질료/기의 관계, 천도와 인도, 본체와 외관), 근·현대사회에서 언제나 문제가 되어 온 것은 세계 Ⅰ과 세계 Ⅲ의 관계이다(미시세계와 현실

---

4) 이 세계 Ⅱ와 세계 Ⅲ은 그 성질이 매우 다름에도 현세계를 어떤 부차적이고 환상적인 차원으로 전락시킨다는 공통점이 있다. 이 경우 사건, 이미지, 개체 같이 현세계를 구성하는 요소들은 그것들을 '넘어서는' 존재들로 환원된다. 이 점에서 예컨대 개체 이상의 본질이나 이하의 본질이 아니라 개체의 본질을 사유한 라이프니츠, 그리고 특히 스피노자의 사유는 오늘날에도 소중한 가치를 가진다. 다음을 보라. 라이프니츠, 『모나돌로지』, §12. Matheron, *Individu et communauté chez Spinoza*, Minuit, 1969.

세계). 그것은 천문학자들이 계산한 달(또는 화학적으로 분석된 달)과 피가로가 공주의 손톱 크기로 만들어 "따 온" 달의 관계이다. 그런데 세계 II, III이 세계 I을 '외관'으로 전락시켰다 해도, 세계 II든 세계 III이든 이들이 늘 세계 I과의 관련하에서 논의되었다는 것은 역설적으로 세계 I이야말로 가장 기본적인 세계라는 것을 말해주는 것이 아닐까? 쿼크를 연구하는 소립자 물리학자가 자신의 논문을 보내면서 "물리학 학회 회장이신 김철수 교수께 인편을 통해서 보냅니다"라고 편지 겉봉에 쓸 때, 그는 쿼크의 존재론이 아니라 세계 I의 존재론을 전제하고 있다. 우리가 일상 언어를 사용하는 한에서 언제나 우리는 (아리스토텔레스에서 전형을 볼 수 있는) 상식적 존재론을 전제하고 있는 것이다. 형이상학이나 과학을 할 때 형상·리(理)·지속······ 등등을 논하다가도 현실로 돌아오면 여전히 상식적 존재론을 전제한 채 생각하고 말하고 행동할 수밖에 없다는 사실은 매우 의미심장하다.[5]

현상학은 이런 사실을 민감하게 사유하고자 했으며, 세계 I을 전락시키지 않는 사유를 전개하려 했다는 점에서 현대 사유에서 중요한 의미를 갖는다. 이 점에서 세계 III이 본격적으로 모습을 드러내고 세계 I 자체가 세계 III이 제시하는 미립자들, 함수들, 그

---

5) 세계 II와 세계 III도 매우 미묘한 관계를 맺는다. 얼핏 종교적 세계인 세계 II와 과학적 세계인 세계 III은 대립하는 듯하다. 그러나 과학이라는 담론이 기본적으로 넓은 의미의 플라톤주의에 기반한다는 점을 생각하면, 문제는 훨씬 복잡하다. 물질성과 현실을 동일시하고 세계 II를 탈물질적 이법의 세계로 생각할 경우, 세계 II와 세계 III은 근접한다. 그러나 세계 II를 비합리적 세계로 생각하는 한, 세계 II와 세계 III은 확연히 구분된다. 또 하나 주의할 것은 '세계'라는 말은 상대적으로 규정되는 개념이고, 세계 I 자체도 무수한 세계들로 이루어진 것으로 얼마든지 생각할 수 있다는 점이다. 뒤에서 이 문제를 다시 언급할 것이다.

래프들로 증발하기 시작했을 때 현상학이 등장한 것은 거의 필연적인 것이었다. 그러나 세계 I을 자체로서 절대화하는 것은 세계 II, III 속에 세계 I을 증발시키는 것과 마찬가지로 편협한 사유이다. 우리가 보고 사는 이 세계가 그 자체로서 실재라는 생각은 순진한 인간중심주의이기 때문이다. 윅스켈의 말처럼 종(種)이 존재하는 그만큼 '세계'도 존재한다고 해야 하리라.6) 중요한 것은 어느 한 세계를 절대화하는 것이 아니라 다양한 세계'들' 각각이 지니는 의미가 무엇이고 이들이 맺는 관계가 어떤 것인가를 사유하는 것이다. 그것이 '존재론'이라는 담론의 역할일 것이다. 근대가 도래한 이후 세계 III이 힘을 증폭시켜 가고 있다 해서 세계 I과 세계 II가 소멸한 것은 아니다. 대부분의 선남선녀들은 오늘도 세계 I을 살아가고 있으며, 또 종교의 형태로든 주술의 형태로든 형이상학적 이론의 형태로든 세계 II 역시 여전히 남아 있다. 하나의 존재가 소멸하고 다른 세계가 탄생하는 것이 아니라 존재의 끝없는 증식이 있을 뿐이다. 존재론자의 일차적 자격은 이 존재들의 복수성을 복수성 자체로서 받아들이고 사유하는 태도와 능력이다.

어떤 세계를 사유하든 분명 세계 I이 인간의 원초적인 현실인 점은 변함이 없다. 그러나 중요한 것은 문명이 발달하고 역사가 쌓여갈수록 세계 I 안에 세계 II와 세계 III이 점점 복잡하게 섞여든다는 것이다. 때문에 세계 I(생활세계)은 실체화될 수 없으며 역사적 지평 위에서 변해 가는 그대로의 모습으로 포착되어야 할 것이다. 오늘날 이 세계 I의 전체적 모습을 크게 변형시키고 있으며 앞

---

6) Uexküll, *Streifzüge durch die Umwelten von Tieren und Menschen*, Rowolt Verlag, 1956, II.

으로도 부정하기 힘든 힘으로 스며들리라고 예상되는 또 하나의
세계가 생겨났다. 세계 III이 세계 I에 침투시킨 대표적인 존재인
'기계'와는 또 다른 성격의 존재들, 즉 네트워크, 영상 이미지들,
인터넷, 가상현실 등등을 침투시키고 있는 새로운 어떤 세계이다.
'virtual reality'라는 말이 가리키듯이 이 현상들은 오늘날 또 하나의
현실이 되었다. 이 세계를 가상세계, 세계 IV라 부를 수 있다. 오
늘날의 존재론적 사유는 이제 기존의 세 세계와 더불어 가상세계
를 사유해야 할 시점에 도달했다.

2. 가상세계의 존재론

가상세계는 얼핏 문화적(가상 공간, 인터넷 등), 오락적(예컨대 전자
오락) 차원에서 우리 삶에 스며들고 있는 것으로 보인다. 그러나
오늘날 전쟁이 가상세계를 매개해 이루어진다는 것, 자본주의의
메커니즘에 사이버세계가 중요한 역할을 한다는 점을 생각하면
사태는 다르다. 기술은 전쟁과 자본에 연결될 때 심각한 문명사적
의미를 띠기 때문이다. 이 점에서 가상세계의 존재론은 현대, 나아
가 미래의 운명을 다루는 존재론이다.
가상세계는 컴퓨터의 발달이 전방위 정보교환체계의 구축(인터
넷)과 환각적 지각 상황의 창출(가상현실)의 단계에 도달했을 때, 현
실적인 무엇으로서 등장했다. 즉 현실세계를 형성하는 한 요소로

서 등장했다. 그리고 그것이 어떤 방식으로 변해갈지는 예측 불가능하다. 그러나 가상세계는 과연 전혀 새로운 세계일까? 사실 가상세계는 인류의 역사를 줄곧 동반해서 인간 존재의 한 얼굴을 형성해온 세계이다. 그것은 바로 꿈과 상상의 세계이다. 가상세계는 세계 I과 다르다. 그것은 세계 I을 지배하는 인과법칙에 지배되지 않는다. 강호의 고수들이 공중을 훨훨 날아다니고, 용이 뿜어내는 불이 사방을 태우고, 허여멀건 영혼들이 우글거리는 그런 세계이다. 인간이 꿈, 상상, 가능과 더불어 살아가는 존재인 한, 가상세계의 역사는 인류의 역사와 동외연적이라고 해야 하리라.

그러나 가상세계는 역설적으로 그것이 현실세계에 스며들 때에 비로소 가상세계로서 존재하게 된다. 우리가 살아가는 세계(우리가 '세계'라고 믿고 있는 그것)가 전적으로 가상세계라면, 가상세계라는 말은 의미가 없다. 이때 가상세계라는 말과 현실세계라는 말은 변별되지 않는다. 가상세계는 그것이 현실세계의 어떤 한 층위를 이룰 때, 그래서 현실세계와 변별되는 점을 뚜렷이 드러낼 때, 가상세계로서 (존재론적으로) 인식되고 또 (사회학적으로) 인정된다. 현실세계와 변별되는 한에서의 가상세계는 이미지의 세계이다. 현실세계가 물질성을 떠나서는 생각될 수 없다면, 가상세계는 물질성을 떠난(물론 가상세계를 가능하게 하는 기계 장치들은 별개의 문제이다) 이미지들의 세계이다. 이미지들이 마치 그 뒤에 물질이 존재하는 것처럼 조직되어 일관성 있는 한 세계를 형성할 때 가상세계가 성립하며, 그 가상세계와 물질성이 갖춘 현실세계가 뚜렷이 변별될 때 두 세계의 구분이 가능하다.

세계 IV는 세계 II와도 다르다.[7] 가상세계는 비물질적 세계이지만 물질을 떠나 존재할 수 없는 비트의 세계이다. 세계 II는 물질성의 측면에서 세계 I과 대비된다. 최초의 기독교 호교론자들 중 한 사람인 오리게네스가 맨 처음 하려 했던 일은 신의 비물질성을 증명하려 한 것이었다. 세계 II는 초월세계, 즉 시간, 공간, 인과를 초월하는 세계이다. 가상세계 역시 비물질적 세계이다. 그러나 가상세계는 물질성을 초월한 세계가 아니라 오히려 물질성에 의존하는 세계이다. 가상세계는 기술적 조작의 산물인 것이다. 초월세계는 인과를 초월하지만, (자체 내에서 인과를 초월하는) 가상세계는 역설적으로 철저히 인과적인 물질법칙에 기반한다.

가상세계는 이성과 불연속적 자기 동일자가 지배하는 세계가 아니라 욕망과 이미지의 흐름이 지배하는 세계이다. 플라톤의 경우 이데아의 세계는 물질세계에 구현되기 이전에 자족적으로 존재하는 세계로서, 그것은 또한 이성(nous)의 세계이기도 하다. 이 세계는 순수한 형상들의 세계이다. 형상들은 타자와 섞이지 않기 때문에 각각 불연속을 형성하며 각자의 자기 동일성을 가지고서 존재한다. 형상들은 즉자적으로 존재하며 변화하지 않는다. 반면 가상세계는 현실세계에서 채워지지 않는 꿈과 상상이 분출하는 욕망의 공간이다. 현실세계에서의 불가능 또는 잠재성을 현실적인 것(으로 여겨지는 것)으로 만드는 장치가 가상세계이다. 이 세계에서 이미지들은 끝없이 연속적으로 (형태)변이되기도 하고,8) 빠른 속도

---

7) 두 세계를 관련시키는 논의로 예컨대 하임, 『가상현실의 철학적 의미』(여명숙 역, 책세상)를 보라. 하임은 여기에서 가상현실을 플라톤주의와 연결시키고 있다.
8) D'Arcy Thompson, *On Growth and Form*(Cambridge Uni. Press, 1942)에 수록된 그림들을 참조

로 흘러가기도 하고, 마구 뒤섞이기도 한다. 이 세계는 이미지들이 명멸하고 흐르는 세계이다. 초월세계가 영원한 관조의 세계라면, 가상세계는 순간적 현혹(眩惑)의 세계이다.

마찬가지로 세계 IV는 세계 III과도 다르다. 후자가 입자들의 세계라면 전자는 비트의 세계이다. 세계 I에 주어지는 물리적 세계는 고체들과 유체들의 세계이다. 나무, 돌 같은 고체와 물, 공기 같은 유체는 현상학적으로 전혀 다른 의미를 함축한다. 그러나 과학은 이런 차이를 피상적인 것으로 만들며, 모든 형태의 물체들을 입자들로 환원해 파악한다. 고체역학과 유체역학의 구분, 고체와 유체의 화학적 구분이 있지만, 자연과학은 궁극적으로 입자설의 형태를 취하며(입자의 개념이 양자역학 이래 아무리 크게 변했다 해도), 거시적인 성질들에서의 차이는 미시적 메커니즘의 부대 효과일 뿐이다. 과학은 이 물질적 존재들을 전제하며, 공간을 차지하며 질량－에네르기를 갖추지 않은 물질이란 개념적 모순을 함축한다. 반면 비트는 공간과 질량－에네르기를 갖춘 물질이 아니다. 그것은 비물질적인 정보의 단위이며, 물질로부터 파생하지만("철수가 밥을 먹었다"는 정보는 일정한 물질적 변화의 표면 효과로서 존재한다) 물질로 환원되지 않는 존재이다. 비트의 세계가 물질의 세계에 기반하는 것은 사실이지만, 두 세계는 분명하게 구분된다.

그러나 세계 III과 세계 IV 사이의 가장 기본적인 차이는 물론 세계 III이 과학에 의해 발견되는 사물들의 세계라면, 세계 IV는 기술에 의해 만들어지는 허구적인 세계라는 점이다. 이 점에서 세계 I에서의 기술과 세계 IV에서의 기술은 다르다. 현실세계에서의 기술은 물리적 법칙에 따라야 하며, 나아가 경제적, 법적, 정치적 조건들에 따라야 한다. 현실세계에서 기술은 이중적 의미에서 제한을 받는다. 반면 세계 IV에서 기술은 때로 도덕적−법적 제한을 받기는 하지만, 존재론적으로는 어떤 제한도 받지 않는다. 그것은 모든 일이 가능한 세계이다. 세계 I에서 기술이 실패하면 쓰레기 더미가 쌓이거나 인명까지도 위협받는데 비해, 세계 IV에서 기술(이 경우는 소프트웨어만을 말함)이 실패했을 경우에는 지워 버리고 다시 만들면 그만이다.[9]

또 세계 III이 사물 / 물체의 세계라면 세계 IV는 이미지 / 사건의 세계이다. 물체는 자체로서는 질량과 에네르기를 함축하며, 인간에게는 신체와 일정한 역학적 관계를 맺는 대상이자 더 넓게는 인간의 신체가 그 안에서 살아갈 수밖에 없는 물질적 환경이다. 신체는 물체들의 하나이며 물체들에 의해 압도당한다. 신체의 미약함을 극복하기 위해 만들어진 기계들은 또한 다른 방식으로 신체를 에워싼다. 반면 사건과 이미지의 세계는 꿈과 상상력의 세계, 순간적으로 나타났다가 사라지는 그러면서도 연속적 흐름을 이루는 차원이다. 세계 IV에서의 이미지와 사건은 실체들의 표면에서 솟아오르는 존재들이 아니라 실체들로부터 벗겨져서 별개의 차원을 이루는 존재들이다(이들의 존속을 가능하게 하는 물체적 장치들은 별

---

9) 때문에 가상현실에 중독되어 살아가는 사람은 현실세계와 가상세계의 엄연한 차이를 보지 못한 채 마치 마약을 먹은 듯한 몽롱한 상태에서 살아가게 된다. 그러나 보다 넓게 말해 가상세계까지 가지 않더라도 거짓말, 엉터리 소문, 영상, TV 방송, 신문과 잡지 등을 비롯한 수많은 불량 정보들에 중독되어 살아가는 현대인은 근본적으로 인식론적 환영 속에서 살아가고 있다고 할 수 있다. 사람들은 현실 속에서 심각한 사태가 벌어져도(예컨대 세계 무역 센터에서의 테러) 그것을 영화나 게임과 혼동한다. 이미지가 현실을 갉아먹고, 삶은 몽롱한 꿈으로 변한다.

도의 문제이다). 그리고 그 안에서 물리법칙이 더 이상 통용되지 않는 심상(心像)들의 세계이기도 하다. 이 점에서 세계 IV의 탄생은 신체의 제약을 벗어나 (더 이상 상상이 아닌) 현실 같은 가상세계에서 마음껏 살아가고 싶은 욕망을 반영한다.

이 점에서 세계 III이 이중 인과10)에 의해 지배되는 세계라면, 세계 IV는 오직 사건들 사이의 계열화만이 지배하는 세계이다. 실체의 표현으로부터 이미지들/사건들이 발생하는 현실세계의 인과에서는 비물질적인 것이 물질적인 것(아니면 최소한 물질적 측면을 포함하는 실체적인 것)에 일차적으로 지배받지만, 가상세계에서는 이런 지배가 의미를 상실한다. 따라서 가상세계에서는 이미지/사건들의 자유자재의 계열화를 통해서 무수한 '의미'들이 생성한다. 실재에의 참조가 필요 없는 가상세계에서는 의미들의 검증이란 무의미하며 오로지 의미들의 조합들만이 문제가 된다. 이것이 가상세계에서 "모든 것이 가능한" 이유이다. 그러나 가상세계란 신이 없는 세계가 아니라 있을 수 없는 세계이다. 모든 의미는 주어지는 것이 아니라 인간에 의해 조작되는 것이기 때문이다.

가상세계의 '존재'에 있어 가장 역설적인 것은 그것이 탈물질적인 자유의 세계이면서도 동시에 거대한 테크놀로지의 산물이고 따라서 그에 전적으로 의존한다는 것이며, 또 훨훨 날아다니는 꿈과 상상의 세계이면서도 철저하게 자본의 지배를 받는 상품의 세계라는 것이며, 또 국적과 이데올로기를 초월하는 듯한 세계이면

---

10) 이중 인과의 개념은 실체의 표현과 변양태들끼리의 인과를 함께 함축하는 『에티카』의 인과 개념이며, 이것은 들뢰즈의 『의미의 논리』(계열 14)에서도 전개된다.

서도 철저하게 미국을 중심으로 하는 특정한 이데올로기의 장 속에 들어 있다는 점이다. 요컨대 가상세계는 현실세계와 유리될(되었다고 착각할) 때 꿈과 자유의 공간으로 여겨지지만, 실제 현실세계와 유리될 수 없으며 따라서 왜곡된 유리의 구조 속에서 존재한다는 점이다. 이 점에서 ─ 대부분의 젊은이들이 그렇듯이 ─ 가상세계의 향유에만 몰두하고 그 향유 아래에 깔려 있는 정치경제학적 상황을 잊어버린다면, 그것은 결국 테크놀로지와 자본, 미국의 지배를 더욱 가속화하는 메커니즘을 강화할 것이다.

3. 가상세계에서의 주체

만일 세계 IV가 상상의 세계와 유사한 세계라면 가상세계는 사실 현실세계와 나란히 잠재적으로 존재해 왔다고 해야 할 것이다. '호접몽(胡蝶夢)'의 이야기는 이 사실을 극명하게 보여준다.[11] 오늘날에 와서 달라진 것은 이 세계가 테크놀로지의 발달에 힘입어 '현실'이 되었다는 사실이다. 따라서 'virtual reality'에서 중점은 오히려 'reality'라는 말에 있을 것이다. 그러나 이 말은 과거보다는 차라리 미래를 바라보고 있다. 잠재적 가상이 현실적 미래가 되리라는 생각이 이 말에 스며들어 있기 때문이다. 그런 가정(어떤 사람

---

11) "昔者 莊周夢爲胡蝶 栩栩胡蝶也. 自喩適志與 不知周也. 俄然覺則蘧蘧然 周也. 不知周之夢爲胡蝶 與胡蝶之夢爲周與."(『莊子』「齊物論」)

들에게는 기대)에 설득력을 불어넣기 위해 저 멀리에서 현재를 끌어당기는 미래, 그 미래는 어떤 에네르기로 그런 힘을 발휘하는가. 말할 필요도 없이 자본주의는 기술에 그 '존재 이유'를 부여하며 (현대의 입구에서 기술은 자본주의를 탄생시켰다. 오늘날 관계는 역전되어 자본주의가 없는 기술은 존립할 수 없게 되었다. 시간은 때때로 관계를 역전시킨다), 미래에로 갈려져 달려가는 시간선(時間線)들을 평정하려 한다. 미래, 그것이 기술—자본이 지배하는 세계에로가 아니라 다른 어떤 세계에로 이어지는 시간의 철로를 달리리라고 현재로서는 거의 생각하기 힘들다.

가상 '현실'이 되기 이전에 상상의 세계는 어디에 존재했을까? 가상세계는 어디에 잠복해 있다가 이 세계로 불쑥 나타난 것일까? 그것은 심상(心像)의 세계에서 현상(現象)의 세계로 뚫고 나왔다. 즉, 마음속 이미지들의 세계에서 현실 이미지들의 세계로 전환된 것이다. 놀랍게도 가상세계의 고향은 마음이다. 그러나 그 고향은 더 근본적인 고향으로부터 이주해온 고향인 듯이 보인다. 애초에 이미지들은 현실세계에서의 현실적(원한다면 물리적) 변화로부터 / 와 함께 생성하는 것이기 때문이다.[12] 가상세계는 현실세계라는 낯선 세계에 처음으로 부딪치는 것이 아니다. 그것은 그것이 처음으로 생성되었던 저 아득한 고향으로 다시 돌아오는 것이다. 가상세계를 구성하는 모든 요소들은 현실세계의 그 어딘가에서 생성했고 누군가의 마음속에 맺힌 그런 모습들인 것이다. 물론 기술의 급속

---

12) '~로부터'의 입장을 취할 때 독립적인 인식 주체를 가정하고 '겪음'을 통해 관념들 / 이미지들을 만들어 가는 경험론의 장에 서게 되고, '와 함께'의 입장을 취할 때 연장—속성과 사유—속성의 동시적 표현(『에티카』 2부, 명제 7)이라는 스피노자적 사유의 장에 서게 된다.

한 발달은 현실 속에서는 결코 경험할 수 없는 이미지들을 창출하고 있지만 말이다.

심상의 세계에서 이미지들은 자유자재로 움직인다. 그러나 마음의 울타리를 벗어날 수는 없다. 현실의 세계에서 사물들은 안정된 질서를 유지한다. 그러나 바로 그 때문에 마음을 가진 인간에게는 때로 갑갑하게 다가온다. 그래서 사람들은 현실 속에 외화된 비현실적 이미지들을 그토록 좋아한다. 그것은 현실 속에 있지만 현실을 벗어나기 때문이다. 전통철학자들이 세계 인식에 있어(그것이 세계 I이든 세계 II이든) 상상작용을 그토록 경계한 이유가 여기에 있다. 상상이란 일종의 꿈이다. 우리의 의식이 객관적 대상에 몰입할 때 꿈이나 상상은 위축되며, 역으로 꿈이나 상상에 몰입할 때 대상에 대한 주목은 흐려진다. 그런데 만일 가상세계가 마음속에 있던 꿈과 상상의 세계를 외화한 것이라면, 그 세계에 몰입할 때 우리는 현실을 대하고 있지만 사실상 꿈꾸고 있는 것이다. 깨어 있는 세계에서는 맨 정신이 그러한 몰입을 자꾸 저지한다. 그래서 이미지를 파는 산업은 어떻게든 사람들을 백일몽(白日夢)의 상태로까지 이끌 수 있는 강렬한 가상을 개발하려 한다. 그 기법은 소설에서 영화로 다시 가상 게임으로 진화해 왔다. 사람들은 의식의 훈계를 피하고 싶어하는 법이다.

심상이 심상 자체로서 머물 때, 우리는 그 심상이 진짜가 아니라는 것을 안다. 왜인가? 심상을 가지고 노는 나와 자신이 심상을 가지고 놀고 있다는 것을 아는 내가 공존하기 때문이다. 내가 의식 / 맨 정신의 눈초리를 피해서 이미지의 세계에 빠지려면 그 이미지가 내 바깥에 존재해야 한다. 바깥의 대상에 몰두할 때 우리는 그렇게 몰두하고 있는 자신(의 의식)을 상실할 수 있기 때문이다.[13] 그래서 가상세계의 성공은 얼마나 사람들의 "얼을 빼놓는가"에 달려 있다. 지루한 영화와 박진감 넘치는 영화는 사람들의 얼을 빼낼 수 있는 급수가 다르다. 대중적인 차원에서 말해, 추상적인 소설은 현란한 영상에 자리를 내주었고 이제 영상을 대체할 수 있는 새로운 얼—빼기—장치들이 속속 선보이고 있다. 그 극한은 자신이 어떤 가상세계에 들어가 있다는 것을 전혀 의식하지 못하는 '매트릭스'의 세계일 것이다. 이 세계에서 현실의 몸은 사라지고 알고리듬으로 화한 '마음'만이 존재할 것이다. 여기에서 마음은 한 개체와 동일시된다.

우리의 감각은 수시로 이성의 검열을 받는다. 그러나 가상세계가 기술적으로 완성될 경우, 우리의 감각은 이 세계에로 완전히 용해될 것이고 따라서 지금의 의식을 대신할 새로운 의식이 탄생할 것이다. 꽁디악의 입상(立象)이 보여주었듯이, 의식 자체가 감각을 떠나서는 존재할 수 없기 때문이다. 그때에 세계 I에 존재하는 '나'와 세계 IV에 존재하는 '나'가 연속성을 가질지는 예측하기 힘들다. 소설이나 영화가 끝나면 우리는 현실로 돌아온다. 그러나 가상세계에 간 나는 그 세계가 끝났다는 것을 어떻게 알 수 있을까?

---

13) 이른바 "道를 닦을" 때 우리는 정반대의 방향으로, 즉 우리 마음 저 깊은 곳으로 눈길을 밀어 간다. 그러나 묘하게도 이때 역시 우리는 의식 / 맨정신을 잃어버린다. 우리의 말짱한 의식이란 철저한 외면화와 철저한 내면화의 사이에서만 성립하는 것으로 보인다. 그래서 맨정신으로 살아간다는 것은 쉽지 않다. 그것은 헬리콥터를 운전할 때처럼 균형을 요구하기 때문이다. 우리의 의식은 어떤 안정된 존재라기보다는 늘 자기도 모르게 균형을 잡으려 노력하면서 안팎을 오락가락하는 존재이다.

현실의 나와 가상세계 속의 내가 공존할 경우 가상세계는 불완전하다. 가상세계가 완전할 경우, 현실의 나 바깥에서 누군가가 기계 조작을 하지 않는다면 진짜 나와 절연된 '나'는 영원히 그 세계 속에 머물 것이다. 고도로 발달한 가상세계에 들어간다는 것은 현실세계에서 죽는 것과도 같다. 가상세계가 꿈의 세계와 비슷한 것이 이 점에서도 확인된다. 그 가상세계 속에서 '나'가 행복하다 / 불행하다 해도 현실의 나는 행복하지 / 불행하지 않다. 왜냐하면 행복 / 불행이란 행복한 / 불행한 나와 그 행복 / 불행을 확인하는 나가 공존할 때에만 성립하기 때문이다.

사람들은 집 안팎을 드나들고, 직장의 안팎을 드나든다. TV에 몰입했다가 다시 일에 몰두하기도 하고, 향락의 세계에 빠져 허우적거리다가 정신 차리고 가정에 충실하기도 한다. 더 추상적 차원에서, 물리학의 세계에 몰입하다가 시의 세계에 몰입하기도 하며 어둡고 우울한 세계에 들어갔다가 다시 밝고 명랑한 세계로 나오기도 한다. 산다는 것은 드나드는 것이다. 이러한 드나듦의 가장 근본적인 형태는 여러 세계 사이를 드나드는 것이다. 무당이나 사제들은 세속세계와 성스러운 세계를 드나든다. 과학자들은 거시세계와 미시세계를 드나든다. 마찬가지로 오늘날 많은 사람들은 현실세계와 가상세계 사이를 드나든다. 세계 I과 세계 IV 사이를 드나드는 것이 현대인들의 일상생활이 되었다. 세계 II와 세계 III으로의 드나듦이 소수의 사람들에 국한되는 행위라면, 세계 IV에로의 드나듦은 적어도 문명세계에서는 대중적인 일상사가 되었다.

드나듦은 드나드는 주체의 변화를 함축한다. 한 주체는 드나듦을 통해 조금씩 변해간다. "기생집에 드나들다가 신세를 조질" 수도 있고, "서당개 삼 년에 풍월을 읊을" 수도 있다. 하나의 공간에서 다른 공간으로 계속 이동해가면서 주체는 때로는 크게 때로는 작게 변한다. 물론 경계선들이 갑작스럽게 다른 주체를 만들진 않는다. 기질과 기억이 존재하기 때문이다. 그럼에도 주체는 드나듦을 통해서 변해간다. 만일 오늘날의 세계가 세계 I과 세계 IV의 드나듦을 통해서 성립한다면, 주체들 또한 그 드나듦을 통해 형성되고 변환됨에 틀림없다. 드나듦이 원활치 못할 때 빠짐이 성립한다. 그래서 사람들은 도박에 빠지고, 주색(酒色)에 빠지고, 마약에 빠지고, 또 가상세계에 빠진다. 삶의 원활한 역동성은 상실되고, 드나듦의 균형 감각은 점차 초점을 잃어간다. 가상세계에서의 인식과 감정이 자꾸 현실세계에 투영된다. 가상세계에서의 나와 현실세계에서의 나 사이에 점차 깊은 골이 패인다. 현대의 주체들은 여러 세계들 사이에서 분열증을 앓는다.

4. 시뮬레이션과 번역의 문제

분열증이란 번역의 문제이기도 하다. 한 주체는 시간 속에서의 변화와 기억을 통한 동일성의 보존이라는 두 모순된 측면을 동시에 안고 살아간다. 변화만이 있을 때 정체성은 상실되고 극단적으로는 오직 현재만을 살아가는 하루살이가 되지만, 동일성만이 있을 때 시간과 변화를 포용하지 못한 채 딱딱한 기계가 된다. 한 주체는 변화와 기억의 쉼 없는 종합을 통해 자신의 정체성을 가꾸어 나간다. 그것은 곧 다양한 세계'들'을 가로지르는 과정이기도 하다. 한 세계에서 다른 세계로 건너갈 때(세계라는 말을 넓게 사용할 경우, 학교라는 세계에서 공부하다가 길거리라는 세계로 건너가는 경우도 역시 건너감이다), 주체의 크고 작은 변화가 일어나며 그 변화를 어떻게 종합하느냐에 따라 그 주체의 정체성이 끝없이 변형된다. 그 종합이 등질적 연속성으로 갈 때 기계가 되고, 단적인 불연속으로 갈 때 하루살이가 된다. 우리는 정체성에서의 강한 불연속을 분열증의 문제로 볼 수 있다.

불연속이 있는 곳에, 즉 갈라치기가 있는 곳에 분열이 존재한다. 그리고 그런 분열을 앓는 주체에게 분열증이 존재한다. 보다 넓은 맥락에서, 한 가족이 분열증을 겪을 수도 있고(거의 대화하지 않는 부부, 부모자식, 형제, ……), 한 국가가 분열증을 겪을 수도 있다(전라도와 경상도의 분열, ……). 분열이란 소통의 부재에서 기인하며(이전의 자기와 지금의 자기 사이의 소통 부재, 집단들끼리의 소통 부재, ……), 소통의 부재란 곧 번역의 부재를 함축한다. 모든 소통이란 번역의 과정이기 때문이다. 우주의 모든 것은 복잡한 번역의 체계로서 존재하며, 번역이 되지 않을 때 문제가 발생한다.

번역이란 무엇인가? 번역이란 한 의미체계를 다른 의미체계에 대응시키는 방식이다. 하나의 의미체계는 서로간에 일정 정도 정합성을 형성하는(아니면 적어도 정합적이고자 하는) 기호체계와 그 기호체계가 "뜻하는" 의미들의 체계, 그리고 그 기호체계가 "지시하는" 사물들의 체계로 구성된다. 기호·의미·사물들이 형성하는 일정한 장을 하나의 의미체계라 볼 수 있다. 우리는 이런 의미체계를 '세계'라 부를 수 있다. 하나의 의미체계를 다른 의미체계로 번역한다는 것은 일차적으로 하나의 기호체계를 다른 기호체계로 변환시키는 작업이다. 그러나 이런 번역은 동시에 각 기호체계가 뜻하는 바 의미들의 번역이며, 동시에 각 기호체계가 지시하는 사물들의 번역이기도 하다. 요컨대 번역이란 궁극적으로 세계들 사이에서 성립한다. 하나의 세계가 다른 세계로 변환될 때 번역이 성립한다. 우리가 하나의 세계에서 다른 세계로 건너갈 때, 거기에는 반드시 번역이 개입한다. 도서관에서 디스코장으로, 물리학에서 철학으로, 배구에서 야구로, 미국에서 한국으로, (타임머신이 존재한다면) 21세기에서 19세기로, ……, 이 무수한 건너감들은 두 세계가 갈라서는 접면(接面)에서의 번역을 매개로 하는 것이다.

이 매개는 다면적이다. 번역이란 일차적으로 / 표면상 기호들의 번역이다. 다양한 책들이 서로 다른 언어로 번역된다. 그림이 음악으로, 몸짓이 그림으로, 표정이 언어로, …… 번역된다. 기호들의 번역은 각 기호들에 상관적인 세계들의 번역이다. 그러나 많은 경우 번역은 왜곡과 단절을 포함한다. 'pear'를 '배'로 번역하지만, 'pear'가 지시하는 과일과 '배'가 지시하는 과일은 똑같지 않다. 한 사람의 표정은 종종 엉뚱하게 번역된다. 누군가의 말이 다른 사람의 마음속으로 엉뚱하게 굴절되어 이해된다. 번역이란 오해와 왜곡, 변형을 필연적으로 내포하는 것이다. 번역은 때로 단절되기도 한다. 한 세계와 그 상관자인 기호는 다른 세계와 그 상관자인 다른 기호로 전혀 번역되지 않을 수 있다. 현대과학에 드리워져 있는 미시세계와 거시세계 사이의 단절은, 비록 프리고진을 비롯한 많은 사람들이 그 단절을 메우려 했음에도, 필연적으로 우리에게 인식론적 혼란을 가져온다.

　원활한 번역과 더불어, 많은 세계를 가로지르면서 살아간다는 것은 곧 여러 언어로 사유한다는 것을 함축한다. 철학 개념들과 미술 등에서 나타나는 감각적 존재들을 번역할 수 있는 사람은 두 세계를 넘나들면서 살 수 있다. 그리스어와 한글을 동시에 하는 사람은 두 세계를 넘나들 수 있다. 좀더 근본적으로 자신의 정체성을 가꾸어 나가는 것 역시 번역의 문제이다. 자신의 체험들 사이에서 번역할 수 없을 때 분열증과 편집증이 찾아온다. 하나의 세계-언어에 갇힐 때 편집증이 도래하며, 계속 변하는 세계들-언어들 사이에서 번역할 수 없을 때 분열증이 찾아온다. 정체성을 가꾸는 것은 '하나의 나'를 키워 나가는 것이 아니라(그것은 열정적인 편집증이다) '여러 나들' 사이를 번역을 통해 가로지르는 것이다. 그런 역동적 정체성만이 분열증과 편집증을 극복할 수 있다.

　시뮬레이션은 현실세계를 번역한 가상세계이다. 시뮬레이션의 주체는 가상세계와 현실세계를 드나들면서 번역을 통해서 두 세계를 관련시킨다. 번역이 원활하게 되지 않을 때 가상세계에 중독되거나 현실세계를 절대화하게 된다. 현실세계의 진짜와 가상세계의 가짜는 서로 번역된다는 점에서 절대 모순을 형성하지 않는다. 가짜 헬리콥터는 진짜 헬리콥어와 번역된다는 점에서 그 나름대로의 실재성을 지닌다. 그것은 현실적인 것은 아니지만 그럼에도 실재적인 것이다. 시뮬레이션은 'actuality'라는 실재와 'virtuality'라는 실재를 번역하는 작업이다. 그것은 진짜 같은 가짜를 만들어내고, 그 진짜 같은 가짜를 통해서 진짜를 새롭게 이해하는 기법이다.

　이렇게 진짜 같은 가짜를 만들어내는 가상 조작(시뮬레이션)에는 두 가지 방식이 존재한다. 첫 번째 방식은 인류가 줄곧 사용해온 방법이고 두 번째 방법은 아직 실현되지 않은 전혀 다른 방법이다.

『수호지』에서 공손룡은 축가장과의 전투를 비롯한 여러 전투에서 생생한 이미지들의 창출을 통해 적을 무찌른다. 공손룡은 하늘을 어둡게 만들고 저 위로부터 무수한 뱀들, 용들, 괴물들이 쏟아져 내려오는 이미지들을 조작함으로써 적들로 하여금 혼비백산하게 만든다. '혼비백산(魂飛魄散)'은 곧 우리의 의식이 자기를 상실하고 외적 이미지들의 장에 사로잡혀 흩어짐을 표현한다. 인류는 이렇게 보다 생생한 이미지들을 만들어내는 무수한 장치들을 제작해 왔다. 인간 자신이 그런 이미지로 변장하는 경우(연극)에서 시작해 그림자 놀이, 거울 놀이 등을 거쳐, 영상 기법은 획기적인 방식으로 이미지 산출의 새로운 장을 열었다. 현재의 영상은 전후좌우상하 중 어느 한 면에 고정되며, 감상 주체와 명확한 거리를 갖는다. 만일 우리를 온통 둘러쌀 수 있는 영상이 개발된다면, 오로지 촉각만이 진짜와 가짜를 구별해줄 것이다. 영상에 후각·미각 등이 덧붙여지면(지금 이 단계의 기술이 개발되고 있다) 더 생생한 시뮬레이션이 가능할 것이다. 그러나 이런 기법이 아무리 발달해도 가상세계는 우리의 바깥에 존재한다.

그런데 생리학적으로 보면 시각 이미지 등도 결국 뇌에 의해 통제된다. 따라서 가장 고도화된 이미지 조작은 뇌를 직접 조작하는 경우이다. 즉, 어떤 이미지를 우리 앞에 펼치는 것이 아니라 뇌 안으로 그대로 주입하는 경우이다. 만일 컴퓨터를 우리 뇌에 직접적으로 연결시킬 수 있다면, 컴퓨터의 모든 내용은 우리 뇌에 그대로 입력된다. 또 거꾸로 우리 뇌의 내용물들은 컴퓨터를 통해서 바깥으로 유출될 수 있다. 이런 전뇌화(電腦化) 개념은 이미지 조작의 궁극적인 형태이다. 디지털기술, 생체역학, 미세기계공학 등의 발달이 결국 지향하는 것이 전뇌화의 세계라고 할 수 있다. 이때 심상과 외상(外像)은 일치하게 되며, 머리 속의 상상과 머리 바깥의 시뮬레이션이 일치하게 된다. 이럴 경우 한 인간의 내면이 외화되고 조작되는 지경에 이를 것이다.

그러나 어떤 경우라 해도 다른 세계들이 세계 IV로 환원되는 것은 아니다. 고도로 조작되는 가상세계도 결국 다양한 기계 장치들을 필요로 하고, 그 장치들이 놓여 있는 것은 현실세계이기 때문이다. 그리고 시뮬레이션을 실시하는 **인간들** 역시 현실세계 속에 놓여 있다. 결국 현실세계와 물리적 세계(과학기술의 세계) 그리고 가상세계는 서로를 번역한다. 전자메일을 보낼 때 보내는 사람의 마음은 일정한 전자 장치들로 번역되고 그렇게 번역된 세계가 다시 받는 사람의 마음으로 번역된다. (모든 세계들을 포괄하는) 세계는 번역의 복잡한 체계이다. 존재론적으로 서로 다른 존재들이 늘 상호 번역되면서 소통이 이루어진다(일상적인 번역은 너무나 자연스럽고 순간적이어서 '번역'이라는 말이 어색할 정도의 번역에 기초한다). 모든 세계들은 세계 자체(직관적으로 말할 때의 하나의 세계)의 얼굴들이다. 그리고 그 얼굴들은 번역을 통해 서로 소통한다. 이 얼굴들이 서로 교차하는 곳이 'inter-face'이다. 현대문화의 복잡성은 이 접면(接面)들의 복잡성에서 유래한다.

시뮬레이션이 가능하려면 심리 차원과 현실 차원, 논리 차원, 이미지 차원 등이 서로 번역 가능해야 한다. 사람의 생각이 알고리듬으로 번역되고, 그것이 이미지로 번역되고, 또 그 이미지가 현실적 사물로 번역되어야 한다. 문화란 복잡한 번역의 체계이다. 컴퓨터 발명의 진정한 의미는 새로운 기계의 발명에 있다기보다 새로운 언어의 발명에 있다. 즉, 지금까지의 언어와는 다른 언어의 발명인 것이다. 이런 언어들을 연결시키는 것이 접속이다. 접속이란 세계와 세계가 만나는 곳에서 이루어진다.

5. 여러 세계 속에서 살아가기

세계의 일정한 정립은 곧 주체의 일정한 정립을 함축한다. 세계 I 속에서 인간은 자연이 본래 함축하는 조직화의 양태들을 당연한 것으로 받아들이고 살아간다. 거기에서 인간은 다른 사물들과 자연적 생리학이 부여한 그대로의 삶을 살아간다. 물론 이런 세계는 추상일 뿐이며, 인간이 '인간'으로서 등장했을 때 이미 세계 II는 존재했다. 세계 II를 전제할 때 주체는 일정한 이법 / 섭리의 산물이 되며, 삶이란 인간을 넘어서는 초월적 힘을 **따를** 때 정당한 것이 된다. 오늘날에도 많은 사람들이 이런 세계-주체 구조 속에서 살아간다. 세계 III이 점점 힘을 얻어감에 따라 인간은 물리세계로 점차 환원되었으며 과거에 존재했던 의미와 가치들은 빛을 잃어 갔다. 여기에서 주체는 결정론적인 구도 속에서 해체되며 목적이나 의미는 환상으로 자리매김된다. 세계 IV가 등장하면서 인간은 세계 I(그러나 이때의 세계 I이란 이미 세계 II, III이 복잡하게 스며든, 그리고 계속 변해가는 현실이다)에서의 힘겨운 삶을 가상 조작을 통해서 벗어나고자 하며, 새로운 '세계' 자체를 만들어내고자 하는 욕망에 사로잡히게 된다.

그러나 초월세계, 미시세계, 가상세계도 결국 현실 속에 어떤 형태로 자리잡을 때에만 그 의미를 보다 분명하게 드러낸다. 초월세계를 논하는 모든 담론, 제도적 장치들, 사람들은 현실세계 속에서 존재한다. 김철수 교수의 예에서 보았듯이, 미시세계를 논하는 사람도 자기의 세계를 잠시 접어놓는 순간 현실로 돌아온다. 가상세계 역시 현실세계에서의 기술, 기계 장치, 자본, 인간들이 만들어 놓은 세계이다. 어떤 세계가 도래하든 가장 근본적인 세계는 현실세계이다. 그리고 다른 세계들은 결국 현실세계의 역사 속에서 도래한 새로운 차원들인 것이다. 그리고 앞으로 도래할 어떤 세계들도 결국 현실세계의 역사 속으로 편입될 것이다. 현실세계와의 끈을 놓친 채 다른 세계들에 함몰될 때 '비현실적인' 인간으로 화하며, 거기에서 혼란과 어지러움, 소외와 왜곡이 배태된다. '현실(現實)'이 모든 사유, 담론, 행위의 객관적 선험인 것이다.

그러나 우리는 현실이란 고정된 그 무엇이기보다 계속 변해가는 것이며, 새로운 세계들이 끊임없이 그리고 스며드는 다채롭고 역동적인 장이라는 것을 다시 한번 강조해야 할 것이다. 나아가 사실상 일차적인 의미의 현실 자체가 그 안에 가능성의 차원을 머금고 있다는 것을 생각할 필요가 있다. 한 교실에서 수업이 끝나고 사람들은 바깥으로 나간다. 한 사람은 종로를 향해 걸어가고, 다른 사람은 신촌을 향해 걸어간다. 신촌을 향해 걸어가는 사람의 등뒤에서 그에게는 다른 세계, 가능한 세계가 멀어져 간다. 우리는 매순간 'pro-blêma' 앞에 놓이게 되며, 여러 세계 앞에 놓이게 된다. 우리는 끝없이 문을 열어야 하고 새로운 지도리를 돌려야 한다[一闔一闢謂之道]. 우리의 삶에서 서로 배제적인 삶의 갈래들(=세계들)이 계속 갈라지고 합쳐진다. 그때마다 우리는 나름대로의 시뮬레이션을 한다. 서로 절연된 수많은 가능의 세계들이 존재하는 것이 아니다. 우리의 삶 속에서 이미 무수한 가능의 세계들이 열리고 또 닫히고, 수렴하고 또 발산하고, 탄생하고 또 사라지고, 드러나고 또 숨고 있다.[14] 현실과 상상은 "이미 거기에서" 착종되어 있는 것이다.

현실을 이렇게 생각하는 한에서, 우리에게 가장 소중한 것은 현실이다. 상상 없는 현실이란 기계적 몸짓들의 연속이다. 그러나 현실 없는 상상이란 마약을 먹거나 꿈을 꾸고 있는 상태와 진배없다. 우리가 시뮬레이션의 세계에 함몰되기보다는 시뮬레이션을 기술적-기업적으로 장악하고 있는 세계 I 속의 권력에서 눈을 떼지 말아야 하는 것은 이 때문이다. 대중들이 가상세계에 빠져 살기를 바라는 것은 자본가와 권력자들이다. 기술이 우리에게 주는 것은 얼마간의 편리와 호기심이다. 그러나 기술이 가져오는 역운(逆運)은 우리에게 너무나 많은 대가를 요구한다. 가상현실은 우리에게 얼마간의 호기심과 편리함을 주겠지만, 그보다 훨씬 소중하고 아름다운 것들을 앗아갈 것이다. 그래서 우리는 횔덜린의 시구를 거꾸로 읊어야 할 것 같다. 구원이 있는 듯이 보이는 그곳에, 그러나 위험도 함께 자라난다네.

---

14) 초월적 형태의 가능세계론은 라이프니츠, 『모나드론』, §§53~55에서 전개되었다. 그러나 우리의 현실 자체가 복잡한 가능세계들로 구성되어 있다. 우리가 앞으로 엄밀히 발전시켜야 할 이 생각을 '내재적 가능세계론'이라 부르자.

그래서 여러 세계를 산다는 것은 참으로 중요한 가치인 듯이 보인다. 하나의 세계에 갇힐 때 주체는 박제된 실체로 화한다. 현실세계를 절대화할 때(그러나 앞에서 말했듯이 현실세계는 이미 여러 개의 세계이다), 우리에게 미래는 언제나 두렵고 불안한 것으로 다가온다. 세계 II를 절대화할 때, 매일을 살아가는 우리의 현실은 그림자로 전락한다. 세계 III을 절대화할 때, 우리의 모든 의미와 가치, 목적 등은 환상으로 둔갑한다. 세계 IV를 절대화할 때, 우리는 기술자와 자본가들이 만들어놓은 전자 회로 속으로 빨려 들어가 알고리듬으로 해체된다. 여러 세계를 산다는 것(그러나 그 중심은 언제나 '현실'이다. 그 현실을 고착시키지 않는다는 전제하에서), 그것은 세계(포괄적 의미)에 어떤 금을 긋고 스스로를 어느 한 국부(局部)에 고착된 주체로 화석화시키기를 거부하는 것이다. 현실의 역사에 발을 디디되 여러 세계를 균형 있게 가로지르며 살아갈 때, 그리고 어느 한 세계를 고착화하려는 권력에 저항하면서 살아갈 때, 세계 / 삶이란 우리에게 더 밝고 아름다운 무엇으로 다가올 것이며 우리는 무위인(無位人)으로서 살아갈 수 있을 것이다.

통일시대 한국 사회철학의 과제와 전망
포스트마르크스주의, 신합리주의, 포스트모더니즘을 중심으로

김석수

1. 들어가는 말

이 글은 1990년대의 한국 사회철학의 현주소를 고찰하고, 나아가 이를 바탕으로 미래 한국 사회철학의 과제와 전망에 대해서 고찰해보고자 한다. 그 동안 연구자는 1920~1960년대까지의 마르크스주의와 실존주의를 중심으로 한국 정신사의 갈등 구조를 살펴보았고, 나아가 1970년대에서 1980년대까지의 네오마르크스주의, 마르크스-레닌주의, 주체사상을 중심으로 사회철학의 중심적인 문제들을 분석, 탐구하였다. 연구자는 이들 연구를 바탕으로 1990년대의 주요 사회철학의 쟁점을 분석하고, 미래의 한국 사회철학이 나아가야 할 방향에 대해서 모색해 보고자 한다.

1990년대 사회철학은 1980년대 중반 이후부터 시작된 국내 · 외적 사건에 많은 영향을 받게 되었다. 국제적으로 1985년 소련 공산당 서기장인 미하일 고르바초프가 '페레스트로이카(Perestroika)' 정책과 '글라스노스트(Glasnost)' 선언을 함으로써 세계의 사회주의가 붕괴하기 시작하였고, 아울러 국내적으로는 1989년 헝가리를 시작으로 1992년까지 그 동안 적성국가였던 나라들과 외교관계를 맺게 되고, 나아가 1987년 6월 민주투쟁이 승리를 얻어냄으로 해서 마르크스−레닌주의와 주체사상의 대립 속에서 진행된 변혁적 민중 담화는 쇠퇴하기 시작했다. 사실 1987년을 기점으로 해서 변혁적 민중 담화가 일반 대중의 일상적 생활과 긴밀하게 연관된 영역을 자기의 활동 영역으로 활용하지 못했기 때문에, 1980년대의 변혁적 담화는 1990년대에 들어 그 사회적 영향력이 급격히 쇠퇴함과 동시에 시민사회론이 자신의 활동 이상으로 우리 사회에서 담화적 실천력을 지니게 되었다.[1] 시민들은 더 이상 정치적인 이데올

---

1) 1990년 초 하버마스와 같은 서구의 철학적 이론들이 우리 사회의 마르크스 위기론과 관련하여 모색되기 시작하였다. 그것은 '정통' 마르크스−레닌주의의 외각에 있었던 사회민주주의라는 대안을 적극적으로 옹호하려는 시도에서 비롯되었다(김수길, 「사회민주주의의 재평가와 민주적 대안」, 『사상문예운동』 4호, 1990년 여름호 참조). 그래서 우리 사회는 그람시의 헤게모니 이론을 넘어서 시민사회를 자립적 공간으로 마련하면서 마르크스−레닌주의의 토대−상부구조론을 비판하기 시작하였다(서규환, 「시민사회와 민주주의에 관한 최근 논쟁」, 『이론』, 1993년 여름호 참조).
　윤건차는 1987년 6월 항쟁과 관련하여 다음과 같이 주장하고 있다. "다만 여기서 1987년 '6월 항쟁' 이후 한국에서는 제3세계와의 연대라는 발상이 점차 희박해지고 사상과 운동 차원에서도 그 중심이 민주화로, 나아가 통일 문제로 바뀌어갔다는 점을 지적해 두어야 할 것이다."(윤건차, 『현대 한국의 사상흐름』, 당대, 2000, 49면) "그러나 1987년의 노동자 · 학생의 대투쟁과 그에 이은 군부지

로기 논쟁에 많은 관심을 기울이지 않게 되었다. 오히려 사회복지 문제와 관련하여 다양한 영역에서 다양한 주체가 사회적 담화의 중심부로 들어오게 되었다. 따라서 민중만을 중심으로 하는 변혁적 민중담론체제는 더 이상 호소력을 지니기가 어렵게 되었다.

그래서 1990년대 한국 사회철학의 담론은 도시 중산층의 이해관계와 연관될 수 있는 하버마스의 의사소통적 합리성, 롤즈의 절차적 합리성, 포퍼의 비판적 합리성을 중심으로, 이른바 신합리주의 계열의 사회철학을 중심으로 전개되는 양상을 보여주었다. 한편 이와 같은 신합리주의 계열의 철학에 반기를 들었던 탈합리주의, 반합리주의 계열의 철학, 이른바 로티의 신실용주의나 포스트모더니즘의 해체주의적 사회철학이 확장되기도 하였다. 신합리주의 계열의 사회철학에서는 그래도 이성의 합리성과 정의의 연관관계를 포기하려고 하지 않는데 반해서, 포스트모던적 계열의 사회철학에서는 이 양자 사이의 관계를 끊으려고 하며 오히려 차이성, 충돌성이 살아 움직이는 영역을 마련하려고 하였다. 즉 전자는 정의와 진리의 연관관계를 지속하려고 하는데 반해서, 후자는 이들 사이의 분절관계를 마련하려고 하였다.

이처럼 우리 철학계 역시 서구의 하버마스와 료타르에서 비롯되었던 모던과 포스트모던 논쟁이 1990년대에 활성화되었다. 그러나 우리는 이들의 이론 수용이 우리의 현실에 적합한 수용이었는지, 적어도 합리적 자본주의사회에서 치열하게 논의되었던 그들의 이론이 아직도 비합리성을 면치 못하고 있는, 즉 전근대성을 벗어

배층의 '민주화선언' 이후, 점차 '민중'을 대신하여 '시민'이라는 용어가 사용되었으며 곧 이어 '시민사회'를 둘러싼 논의가 활발해졌다."(윤건차, 같은 책, 67면)

나지 못하고 있는 한국사회에 수용되어 적용된다는 것이 적절하였는지 되묻지 않을 수 없다. 나아가 우리 사회가 여전히 내적으로 안고 있는 비합리주의적 요소, 즉 지역 차별, 성 차별, 중앙과 지방의 차별, 학벌 차별 등이 이러한 담론을 통하여 극복될 수 있는지, 나아가 우리 사회가 외적으로 안고 있는 남북의 차별이 이러한 담론을 통하여 지양될 수 있는지 반성적으로 고찰해보지 않을 수 없다.

한편 이와 같은 문제를 우리 철학계는 자유주의와 공동체주의의 관점에서 분석하기도 하였다. 우리 사회가 자유주의적 모델을 따라야 할지 아니면 공동체주의적 모델을 따라야 할지, 이것도 저것도 아니라면 제3의 대안이 요구되는지 등에 대해서 롤즈 · 매킨타이어 · 샌들 · 테일러 등의 인물과 관련하여 다각도로 논의가 되었다. 이 글은 이와 같은 관점 아래서 우리의 미래 사회철학이 어디로 가야할지, 또한 분단의 시대를 넘어 통일 한국의 미래를 마련하기 위한 사회철학이 어떠해야 할지에 대해서 고찰해보고자 한다.

2. 분석 마르크스주의와 포스트마르크스주의를 통해 본 한국 사회철학

앞서도 언급되었듯이 소련의 몰락과 한국 내부의 1987년 6월 항쟁의 도래는 한국 사회철학의 담론 방향에도 현격한 영향을 미치게 되었다. 우선 마르크스─레닌주의와 주체사상의 대결 속에서 한국철학의 확립을 위해 "철학은 시대의 혼이자 시대의 모순에 대한 반역이다"[2]라는 정신으로 출발했던 '한국철학사상연구회'도 이러한 사건의 도래와 더불어 소기의 목적을 달성하기 어려웠다.[3] 사실 한철연이 추구한 우리 철학 모색의 길도 순탄하게 진행되지 못했다.

한철연의 창간호『시대와철학』에 게재된 대부분의 논문은 러시아·동유럽의 현실사회주의의 위기와 좌절[4] 속에서 돌파구를 찾기 위해 고뇌하는 유럽사회주의의 논의나 북한의 주체사상에 바탕을 둔 것들이었다.[5] 특히 1992년에 '한국철학사상연구회'가 동녘에서 출판한『현대사회와 마르크스주의 철학』[6]에는 진보사상의

---

2) 한국철학사상연구회 편, 『시대와철학』제1호, 동녘, 1990, 6면.

3) 물론 사회주의의 붕괴와 마르크스주의의 이론 사이의 필연적 연관관계를 부정하고 '사회주의 이념의 첨단화'를 부르짖는 입장도 여전히 존재하였다. "그동안 소련 체제의 소위 '비민주성'은 그 후진성에 기인하지, 마르크스가 생각했던 무시장성에 원인이 있는 것이 아니었다."(이성백, 「스탈린주의의 기원 — 현존사회주의의 붕괴는 공산주의의 몰락인가?」, 『시대와철학』제3호, 동녘, 1991, 32면) "좌파 세력을 범민중적으로 다시 통일시키기 위해, '신세계'를 향한 비전을 제시해줄 '사회주의 이념의 첨단화'가 절실하게 요청되고 있다."(이성백, 같은 글, 37면)

4) "그리고 지금은 반동의 시대다. 사상적으로 마르크스주의의 현재성이 의심받고 있고 현실의 사회주의 나라들이 붕괴와 혼란의 과정에 있으며 내부적으로는 우리 민중운동이 여러 계층 사이에서 고립되어 있다."(윤철호, 「한 '마르크스 — 레닌주의자'의 수상」, 『시대와철학』제3호, 동녘, 1991, 328면)

5) 좌담 : 「페레스트로이카에 대한 철학적 반성」.
   특집 : 「한국현실과 철학운동의 과제」. 이병창, 「'80년대 한국사회와 철학운동」; 이병수, 「마르크스주의와 인간론」; 문성원, 「당파성과 철학」; 우기동, 「변증법적 결정론과 역사법칙」.
   철학논점 : 김재현, 「월북철학자들」; 이영철, 「북한의 주체철학」; 이주향, 「자연사적 과정으로서의 역사와 인간의 주체성」; 이규성, 「유기(劉基)의 세계관과 대중성」.
   이외에 동구개혁과 관련된 변역물들이 수록되어 있음.

위기에 대해서 고뇌하는 흔적이 역력하며,7) 아울러 이런 위기를 극복하기 위한 일환으로서 "마르크스주의의 보편성과 우리 사회의 특수성을 올바로 결합시킬"8) 방도를 찾고자 하며, 나아가 이를 위하여 다양한 마르크스주의의 스펙트럼을 반성하는 작업을 수행하였다. 그러나 이런 논의가 시민들의 시선을 얻지 못함으로써 1993년 전후를 시점으로 점차적으로 문화운동, 환경운동, 한국 전통철학에 대한 관심으로 향하는 경향을 띠게 되었다.9)

물론 한철연의 이런 작업은 위기에 처해 있었던 한국의 현실을 철학화하는 데 적지 않은 기여를 하였다. 한철연은 소련, 동구권의 개혁시도에 대해서 평가를 하고(『시대와철학』 제1호), 현실사회주의권의 몰락과 더불어 제기된 마르크스주의 및 철학을 재검토하고 (3·6호), 나아가 마르크스주의의 문제점을 지적하면서 서구의 몇

---

6) 한국철학사상연구회 편, 『현대사회와 마르크스주의 철학』, 동녘, 1992.
7) "오늘날 우리는 사상적 '위기의 시대'에 살고 있음을 부정할 수 없다. 사상의 위기란 본질적으로 '진보적 사상'의 위기이며, 미래에 대한 전망의 위기, 전망의 부재를 의미한다."(한국철학사상연구회 편, 위의 책, 3면) 최종욱은 사회주의의 몰락을 선험적 결과주의로 몰고 가는 것에 대해서 매우 비판적이었으며, 이정호는 사회주의의 진보를 역설하고 있다(최종덕, 「그래, 아직도 마르크스냐」, 『시대와철학』 제3호, 동녘, 1991, 337면; 이정호, 「흔들리지 말고 바닥부터 다시」, 『시대와철학』 제7호, 1993, 248~249면). 그리고 이만근은 소련의 페레스트로이카로 인해 마르크스주의를 포기할 것이 아니라 더욱 더 강화시켜야 한다고 주장한다(이만근, 「사회 발전의 변증법―생산력과 생산관계를 중심으로」, 『시대와철학』 제7호, 1993, 13면).
8) 한국철학사상연구회 편, 위의 책, 5면.
9) 『시대와철학』 제7호, 「전통의 위기, 유학의 모색」, 동녘, 1993.10; 제8호, 「마르크스의 눈으로 현실을 볼 수 있는가?」, 1994.4; 제11호, 「기술과 인간」, 1995.10. 소흥렬은 진보주의가 퇴조하고 보수주의가 급상승하는 상황과 관련하여 다음과 같이 주장하고 있다. "우리의 안방까지 외인부대의 사창굴로 만들어 버린 것이나 다름없다. 문화적 긍지도 민족적 자존심도 상업주의의 홍수에 다 휩쓸려 가 버린 것이다."(소흥렬, 「이런 시대, 이런 철학」, 『시대와철학』 제7호, 12면).

가지 대안적 발전 모델을 모색하였다(8호). 또한 동양철학을 마르크스주의적 관점에서 진보적으로 읽어내고(4·7호),[10] 인간과 자연의 관계를 새롭게 조명함으로써(5호) 한국 마르크스주의 연구자들의 문제의식과 시야를 넓혀준 면도 있었다.

특히 분석 마르크스주의와 포스트마르크스주의에 대한 분석은 우리의 마르크스주의에 대한 새로운 이해의 단면을 보여 주었다. 사실 1990년대에도 마르크스주의가 완전히 죽은 것은 아니었다. 분석마르크스주의와 포스트마르크스주의로 그 명맥을 이어가고 있었다. 기능적 설명 방식을 시도한 코헨[11]과 합리적 선택이론을 제시한 엘스터가 분석마르크스주의의 대표적인 인물이다.[12] 이들은 헤겔적인 변증법적 방법을 거부하고, 분석철학과 실증주의적 사회과학 방법론을 도입하였다. 따라서 이들은 이미 1990년대 시대적 상황에 조응하는 새로운 마르크스주의의 길을 모색하기 위해 부르주아 사회과학의 방법을 수용하였다. 적어도 이들에 의하면 현실사회주의의 위기는 마르크스 이론 자체에서 비롯되고 있다. 그러므로

---

10) 여기서도 여전히 현대 신유학이 중화주의적 요소를 담고 있는데 대해서 한결같이 비판하였다(이상호, 「현대신유학(현대신유학)이란 무엇인가」, 『시대와철학』 제7호, 동녘, 1993, 36면; 황성만, 「전통, 계승과 창조의 두 길-현대신유학의 성립과정을 중심으로」, 같은 책, 49면; 홍원식, 「유교문화권과 자본주의의 발달-현대신유학의 현단계 전개」, 같은 책, 107면).

11) 분석마르크스주의의 가장 유명한 저서는 『Karl Marx's Theory of History : a Defence』다.

12) "코헨은 역사 유물론의 핵심적 설명이 기능적 설명이라고 보며, 따라서 사회이론에 대한 설명에서 기능적 설명이 수용될 수 없다면 역사적 유물론은 기각되어야만 한다고 생각한다. 이에 반해 엘스터는 마르크스주의에는 많은 점에서 기능적·목적론적인 설명들이 포함되어 있으며, 동시에 역사에 대한 방법론적 개인주의와 반목적론적 설명도 포함되어 있다고 본다."(한국철학사상연구회 편, 앞의 책, 330면)

이들은 마르크스의 정치경제학 이론과 역사적 유물론을 비판하고 새로운 방법론을 모색하고자 하였다.[13] 그래서 엘스터는 자본주의의 구조적 모순을 변증법적 발전법칙에 내재하는 것으로 보지 않고 미시적 행위자의 합리성에 근거하는 것으로 보았다. 하지만 이런 분석 마르크스주의자들에 대해서 한국의 마르크스주의자들은 탐탁하게 생각하지 않았다.[14] 대체적으로 한국의 마르크스주의자들은 이들의 설명 방식이 정치적 실천에서 유리된 채로 방법의 문제에만 관심을 가짐으로써 마르크스주의를 연구실 속에 가두어 버렸다고 보았다.[15]

한편 포스트마르크스주의도 1990년대에 한 몫을 하고 있다. 포스트마르크스주의는 사회주의의 위기에 직면하여 마르크스주의의 이론과 실천의 한계를 극복하고 후기 자본주의의 변화된 현실에서 마르크스주의를 새롭게 구성하려는 시도이다. 이런 시도에 가장

---

13) 이병천, 「맑스 역사관의 재검토」, 『사회경제평론』 4집(한국사회경제학회 편), 한울, 1991 참조.

14) "마르크스주의의 이론적 위기와 관련하여 엘스터의 재구성 시도는 일정 부분 값진 것이다. 하지만 그는 미시 구조에 대한 편협한 집착 때문에 사회라는 영역을 결국 원자적 요소들과 그들의 행위로 축소시킨 후, 그것들을 결합하는 방식에 있어서는 동요를 보이고 있다. 또 개인의 목적론적 행위와 물질적 · 사회적 인과 관계 사이의 관련성을 적절히 개념화하지 못했고 그가 상정하는 '단자적' 개인들의 상호작용조차 그의 합리적 선택 이론 내에서 적절히 소화하지 못했다."(서유석, 「개체론적 마르크스주의의 방법적 한계에 대하여」, 『시대와철학』 제7호, 동녘, 1993, 165면)

15) 안규남, 「분석 마르크스주의」, 『현대사회와 마르크스주의 철학』(한국철학사상연구회 편), 동녘, 1992, 330면; 박영욱, 「분석 마르크스주의-마르크스주의의 왜곡된 현재화」, 『시대와철학』 제5호, 동녘, 1993; 서유석, 위의 글, 위의 책(제7호), 1993; 김범춘, 「분석마르크스주의의 인간관 비판-개인의 합리성을 중심으로」, 『시대와철학』 제7호, 1993; 김동춘, 「레닌주의와 '80년대 한국의 변혁운동」, 『역사비평』 11호, 1990년 겨울호

희망을 걸고 추구한 사람이 바로 이병천이라고 볼 수 있을 것이다.[16] 그에 의하면 포스트마르크스주의의 대표자들인 라클라우와 무페는 소쉬르의 구조주의적 언어학과 데리다의 해체의 방법에 따라 마르크스주의의 형이상학적 본질주의를 해체하고[17] 사회적 우연성과 개방성을 논리적 기초로 삼아 급진민주주의라는 대안을 제시하였다. 이들은 마르크스주의의 본질주의와 환원주의적 전제를 거부하고, 자본주의를 경제적 본질로 환원하는 것에는 한계가 있다고 비판하였다. 이들을 자본주의는 매우 복잡한 불확정성·우연성·개방성으로 이루어져 있으며, 사회적 주체도 다양하며 불특정적이라고 본다.[18] 이들은 1990년대 다원화사회에 조응하기 위하여 마르크스주의의 새로운 변형을 시도하였다. 그래서 이들은 보편적 해방보다는 작은 해방을 추구하였다. 오히려 이들은 정통 마르크스주의가 단일한 혁명적 행위를 통하여 전면적 해방을 시도했기 때문에 위기를 맞이하게 되었다고 보며, 따라서 이제는 여성운동·환경운동·평화운동·노동운동 등 억압에 대항하는 다양한 운동

---

16) 이병천, 앞의 글, 앞의 책(제4집); 이병천, 「현존사회주의와 맑스주의의 종언-정치적 실천의 새출발을 위하여」, 『전망』, 1991; 이병천, 「민주주의론의 새로운 발전을 위하여-프롤레타리아 독재론을 비판한다」, 『창작과비평』, 창작과비평사, 1992년 봄호.

17) 사실 라클라우와 무페는 합리적이고 인식 가능한 객체로서의 사회라는 것은 존재하지 않으며, 사회적 관계에 선행하는 주체로서의 사회적 행위자도 없다고 보았다. 이들의 이론은 비트겐슈타인의 후기 철학의 언어게임 이론에 바탕을 두고 있다(이상화, 「네오마르크스주의와 포스트마르크스주의」, 『철학과현실』, 철학과현실사, 1992년 겨울호, 157면). 따라서 포스트마르크스주의에서는 모든 것이 담화적 상황에 의존한다(김창호, 「한국 사회철학 쟁점에 대한 사적 개관」, 『한국 사회철학의 현황과 전망』, 사회와철학연구회대회보, 1997.2.22, 16면).

18) 이상화, 위의 글, 위의 책, 161면.

들이 존재할 수 있는 상황을 형성하는 길만이 마르크스주의가 나아갈 길이라고 보았다. 하지만 한국의 마르크스주의 연구자들 중에는 이런 포스트마르크스주의는 언어이론의 사회적 대상분석의 한계와 경제 영역의 배제의 결함 등을 안고 있으며, 미래의 그려질 그림이 불확정적임으로 인해서 하나의 독자적인 이론이 되기는 어렵다는 비판도 일어났다.[19] 특히 이병천의 포스트마르크스주의 수용과 관련하여 조원희·김호균·강성호·박성수 등은 그가 마르크스 원전에 대한 충실한 이해 없이 교조주의적 마르크스 이해에 바탕을 두고 있다고 비판하였다.[20] 이와 관련된 논의는 『시대와철학』에서도 언급되고 있었다.[21]

---

19) 우기동, 「과연 삶과 사회의 철학이었나」, 『한국인문사회과학의 현재와 미래』 (학술단체협의회 편), 푸른숲, 1998. 특히 김창호는 포스트마르크스주의와 관련하여 담화에 바탕을 두는 이들의 이론은 담화가 가능한 객관적 물질적 조건에 고려가 없기 때문에 상대주의에 빠지게 되며, 모든 것이 우연의 논리에 빠지게 됨을 지적한다. "노동을 배제하고 언어로만 역사진보를 설명한다는 것은 불가능한 일이다."(김창호, 「한국 사회철학 쟁점에 대한 사적 개관」, 『한국 사회철학의 현황과 전망』, 사회와철학연구회대회보, 1997.2.22, 17면).

20) 김호균, 「사적 유물론은 폐기되어야 하는가」, 『사회평론』(한국철학사상연구회 편), 동녘, 1992.1; 조원희, 「맑스-레닌주의 철학을 비판을 위하여」, 『사회경제평론』 제4집, 한울; 박성수, 「포스트 마르크스주의, 현대사회와 마르크스주의 철학」, 『사회평론』, 1992; 박성수, 「마르크스의 역사철학은 폐기될 수 있는가-이병천의 포스트마르크스주의 입장을 비판한다」, 『사회평론』, 1992.2. 박성수는 포스트마르크스주의에 대하여 다음과 같이 비판하고 있다. "이는 교조적 마르크스주의에 대한 비판적 태도로서는 일정한 의미를 가질 수 있으나 그 자체가 하나의 독자적 이론으로 존립하기에는 매우 불충분한 주장이다."(박성수, 「포스트마르크스주의」, 『현대사회와 마르크스주의 철학』, 한국철학사상연구회 편, 동녘, 1992, 315면)

21) 양운덕, 「탈구조주의 사회이론의 기초」, 『시대와철학』 제3호, 동녘; 「포스트마르크스주의의 사회논리-마르크스주의 해체와 민주주의 전략」, 『시대와철학』 제5호; 「총체적 역사이성에 대한 부정-카스토리아디스의 마르크스주의 비판」, 『시대와철학』 제8호.

이처럼 1990년대 마르크스주의는 더 이상 보편주의나 본질주의, 환원주의의 관점을 취하는 것이 대단히 조심스러운 상황으로 전개되었다. 이런 면은 알튀세와 하버마스의 역사유물론의 재구성에도 잘 나타나고 있다. 익히 알다시피 알튀세는 마르크스주의의 위기를 극복하기 위해서는 마르크스주의의 위기를 솔직히 인정하고, 나아가 복잡한 구체적 현실 속에서 진행되고 있는 대중운동을 경제주의적 시각을 떠나서 접근해야 한다라고 보았다.[22] 그래서 그는 마르크스주의를 반경험주의·반헤겔주의·반역사주의·반인간주의·반경제주의로 몰고 가고자 하였다.[23] 알튀세의 이런 작업은 현대 다원주의사회에 부합하기 위한 것일 수 있다.

이미 이런 작업은 불란스의 포스트모더니즘과 분리될 수 없는 상황이기도 하다. 료타르·데리다·들뢰즈 등으로 대표되는 오늘날의 불란스의 대표적인 철학자들은 모두 거대담론이나 메타담론을 거부하며, 작은 담론을 표방하며, 따라서 중심부보다는 주변부 살리기를 중시하고 있다. 이들의 이런 입장은 더 이상 진리담론이 정의담론을 지배하는 것을 원치 않는다. 이들이 본 정의는 차이성·충돌성이 살아 움직이는 상태여야 하며, 동일성을 지향하는 과학주의의 진리담론에 구속되는 것을 거부한다. 이와 같은 경향

---

22) "즉 알튀세는 사회의 모든 문제를 경제로 환원해서 설명하려는 '경제주의'와, 인간의 자유 의지나 의도 따위를 강조함으로써 경제주의의 한계를 넘어서려는 '인간주의'를, 마르크스주의 내에 존재하는 상호 보완적인 한 쌍의 잘못된 경향으로 보고, 이 두 가지를 모두 극복하려 하였다."(문성원, 「주체도 목적도 없는 과정」, 『현대사회와 마르크스주의 철학』, 한국철학사상연구회 편, 동녘, 1992, 230면)

23) 우기동, 「한국에서 마르크스주의 사회철학의 수용과 반성」, 『사회철학』 2호, 사회철학사, 1994, 26면.

은 마르크스주의의 과학주의를 거부하고 마르크스주의를 새롭게 읽기 위한 방향으로 이어지는 부분과 관련되어 있다.[24]

3. 신합리주의와 포스트모더니즘을 통해 본 한국 사회철학

이처럼 한국 사회철학에서는 마르크스주의가 포스트모더니즘과 관련되는 블란스의 알튀세의 철학과 이 포스트모더니즘을 반대하는 독일의 하버마스의 철학으로 대별된다. 그러나 사회주의가 몰락하고, 1987년 6월 민주항쟁 이후 시민의식이 발전하고 한국사회의 합리성 모색되면서, 한국 사회철학계는 하버마스의 입장이 더 강하게 영향을 주고 있으며, 사회철학자들도 이 하버마스의 이론에 집중적인 관심을 보이고 있다. 기존의 과도한 혁신주의나 변혁주의는 점차적으로 시민의 관심으로부터 멀어지게 되었다.[25] 체계

---

24) "철학에서 포스트모더니즘을 주도한 것은 이진우(계명대), 강영안(서강대), 이정우(전 서강대) 등인데, 다만 이들은 포스트모더니즘을 전통적 진보이론에 대한 대항이론으로 주목하면서도 실제로는 일정한 거리를 두고 스스로 포스트모더니스트라고 불리는 것을 기피하는 자세를 취해 왔다."(윤건차, 『현대 한국의 사상 흐름』, 당대, 2000, 160면)

25) 물론 하버마스에 비판적인 입장도 여전히 존재하였다. 이국배의 경우 하버마스가 마르크스의 노동 개념을 좁혀 해석하는 데 대해 부당함을 표출하고 있다. "…… 적어도 우리가 파악하기에 마르크스의 노동 범주는 단지 생산력에만 관계하는 도구적 행위이거나 그래서 인식 차원의 개념으로만 축소될 수 없는 성격을 가지고 있다. 오히려 노동 범주는 실천의 다양한 측면에 대한 기초적인 근거를 마련해주고 있으며, 그것은 모든 것을 노동으로 환원하는 것과는 다른 문제이

의 보편성과 생활세계의 다양성을 조화시키고자 하는 하버마스의 입장이 확산되기 시작하였다. 그래서 1990년대는 그의 입장이 시민들이 지향하는 바를 잘 담아낼 수가 있다고 본 일군의 하버마스주의자들이 생겨나기 시작했다. 이들은 주로 1990년 초부터 귀국한 유학생들(권용혁·윤평준·이진우·장춘익·정호근·홍윤기·황태연 등)이었다.[26] 이들은 국내·외적으로 극좌파가 더 이상 존립할 수 없는 상황 속에서 학문성과 실천적 함의를 동시에 지닐 수 있는 비판적 사회이론으로서의 합리성을 추구하는 하버마스의 이론이 자신들의 대안이라고 생각하였다. 이들은 하버마스의 사상과 관련하여 우리가 단순히 그것을 수용하는 차원이 아니라, 그것을 넘어 우리의 현실과 관련하여 그의 철학적 과제를 같이 고민하고 그의 작업을 비판적으로 검토하는 단계에 이르렀다고 보았다. 이처럼 1990년대는 하버마스가 한국 사회철학의 중심부에 들어왔다 해도 과언이 아니다.

그러나 한국 사회철학계가 과거 마르크스주의 일변도이듯이 하버마스 일변도는 아니었다. 미국의 롤즈식 사회철학도, 영국의 포퍼식 사회철학도 존재하였다. 또한 1990년 중반부 이후는 포스트모더니즘에 입각한 사회철학도 상당히 활발하게 일어나고 있다. 현재 우리나라 사회철학계는 독일서 건너온 하버마스의 의사소통적 합리성과 미국서 건너온 롤즈의 절차적 합리성, 영국서 건너온

다."(이국배, 「하버마스에게 마르크스주의는 무엇인가?」, 『시대와철학』 제3호, 동녘, 1991, 93면). 나아가 그는 하버마스의 '반성' 개념만으로는 여전히 부족하고 마르크스의 '노동' 개념이 더 필요하다고 주장하였다.

26) 장춘익 외저, 『하버마스사상 — 주요 주제와 쟁점들』, 나남출판, 1996.

포퍼의 비판적 합리성, 불란스로부터 건너온 반합리성이 한 용광로에 끓고 있다. 이처럼 한국의 사회철학계는 서양철학이 각축전을 벌리고 있다. 이들 각축전에 공통된 양상은 더 이상 과거의 형이상학적 본질주의나 절대적 보편주의를 거부하고 다원적 사회에 바탕을 둔 상대주의적 양상이 두드러지게 나타나고 있다는 점이다. 이들은 한결같이 과거의 초월적 절대자에 바탕을 둔 보편주의나 모던적 이성의 합리성에 바탕을 둔 보편주의도 거부하고 있다. 이들은 모두 존재에 이바지하는 발견적 이성(추상설)의 허약함도 거부하고, 존재를 닦달하고 문초하는 구성적 이성(구성설)의 광기도 거부하고 있다. 따라서 이들은 일종의 종교적 가치에 이바지했던 전통적 이성도 거부하고, 과학적 가치에 몰입했던 모던적 이성에도 제동을 걸고 있다.

바로 이 문제가 본격적으로 논쟁의 형태를 띤 것이 하버마스와 료타르의 모던-포스트모던 논쟁이다. 여기에서 하버마스는 모던의 미완의 기획을 주장하면서 모던의 완성을 위한 바람직한 길로서의 과학적 진리성과 도덕적·법적 정당성 및 예술적 진실성의 조화를 강조했으며, 료타르는 모던적 기획은 애초부터 지배와 구속의 논리가 내재되어 있기 때문에 탈이성주의를 강조하게 되었다. 하버마스와 료타르의 이런 논쟁점은 1970년대 비판이론에서 주장된 아도르노와 호르크하이머의 도구적 이성에 대한 비판과 마르쿠제의 『이성과 혁명』에서 주장된 일차원적 인간에 대한 비판 및 『에로스와 문명』에서 주장된 과잉억압의 문제와 연관된다. 하버마스는 이들의 주장이 지나치게 예술주의로 흘러갈 수 있음에 대해 비판적으로 바라보면서 과학적 진리성과 도덕적-법적 정당성의 중요성을 유지하고자 하는데 반해서, 료타르는 이들의 부정성에 힘이 되고 있는 예술성, 특히 아도르노의 '부정의 미학'에 더 강한 애착을 지니고 있었다. 료타르의 차별로서의 정의, 데리다의 차연성, 라깡의 기표와 기의의 구별은 모두 이런 전통 속에 있다고 볼 수 있으며, 더 거슬러 올라가면 니체의 '생성의 무죄'에 대한 주장이나 '개념의 박물관'에 대한 비판과 연관되어 있다고 볼 수도 있을 것이다.

사실 모던과 포스트모던 논쟁은 이성의 합리성에 대한 신뢰와 이성의 광기성에 대한 부정이라는 구도로 이루어진 것이라고 볼 수 있다.[27] 그러나 이 논쟁을 탈사회적, 탈역사적 차원에서 논의한다는 것은 비생산적일 수 있다. 왜냐하면 보편성에 대한 전망을 타진하는 전자의 입장과 그것을 거부하는 후자의 입장을 존재론적 차원에서 논구하게 될 때 어느 쪽이 진정 옳은지를 정당화하기 어렵기 때문이다. 이런 논쟁은 고대의 일(一)과 다(多)의 논쟁, 중세의 보편실재론과 유명론의 논쟁, 근대 이후의 이성주의와 실존주의의 논쟁 등으로 이어지면서 현재에까지 이어지는 문제이기도 하다. 우리는 이 문제의 진리성을 논의하기 전에 이런 논쟁이 우리의 사회와 역사 속에 왜 존재하고 있는가를 묻는 것이 더 우선적인 문제가 될 것이고, 이런 물음이 진정한 사회철학적 문제일 것이다.

---

27) 윤평중은 하버마스와 푸코를 대비시키면서 다음과 같이 주장하고 있다. "푸코는 합리성을 도구적 합리성과 의사 소통적 합리성으로 나누어 서구의 근·현대화 과정을 틀에 맞추어 이해하는 하버마스식의 일반화를 거부한다. 푸코가 보기에 서양문화란 수없이 많은 합리성들이 끊임없이 얽히고 뒤섞인 소용돌이에 지나지 않기 때문이다."(윤평중, 『푸코와 하버마스를 넘어서』, 교보문고, 1997, 289면)

적어도 하버마스와 료타르를 중심으로 전개된 모던과 포스트모던 논쟁에서 전자는 인간은 사회적, 역사적 존재로서 규범성을 완전히 배격하고 살 수 없는 존재라는 것을 전제하고 있으며, 후자는 그 규범성이 구속성으로 다가오기 때문에 법칙적 성격을 지니 규범성을 벗어나고자 한다. 칸트의 용어를 빌린다면 전자는 인간의 사교적인 면을 강조하고자 하며, 후자의 경우는 인간의 비사교적인 면을 살려주고자 한다. 즉 전자는 규범성 속에서 인간의 삶의 조건을 확보하려고 한다면, 후자는 인간의 해방성 속에서 인간의 삶의 조건을 확보하려고 한다.

　　그러나 전자나 후자 모두 부정적인 결과를 초래할 수 있다. 전자의 경우는 과거의 구속적인 규범성으로 이어져 절대주의를 초래할 수 있고, 후자는 과거의 실존주의처럼 비사회성, 비역사성으로 이어져 무정부적 상태를 초래할 수 있다. 전자나 후자 모두 이런 점을 의식하고 있었기 때문에, 전자는 의사소통 주체의 자발성을 살려주고자 하며, 후자는 타자에 대한 무관심이 아니라 타자에 대한 조심스러움을 강조한다. 사실 모던과 포스트모던 논쟁에 있어서 양자가 주장하고자 하는 진정한 의도를 순수하게 받아들인다면 우리는 이들 모두가 인간의 삶의 조건에 대한 바람직한 전망을 열어 보여주고자 했음을 이해할 수 있을 것이다.

　　하지만 전자의 경우는 이상적 의사소통에 참여할 수 있는 역량 있는 주체만의 합리성이 되어 버릴 위험이 있고, 후자의 경우는 강자의 부당함을 조정하기 어렵게 되어 버릴 위험이 있다. 따라서 동일성의 가치를 지향하는 전자의 주체나, 차이성의 가치를 지향하는 후자의 주체가 그 동일성과 차이성이라는 가치를 어떻게 임하느냐가 이들 이론의 성공 여부의 관건이 될 것이다.

이처럼 이들 사이의 논쟁이 안고 있는 문제는 이들 만의 문제가 아니고 한국사회 자체가 안고 있는 문제이기도 하였다. 물론 근대성의 기반 위에서 논의되고 있는 그들의 논쟁과 아직도 전근대성을 벗어나지 못하고 있는 우리들의 논쟁은 분명히 동일할 수는 없다. 특히 하버마스에 친화적인 일군의 학자들은 우리 사회의 전근대성을 부각시켜 포스트모더니즘은 우리 사회에 적합치 않다고 비판을 하였다. 장춘익은 이 점과 관련하여 다음과 같이 주장하고 있다.

> 우리에게 탈근대론은 이성비판으로 수용되었다. 그런데 우리에게 이성비판이 왜 그렇게 매력적인 것인가? 그것은 자기 정체성을 어떤 식으로든 전통에서 찾아야 한다는 예감을 가져왔던 사람들에게, 자신에게 익숙한 전통주의적 태도 때문에 합리주의와 계몽주의적 세계관이 실상은 부담스러웠던 이들에게, 그리고 지성인으로서 사회주의에 공감을 표명하였지만 자신의 실제 삶과의 괴리를 느껴왔던 사람들에게 심리적 카타르시스를 체험하게 하는 씻김굿의 역할을 하기 때문이 아닐까? 이런 질문을 하는 것은 정말 우리에게 이성의 폭력이 그렇게 진지한 문제로 느껴져서 이성비판을 환영하는 것인지가 궁금해서이다.[28]

그는 이와 같은 관점 아래서 서구적 이성의 한계를 지적하면서 동양전통에서 대안을 찾고자 서둘러 서구사상과 동양사상을 결합시키려고 하는 것도, 나아가 우리 사회의 모든 문제를 이성이 다 저지른 것으로 일반화하는 것도 심각한 문제라고 지적한다. 그는

---

28) 장춘익, 「하버마스의 근대문화론」, 『사회변혁과 철학』(이한구 외저), 철학과현실사, 1999, 179면.

이성의 이름으로 잘못 행해진 부분과 이성을 위하여 진지하게 노력하는 것 사이에는 분명히 구별되어야 한다고 보았다.[29] 이런 의미에서 그는 우리 사회에 필요로 하는 사상은 포스트모더니즘이 아니라 하버마스의 이론이라고 보았다.[30]

장춘익의 이런 입장은 권용혁에게도 나타나고 있다. 그에 의하면 서구의 근대화는 부르주아지에 의해 주도된 혁명을 통해서 자주적으로 이루어졌는데 반해서, 우리의 근대화는 자주적으로 이루어지지 못하고 식민지로 전락됨으로써 '예속적인 식민지 종속국형 근대화의 길'을 걸었다.[31] 그래서 우리 사회는 시민의 권리와 시민적 민주주의조차 성립되지 못한 상태에서 시민운동이 이루어지고 있으며, 엄격한 의미에서 공론장이 제대로 확립되어 있지 못하다. 그래서 그는 하버마스의 이론을 빌어 다음과 같이 주장하고 있다.

> 즉 우리에게는 체계와 생활세계의 이분법을 전제하고 생활세계를 방어하는 형태의 구도가 아니라 오히려 강력한 체계가 생산 유포하는 이데올로기의 영향력으로부터 벗어난 영역을 활성화하는 일이 우선적으로 다루어져야 할 것으로 보인다.[32]

---

29) "권력의 횡포와 환경 문제에 이르기까지 이성을 근현대사회의 모든 문제들의 배후에 있는 가장 근본적인 원인으로 보는 것은 곤란한 발상이다. 그것은 대부분 이성에 반하여, 드물게는 이성의 이름으로 폭력을 행사한 자들과 이성을 위하여 진지한 저항노력을 해온 사람들을 부당하게 공범자로 만드는 것이다."(장춘익, 「하버마스의 근대문화론」, 『사회변혁과 철학』(이한구 외저), 철학과현실사, 1999, 180면)
30) 장춘익, 위의 책, 181면.
31) 권용혁, 『이성과 사회―실천철학』, 철학과현실사, 1998, 200~201면.
32) 권용혁, 위의 책, 212면.

1980년대 이후 우리 사회는 노동자, 시민계급의 증대로 서구적인 합리적 시민사회의 가능성을 어느 정도 보여주었지만, 그럼에도 불구하고 여전히 연고주의·지역주의·학연주의 등 전근대성이 상존하고 있다. 그래서 권용혁은 이런 전근대성을 벗어나기 위해서 공론장을 넓혀갈 수 있는 하버마스의 의사소통 철학이 우리 사회에 요구된다라고 주장하였다.[33] 정호근 역시 "의사소통은 차이의 지속적 산출로 이해될 수 있다. 차이는 일반적인 믿음과는 달리 생산적인 것이다"라고 주장하면서 하버마스의 절차적 합리성이 우리에게 매우 소중한 자산이라고 주장하였다.[34] 그래서 홍윤기는 한국사회의 시민운동과 관련하여 이들 시민운동의 주체들의 하버마스의 생활세계와 관련하여 다음과 같이 주장하고 있다.

다시 말해서 한국정치상황과 비교할 때 재야운동권과 유사하게 규정된 시민사회는 국가기구만으로는 충분히 관철되지 않는 법이념의 규범적 정당성을 바로 생활세계의 사실관계에서 보완하는 준헌법기관의 의미를 부여받은 것이다.[35]

이처럼 그는 우리의 시민사회를 체계에 저항하는 생활세계의 영역으로 읽어내려고 한다. 송호근 역시 하버마스는 '생활세계에 내버려진 도덕적·규범적 상호 이해의 행위들을 복원하여 찌그러진 현대성의 권력기제들의 억압적 성격을 폭로하고 해방하는 가능성을 보여주었다'라고 긍정적인 평가를 하고 있으며,[36] 한상진

---

33) 권용혁, 위의 책, 216면.
34) 정호근, 「의사소통과 합리성」, 『철학과현실』, 철학과현실사, 2000년 봄호, 72~73면.
35) 홍윤기, 「하버마스의 법철학」, 『철학과현실』, 철학과현실사, 2000년 봄호, 100면.

은 하버마스의 의사소통이론은 가치다원주의와 보편주의를 종합하는 기능이 있다고 해석하고 있다.[37] 그래서 윤평중과 장춘익은 하버마스의 이러한 이론이 마르크스주의가 크게 타격을 입고 그로 인해 비롯된 우리의 혼란한 상태를 추스르는데 도움이 된다고 주장하였다.[38] 따라서 장춘익은 다음과 같이 주장하고 있다.

> 서구처럼 민주화가 상당히 진행된 데보다는 오히려 아직 민주화운동이 여전히 현실적인 중요성을 가지고 있는 데에서 하버마스는 단순히 서구이론이 아니라 우리에게 필요한 이론이라고 생각이 듭니다.[39]

그러나 하버마스 철학의 수용과 그 적용의 가능성에 대해서 긍정적인 입장만 존재한 것은 아니었다. 앞서 윤평중은 한국사회에 하버마스의 이론이 역할할 수 있는 긍정적 기능에 대해서 언급하면서도 다른 한편 포스트모더니즘에 대해서도 긍정적인 일면을 인정하고 있다. 그에 의하면 한국사회는 그 동안 마르크스 중심으로 진행된 변혁논리가 주도적이었고, 따라서 거대담론의 테러가 존재하였다. 이 점은 이진우의 경우도 마찬가지다. 그 역시 우리 사회의 마르크스주의가 낳은 문제점에 대해서 다음과 같이 지적하고 있다.

---

36) 송호근, 「하버마스―이성적 사회의 기획, 그 논리와 윤리」, 『사회비평』 제15호, 나남출판, 1996, 7면.
37) 한상진, 「언술 검증과 비판이론」, 『사회비평』 제15호, 나남출판, 1996, 42면.
38) 송호근·김재현·박영도·윤평중·장춘익, 「하버마스―비판적 독해」, 『사회비평』 제15호, 나남출판, 1996, 290면.
39) 송호근·김재현·박영도·윤평중·장춘익, 위의 책, 291면.

그러나 이러한 실천적 문제의식을 실천을 중시하는 이념, 즉 마르크스주의가 절대화됨으로써 오히려 경직되어 생명력을 잃게 된다. …… 반민주에 대한 투쟁의 수단으로서 도입된 마르크스주의는 마르크스의 사상을 절대적 텍스트로 만듦으로써 우리가 읽어내야 할 역사와 현실의 콘텍스트를 간과하거나 왜곡시킨 것이다.[40]

그래서 윤평중과 이진우는 이런 거대담론의 테러를 종식시키는 데 포스트모더니즘이 일정 정도 기여를 할 수 있다고 보았다.[41] 특히 이진우는 오늘의 다원주의사회에서 포스트모더니즘의 정치철학이 절실히 요구된다는 것을 다음과 같이 주장하고 있다.

포스트모더니즘의 정치철학은 인간 자신이 바로 문제의 근원이라는 점에서 출발한다. 인간은 유한한 존재이면서도 이 유한성을 초월하고자 하는 욕망에서 인간의 정치는 시작한다. …… 필자가 여기에서 포스트모더니즘의 정치철학을 발전시키고자 하는 까닭은 우리 인간의 이중적 본성을 제거하고자 하였던 근대적 계몽주의의 패러다임이 한계에 부딪혔다는 인식에 있다. 우리를 위협하고 있는 이기주의는 결코 이기주의의 논리로는 극복될 수 없다는 위기의식은 새로운 정치철학을 요구하는 것이다.[42]

윤평중 역시 이런 관점에서 포스트모더니즘에 대한 수용을 다소 긍정적으로 바라보고 있기도 하다. 왜냐하면 그에게는 우리 사회를 구속하고 있었던 본질주의나 획일주의를 벗어나 생동적인 다양성의 힘을 분출시킬 수 있는 요소가 포스트모더니즘에 들어

---

40) 이진우, 『한국 인문학의 서양 콤플렉스』, 민음사, 1999, 193면.
41) 윤평중, 「왜 지금 여기서 포스트 모던 논쟁인가?」, 『철학연구』 제33집(철학연구회 편), 1993, 232면.
42) 이진우, 『탈이데올로기시대의 정치철학』, 문예출판사, 1994, 30면.

있다고 생각되었기 때문이다. 그는 이 점과 관련하여 다음과 같이
주장한다.

> 창조적 실험과 다양성을 존중하는 탈현대성은 스스로의 다른 모습을 상상
> 해보려는 절실한 서양문화의 온축에서 파생되어 나온 문제의식이기는 하지
> 만, 우리의 상황을 조명하는 데도 비판적으로 응용될 수 있는 가능성을 암시
> 한다. 왜냐하면 우리 자신과 우리가 놓여 있는 현재의 정황에 대한 끊임없는
> 비판만이 탈현대적 철학의 존재 이유이기 때문이다.[43]

특히 이진우는 서양의 차이에 대한 존중을 주장하는 포스트모
더니즘을 우리의 동양 정신과 결합시킴으로써 한층 더 높은 수준
으로 올려놓을 수 있다고 주장하고 있다. 그에 의하면 서양 자본
주의와 합리주의의 내재적 모순을 지적하는 포스트모더니즘은 타
자와 함께 하는 동양 정신과 결합됨으로써 현대문화의 근본적인
문제들을 극복할 수 있다. 물론 이진우는 동양의 정신이 '서양의
자본주의에 대해 외면적인 관계에 있기 때문에' 그 자체만으로는
새로운 발전을 기약할 수 없다고 보며, 적어도 여기에 서양의 자
본주의를 그 내부에서부터 비판하고 출발하는 포스트모더니즘이
결합되어야만 '동양의 합리주의'가 가능하다고 보았다.[44] 오늘날
포스트모더니즘을 긍정적으로 수용하는 사람들은 이진우와 같은
생각을 전반적으로 공유하고 있다. 그리고 중앙 권력=남성 권력=
전체주의라는 등식을 부정하는 페미니스트들 역시 타자의 고유성

---

43) 윤평중, 『푸코와 하버마스를 넘어서』, 교보문고, 1997, 294~295면.
44) 이진우 편, 『포스트모더니즘의 철학적 이해』, 서광사, 1993, 320면. 이와 같은
   주장은 332면에서도 제기되고 있다.

을 중시하는 포스트모더니즘에 매우 친화적인 형태를 지니고 있다. 이들은 모두 주체의 철학이 아니라 타자의 철학을 우리의 21세기 사회가 나아가야 할 방향이라고 주장한다.

그러나 여전히 마르크스주의의 과학성을 옹호하려는 입장에 있는 사람들은 하버마스나 포스트모더니즘 계열의 철학자 일반에 대해서 매우 비판적이다. 왜냐하면 그들은 이들이 주장하는 의사소통적 합리성이나 차이의 열어줌도 사실은 토대의 물적 구조에 의존되어 있다고 보기 때문이다. 포스트마르크스주의[45]가 정통 마르크스-레닌주의에게 과학성과 객관성을 놓치고 주관성과 관념성으로 경도되어 있다고 비판받듯이, 이들 역시 마찬가지로 비판받는다. 사실 앞에서 언급되었듯이 하버마스나 푸코에 비교적 친화적이었던 윤평중조차도 포스트모더니즘의 상대주의적 경향이 우리 사회의 모순을 은폐시킬 것에 대해서 염려하며,[46] 또한 하버

---

45) 포스트마르크스주의는 단일 주체, 단일 투쟁을 거부하고 다양한 주체, 다양한 저항을 주장한다(이상화, 「네오마르크스주의와 포스트마르크스주의」, 『철학과현실』, 철학과현실사, 1992년 겨울호, 161면).

46) 윤건차는 실제로 한국의 포스트모더니즘의 수용이 지나치게 진보적이거나 보수적인 경향을 지님으로써 위험성이 내재되어 있다고 본다. "포스트모더니즘을 둘러싼 한국 지식인의 대응은 복잡하다. 소비·문화·정보가 키워드가 되고 또한 사회주의권 붕괴로 마르크스주의뿐 아니라 사상 그 자체에 대한 신뢰성이 실추한 가운데 포스트모더니즘은 일방적으로 비판의 대상이 되는 경향과, 역으로 그러한 사회의 사상적 공백을 메우는 것으로 과대 평가되는 경향 두 가지가 있었다. 하나는 정치적으로는 진보적 입장에 서면서도 문화의 측면에서는 보수적 입장을 취하는 지식인이 포스트모더니즘을 다국적 자본주의의 문화이론에 불과하다고 거부반응을 나타내는 태도이다. 또 하나는 포스트모더니즘을 마치 구세주처럼 받아들여 '근대성'이라는 막다른 골목으로부터 빠져나오는 돌파구가 될 수 있다고 보는 태도이다."(윤건차, 『현대 한국의 사상 흐름』, 당대, 2000, 161면)

마스의 "언어적 전회는 생사를 건 정치투쟁의 무대인 사회를 도덕적 발달의 장소로 축소시킴으로써 본의 아닌 보수주의로 귀결될 수 있다"고 지적하고 있다.[47] 마르크스주의자들의 입장에서 볼 때 생산노동의 모순이 단순히 담론을 통해 차이를 열어주거나 좁혀준다고 해서 해결될 수 있는 성질이 아니다.[48] 그래서 이홍균도 자본주의사회에 파고드는 전체주의적 지배 구조의 확장 과정은 의사소통행위이론에 의해서 통제될 수 있다고 생각하는 하버마스가 현실적이지 못하다고 비판한다.[49] 이기현 역시 하버마스의 의사소통적 합리성은 형식적 합리성을 벗어나지 못하며, 그가 비판한 칸트의 의식철학의 문제로 되돌아가고 만다고 지적한다.[50] 나아가 황태연은 우리가 살고 있는 동·서양 모두 국가와 시민사회가 현실적으로는 수직적 관계에 놓여 있는데 하버마스는 마치 이들 사이의 관계가 수평적 관계에 놓여 있는 것처럼 바라보면서 균형 잡기를 시도하고 있다고 보며, 이런 접근은 현실의 모순을 극

---

47) 윤평중은 이현복의 「모던과 포스트모던 논쟁─거인의 어깨 위에 앉아 있는 난쟁이?」에 대한 논평에서 포스트모더니즘과 하버마스 모두에 대해서 보수적 경향이 있음을 지적하고 있다. 윤평중, 「왜 지금 여기서 포스트 모던 논쟁인가?」, 『철학연구』 제33집(철학연구회 편), 1993, 232면.

48) 장춘익은 마르크스의 생산노동과 하버마스의 의사소통에 대해서 다음과 같이 주장하고 있다. "마르크스에서 생산노동이 사회의 물질적 관계의 변화의 배후에 있는 최종적인 인간학적 사실이라면, 이에 더하여 하버마스에게는 언어적 의사소통이 문화 영역의 변화 뒤에 있는, 노동으로 환원될 수 없는, 최종적인 인간학적 사실이다."(장춘익, 「계몽의 옹호─하버마스의 근대문화론」, 『철학과현실』, 철학과현실사, 2000년 봄호, 78면)

49) 이홍균, 「하버마스의 이론적 전략─의사소통이론으로의 패러다임 전환에 대하여」, 『사회비평』 제15호, 나남출판, 1996, 93면.

50) 이기현, 「하버마스와 프랑스 후기 구조주의」, 『사회비평』 제15호, 나남출판, 1996, 110면.

복하는데 한계를 갖게 마련이라고 보았다.[51] 그래서 김창호는 담화에 바탕을 두는 하버마스의 이론이나 포스트모더니즘의 이론은 그것이 가능한 객관적인 물질적 조건에 대한 고려가 없이는 주관주의에 빠질 뿐이라고 주장한다. 그에 의하면 "노동을 배제하고 언어로만 역사진보를 설명한다는 것은 불가능한 일이다."[52] 생산현장의 모순이 담론현장만으로 푸는 데는 한계가 있다는 것이다. 심지어 그는 포스트모더니즘과 관련하여 "근대의 성과도 제대로 실현되지 못한 상태에서 '이성' 개념을 급진적으로 해체"하게 되면 오히려 그것은 지배의 재생산에 부합하는 도그마를 산출할 수 있다고 강변한다.[53]

그래서 김재현은 하버마스나 포스트모더니즘의 담론철학을 수용하는데 우리가 조심해야 함을 지적하고 있다. 우리가 그런 것을 수용하기 전에 우리의 사회학자·역사학자 등을 통해서 우리 사회의 근대성에 대한 연구가 좀더 구체적으로 먼저 이루어져야 한다.[54] 아무튼 당시 민중노선을 고집하였던 사람들은 여전히 마르크스주의가 유효하다고 보았고 반면에 시민사회 노선에 호의적이었던 사람은 하버마스적 입장을 취하였다.

한편 우리 사회철학계에는 영미 사회철학과 관련해서도 많은

---

51) 황태연, 「하버마스의 소통적 주권론과 雙線的 토론 정치 이념」, 『사회비평』 제15호, 나남출판, 1996, 159면.
52) 김창호, 「한국 사회철학 쟁점에 대한 사적 개관」, 『한국 사회철학의 현황과 전망』, 사회와철학연구회대회보, 1997.2.22, 17면.
53) 김창호, 위의 책, 24면.
54) 송호근·김재현·박영도·윤평중·장춘익, 「하버마스─비판적 독해」, 『사회비평』 제15호, 나남출판, 1996, 291~292면.

논의들이 있었다. 앞서도 언급되었듯이 사회주의 국가들의 몰락과 1987년 6월 항쟁의 성공은 더 이상 민중의 노선을 지지하는 급진적인 마르크스—레닌주의나 주체사상 등과 같은 사조들이 뒤로 물러나게 되고, 도시 중산층을 형성하는 시민들의 이익을 대변하는 신합리주의 계열의 철학들이 활성화되었다.[55] 그 대표적인 인물이 바로 포퍼와 롤즈이다. 포퍼는 우리 사회에 『열린 사회와 그 적들』로 롤즈는 『정의론』으로 많은 영향을 미쳤다. 우리 사회철학계가 유럽의 하버마스나 프랑스의 푸코, 영미의 포퍼나 롤즈를 수용하게 된 것은 제도권 내부의 국민윤리적 접근과 제도권 밖의 마르크스주의적 접근이 갖는 한계를 직시하면서 비롯되었다고 볼 수 있다.[56] 이미 앞에서 언급되었듯이 하버마스 역시 혁명론이나 계급론 보다는 의사소통적 합리성을 도모하였으며, 또한 여기서 언급되고 있는 포퍼나 롤즈 역시 비판적 합리성이나 절차적 합리성을 주장하고 있다. 따라서 후자의 이들도 혁명론이나 계급론보다는 점진적 변화나 합법적 저항을 주장하는 입장을 취하고 있다. 이들은 더 이상 자본주의와 사회주의를 대립적인 관계로 바라보

---

55) "해방 이후 사회철학 방면의 논저 약 600여 건 중 75%가 넘는 450여 편의 논저가 80년도 이후의 성과이고 보면 80년대의 사회철학적 관심이 어느 정도 이었는가를 짐작할 수 있다. 맑스와 관련된 논저도 그 80% 정도가 80년대 이후로 분포되었다." "현실사회주의가 패망한 이후 90년대부터는 맑스에 대한 연구가 급감하고 있으며 대신 하버마스에 대한 연구가 급증하고 있는 것도 주목할 만하다."(황경식, 「한국 윤리학계의 회고와 전망」, 『동서철학의 수용과 한국철학의 정립』, 철학연구회 춘계발표회보, 1997, 31면) 1987년 6월을 기점으로 한국사회의 중간층이 부정적으로 읽혀지던 것을 긍정적으로 읽혀지도록 만들었다. 즉 6월 항쟁은 우리 사회의 중간층이 상대적 진보성을 지닌 것으로 이해되었다(윤건차, 『현대 한국의 사상 흐름』, 당대, 2000, 72면).
56) 황경식, 위의 책, 32면.

지 않는다. 양자의 긍정적인 요소를 새롭게 종합하려는 입장으로 나타났다.

우리 사회에 포퍼의 사회철학을 가장 많이 소개한 사람은 아마 이한구라고 보아야 할 것이다. 그는 포퍼의 『열린 사회와 그 적들』이 우리 사회에 미친 영향력에 대해서 다음과 같이 주장하고 있다.

> 우리 시대에 끼친 열린 사회의 영향력은 심대하다. 무엇보다 먼저 포퍼의 열린 사회는 전체주의에 대한 가장 예리한 비판이며, 자유주의에 대한 가장 호소력 있는 정당화로 평가된다.[57]

나아가 이한구는 포퍼의 열린 사회의 이념이 지향하는 것은 롤즈의 정의론에서 제시하는 두 원칙과 유사하다라고 지적한다. 아울러 그는 포퍼의 열린 사회는 유럽의 다수 진보정당들이, 이른바 영국의 노동당이나 독일의 사회민주당이 정강정책으로 채택하듯이, 분단된 우리의 민족현실에도 통일한국의 바람직한 이념으로 삼을 수 있을 것으로 전망하고 있다.[58] 이한구의 이와 같은 주장은 한국사회 내부에 자리하고 있는 지역주의·혈연주의·학연주의 등 비합리적 요소를 포퍼적인 합리적 요소로 바꾸어 내는 것이 중요하다고 판단하기 때문일 것이며, 또한 그 변화도 혁명적 방법이 아니라 점진적 공학주의에 입각해야 한다고 판단하기 때문일 것이다. 사실상 포퍼는 행복의 극대화보다는 고통의 극소화 전략을 세우고 있으며, 혁명을 정당화하는 역사주의보다는 점진적 개혁을

---

57) 이한구, 「열린 사회의 철학」, 『철학과현실』, 철학과현실사, 1995년 봄호, 97면.
58) 이한구, 위의 책, 98면.

주장하고 있다. 그 동안 우리 사회는 민중노선이 취하는 마르크스적인 역사법칙주의나 아니면 집권세력이 취하는 파시즘적 경향이 첨예하게 대립하면서 투쟁과 갈등을 증폭시켜 왔다. 그러나 외부적으로는 사회주의 국가의 파시즘의 한 축인 소련의 붕괴와 내부적으로는 군사독재의 민주화 약속이 이루어짐으로써 급진 좌우 대립의 논리는 시민들로부터 외면당할 수밖에 없었다. 이와 같은 경향은 포퍼의 비판적 합리주의에 자연스럽게 다가서도록 만들었다. 그래서 이한구는 포퍼야말로 우리의 미래사회가 나아가야 할 모델로 삼아야 할 철학자라고 보았던 것이다.[59]

그러나 이한구의 이런 강력한 주장들에도 불구하고 한국사회에서는 그다지 포퍼의 사회철학이 하버마스의 사회철학만큼 활발하지 못했다. 그것은 아마도 한국 사회철학의 전사(前史)가 마르크스주의에 바탕을 두고 있었기 때문일 것이다. 마르크스-레닌주의에 목숨을 걸었던 철학자들은 자신들의 이념이 무너질 때 그것을 본질주의, 역사주의로 규정하고 비판했던 포퍼로 가기보다는 오히려 마르크스에 다소 친화적이었던 하버마스로 더 가까이 다가갔을 것이다. 이들은 하버마스에게서는 좌파적 요소를 발견할 수 있다고 생각했겠지만, 포퍼에게서는 그러한 것을 발견할 수 없고, 오히려 하버마스주의자들이 포퍼를 실증주의자로 규정하듯이 우파적인 존재로 보았을 것이다.

한편 한국 사회철학에 또 하나의 지대한 영향을 끼친 사람은 롤즈다. 롤즈는 영미권 철학, 특히 영미윤리학을 공부한 사람들에 의

---

59) 이한구, 「열린 사회의 철학」, 『사회변혁과 철학』(이한구 외저), 철학과현실사, 1999, 151~166면 참조.

해서 집중적으로 소개되었다. 그 대표적인 소개자가 김태길·황경식·박정순 등이었다. 사실 롤즈의 이론도 1990년대 한국 시민사회가 요구하는 적절한 매력을 지니고 있었다. 롤즈의 『정의론』에 등장하는 '최소 수혜자에게 최대의 혜택이 돌아가게 하라'는 점은 자본주의적 요소를 거부하지 않으면서도 사회의 약자층을 돌보는 관점을 제시하고 있기 때문에 계급논리에 바탕을 둔 민중 노선을 떠난 1990년대 한국 시민사회의 정서에 무리 없이 수용될 수 있었다. 자유의 원칙과 차등의 원칙을 근간으로 하는 그의 정의론은 사회의 중산층에 긍정적 기대를 갖는 집단에서는 대체적으로 매력적인 이론이 아닐 수 없었다. 우리 사회도 1987년 6월 항쟁을 기점으로 시민사회에 대한 부정적 의식으로부터 긍정적 의식으로 전환되는 시점을 마련하고 있었고, 바로 이러한 상황은 롤즈의 정의론을 부담 없이 받아들일 수 있게 만들었다. 그래서 김태길은 다음과 같이 주장하고 있다.

> 사회정의의 원리가 실천되는 곳에 옳음의 실현이 있고 개인의 합리적 생활 설계가 실현되는 곳에 선의 실현이 있다고 본 롤즈의 견해 속에 자유주의와 사회주의의 대립된 주장을 바르게 종합할 수 있는 하나의 시사가 들어 있다고 필자는 생각한다.[60]

김태길은 이와 같은 관점 아래서 좋음은 사적 생활에 옳음은 공적 생활에, 그리고 전자는 자유주의에 후자는 사회주의에 적합하다고 보았으며, 바로 이것을 종합한 사람이 롤즈라고 보았다. 이처럼 롤즈는 기본적으로 '복지 국가' 모델을 지향하고 있다. 김영삼

---

60) 김태길, 『변혁시대의 사회철학』, 철학과현실사, 1990, 26면.

정권 시절에 실시하게 된 금융실명제 역시 이런 이론에 일치하고 있다.

황경식 역시 김태길의 이런 입장을 긍정적으로 바라보는 것 같다. 그에 의하면 한국의 시민사회는 근시안적 이기주의가 아니라 합리적 이기주의에 바탕을 두고 진행되어야 한다.61) 그의 합리적 이기주의는 롤즈의 이론에 근거를 두고 있다. 롤즈의 합리적 이기주의는 유용성과 도덕성의 상호 보완적 결합에 바탕을 두고 있다. 1990년대 우리 사회는 유용성을 추구하는 경향이 강하였으며, 이로 인해 근시안적 이기주의로 흐르는 경향도 증대되었다. 따라서 당시에 우리 사회에는 도덕성이 부과되어야 할 필요가 있었고 자본주의의 유용성 논리를 사회주의의 도덕성 논리와 결합시켜 새로운 복지 국가 모델을 확립해야 할 상황에 놓여 있었다. 더군다나 현 정부가 주장하는 '민주적 시장경제'는 민주성이라는 도덕성과 시장경제라는 유용성이 상보적으로 결합되어야 상황이다. 이런 면에서 롤즈의 정의론은 우리에게 매우 친근한 이론이 아닐 수 없다.

그래서 심지어 신일철은 남북한의 통일 문제와 관련해서도 롤즈의 정의론의 원칙을 적용하고자 하였다. 그에 의하면 남북은 롤즈의 '원초적 입장'에 입각하여 '무지의 베일' 상태에서 출발하는 합리적 인간을 통하여 서로 합의할 수 있을 때 통일이 가능하다.62)

---

61) 황경식, 「사회개혁과 시민의식」, 『사회변혁과 철학』(이한구 외저), 철학과현실사, 1999, 262~263면.

62) 신일철은 이 점과 관련하여 다음과 같이 주장한다. "그들은 '무지의 베일'에서 사실상 남에 속하는지 북에 속하는지 모르지만 좌우간에 낭패를 보지 않도록 리스크 회피적 판단을 해야 한다."(신일철, 「한국통일문제에 대한 철학적 "探橵"」, 『한민족과 2000년대의 철학』, 한민족철학자대회보(2000), 1999.8.17~19, 384면)

그러나 현실의 북한은 롤즈의 정의의 제1원칙을 지키기가 어려우며, 적어도 롤즈의 정의론이 가능하기 위해서는 남북 집단이 서로 자체 내에서 다원적 가치를 인정하는 태도가 마련되어야 한다.[63] 그래서 김태길은 사실 롤즈의 이론이 한국사회에 적용되는데 회의적인 태도를 보이고 있다. 그에 의하면 남북한 경제적 차원이나 도덕적 의식이 롤즈의 정의론이 적용될 수준이 되지 못한다. 롤즈의 정의론이 가능하기 위해서는 합리적 개인이 확보되어야 하는데, 한국사회는 그런 개인이 확보되어 있지 않아서 그의 이론이 관철되기 어렵다는 것이 김태길의 생각이다. 그의 분석에 입각하면 한국의 전통사회는 개인주의보다는 가족주의가 지배하는 사회였으며, 지금은 비합리적인 개인이나 억압당하는 개인만 남아 있다. 즉 "남한에서는 대가족으로부터의 개인의 독립을 고취하는 방향으로 파괴되었으며, 북한에서는 가족보다도 더 큰 국가 또는 민족공동체를 자아의 단위로 강조하는 방향으로 파괴되었다."[64] 투철한 개인주의에 바탕을 두지 못한 우리 사회에서는 롤즈의 이론이 적용되기 무척 어렵다. 어쩌면 김태길의 이러한 분석은 상당히 설득력 있는 부분이기도 하다. 왜냐하면 김영삼 문민정부 시절 금융실명제를 실시함으로써 오히려 자금시장이 마비되는 현상이 일어나면서 한국 경제가 위기에 처해졌기 때문이다. 정말 한국사회가 롤즈의 정의론이 적용될 수 있을 만큼 합리적 개인들로 형성되어 있었다면 롤즈의 복지국가 모델의 정신과 함께 할 수 있는 금융실명제는 순기능을 했어야 할 것이다. 그러나 우리는 이미 그것이 부정적

---

63) 신일철, 위의 책, 385면.
64) 김태길, 『변혁시대의 사회철학』, 철학과현실사, 1990, 205면.

인 결과를 낳았다는 것을 역사를 통해 알고 있다. 그래서 박정순은 서구의 사회계약론의 중요한 핵심을 이루는 롤즈 및 고티에를 고민하면서 다음과 같이 주장하고 있다.

> 사회계약의 사상은 우리에게 낯설다. 신과의 계약도 인간끼리의 계약의 전통도 없는 우리에게 현재 서구 윤리학계의 최대 관심사인 계약론적 윤리학의 사활문제는 어떤 의미가 있는가? 그것은 단지 계약결혼과 같은 우스꽝스러운 것만으로 인식될 것인가? 오늘날 많이 논의되고 있는 우리 사회의 도덕적 혼란을 치유하는 것은 마치 동물을 약속을 할 수 있는 권리를 갖게끔 키우는 것과 같을지도 모른다.65)

참으로 씁쓰레한 고백이 아닐 수 없다. 그러나 유감스럽게도 그의 이런 고백이 독백의 차원을 넘어 사회의 실천 현장에 좀처럼 확장되지는 못했다. 사실 롤즈의 경우도 포퍼의 경우와 마찬가지로 우리 사회의 철학자들 내부에서는 많이 논의되고 연구되는 현대 사회철학의 중심 인물이다. 하지만 롤즈의 철학 역시 한국의 사회 구조의 변화나 운동의 논리 속에 실천적으로 작동하는 면이 그다지 크지 않았다. 오히려 우리 사회는 하버마스의 의사소통이론에 바탕을 두고 많은 실천운동들이 전개된 편이다. 그러므로 이 이론은 우리 현실에의 적용 가능성 문제와 관련해서 하버마스의 철학이나 포스트모더니즘 철학만큼 치열하게 전개되지 못했고, 단지 학문 내적 담론으로 머무르는 경향이 강하였다. 그리고 롤즈 이론에 관한 많은 연구 논문들도 롤즈의 이론을 소개하는 형식이 강하

---

65) 박정순, 「현대 윤리학의 사회계약론적 전환」, 『사회계약론연구』(한국사회·윤리학회 편), 철학과현실사, 1993, 207면.

였다.66)

그럼에도 불구하고 유럽의 사회철학에 대한 한국적 논의에 하버마스가 중심을 이루고 있다면, 영미권에서는 포퍼와 롤즈가 중심을 이루고 있다. 이들은 이른바 신합리주의자들로서 이성의 절대화도, 이성의 주관화도 거부하면서 되어 가는 보편성을 모색하는 현대 사회철학의 중심 인물들이다. 이들은 각기 합리성을 추구하고 있으면서도, 그 합리성이 비판적 합리성(포퍼)이냐, 의사소통적 합리성(하버마스)이냐, 절차적 합리성(롤즈)이냐에 따라 미묘한 대립을 보이고 있다. 이 대립의 깊은 내면에는 과학성·도덕성·실용성이라는 세 개념이 자리하고 있다. 사실 어느 쪽도 이 세 개념 중 어느 하나를 극대화하지 않음에도 불구하고 서로가 비판을 할 때는 서로 상대편에 대하여 어느 하나를 극단화시키는 것으로 전제하고 공격을 시도한다. 따라서 이들의 작업도 이들이 이 세 개념을 어떻게 임하느냐에 따라 성공 여부가 달려 있다라고 볼 수 있을 것이다.

그러나 합리성을 추구하는 포퍼, 하버마스, 롤즈나 차이성을 강조하는 포스트모더니스트들이나 하나같이 고려의 대상에서 제외시키고 있는 것이 바로 좋음으로부터 독립되어 있는 옳음 그 자체이다. 이들은 더 이상 좋음이 배제된 옳음을 거부한다. 고·중세적 의미에서의 금욕주의나 칸트적 의미에서의 의무주의는 더 이상

---

66) 한국사회에서 롤즈를 가장 많이 연구하고 소개하는 한국사회·윤리학회가 편집해서 출판된 『사회계약론연구』(철학과현실사, 1993)에 실려 있는 롤즈에 관한 연구 논문들 대부분이 롤즈 이론의 한국현실에의 적용 가능성에 대해서는 거의 묻고 있지 않다.

고려의 대상이 되지 못하고 있다. 오늘날 우리 사회철학계나 사회윤리학계의 담론에서는 옳음이 그 자체적으로 논의되는 것이 공허한 논리나 극단적 규범주의에 빠져 있는 복고적인 무용함으로 규정되며, 따라서 형이상학적 마력에 빠져 있는 것으로 간주된다. 그러므로 이들은 하나같이 '형이상학 없는 정의'관을 세우고자 한다. 이들에게는 의무를 위한 의무는 노예의 도덕으로 규정된다. 선 자체나 형이상학 자체가 괄호 속에 처리되는 현대사회는 최대도덕론은 봉건시대의 유물로 처리되며 최소도덕론은 시민사회의 지혜로운 삶의 방안으로 정립되고 있다. 따라서 현대 사회철학은 큰 도덕보다는 작은 도덕을 선호하고 있으며, 의무나 책임 중심적 담론체계보다는 권리 중심적 담론체계가 중심을 이루고 있다.

그러나 전통의 가치를 중시하는 슈패만·가다머·요나스 등은 이런 신합리주의 계열의 사회철학은 사실 인간끼리 추구되는 합리성으로서 존재 자체와의 근원적 관계를 지니지 못하며, 그로 인하여 한계를 지니고 있다고 본다. 즉 이들은 형이상학이 없는 합리성의 추구는 한계가 있게 마련이다라고 규정한다. 따라서 이들은 존재의 우위성에 바탕을 두고 주체의 자율성을 논하는 전통적 가치를 현대사회에 새롭게 활성화시키고자 한다.

따라서 이들은 오히려 모던주의자와 포스트모던주의자 모두가 잘못된 길을 가고 있다고 여긴다. 그러므로 오늘날 전개되고 있는 사회철학적 논쟁에 대한 좀더 포괄적이고 총체적인 평가가 이루어지기 위해서는 전통과의 대결점을 다시 반성하지 않으면 안된다. 그러나 유감스럽게도 우리 학계에서 진행되고 있는 사회철학의 논쟁은 전통과의 대결점을 철저하고도 충분하게 분석해내지 않거나 못하고 있다.

4. 21세기 한국 사회철학의 과제와 전망

이상의 간략한 개요에서 보듯이 1990년대 한국 사회철학은 더 이상 사회를 계급적으로 이해하고, 특정 변혁 주체를 상정하는 것을 거부하고 시민들이 관심을 가지고 있는 복지담론으로 옮겨왔다. 중산층이 확대되고 계급적 적대감이 완화된 사회일수록 마르크스주의적 접근보다는 신합리주의자들(롤즈·포퍼·하버마스)이나 포스트모더니스트들이 주축을 이루게 되었다. 이런 사회일수록 공동체주의보다는 자유주의, 신자유주의, 자유주의적 공동체주의가 주종을 이루게 되었다.

그러나 이런 추세는 서구적 담론 안에서 핵심을 이룰 수 있는 내용이지 우리 사회 역시 동일하게 이런 상황 안에 있는 것은 아니다. 왜냐하면 우리 사회는 1987년 6월 항쟁 이후 도시 중산층의 긍정적 진입으로 이른바 시민계층이 사회의 새로운 변혁 주체로 등장하였지만, 여전히 노동자를 중심으로 하는 민중 집단의 역할이 요구되는 상황에 놓여 있기 때문이다. 더군다나 금융 대환란을 겪은 이후 구조조정과 관련하여 중산층의 약화는 상부 구조와 하부 구조의 대립을 심화시키고 있기 때문이다. 즉 중산층 역할의 약화는 다시 사회를 계급적 구조로 바라보고 그 모순을 투쟁 논리 속에서 극복하려고 하는 노동운동, 민중운동의 필요성이 절실해지고 있기 때문이다.

또한 우리 사회는 서구의 경우와는 달리 여전히 전근대적 요소를 안고 있기 때문에 앞서 언급된 서구적 담론체계를 그대로 이식시키기에는 여러 가지로 역부족인 상황이다. 익히 알다시피 우리 사회는 아직도 혈연·지연·학연 등 연고주의가 합리성과 도덕성의 경계를 무시하게 만들고, 사적 영역과 공적 영역의 관계를 침입하도록 만들며, 차별과 대립을 정의와 통일로 이어지지 못하도록 만들고 있다.

더군다나 우리나라는 세계에서 유일하게 분단 국가로 자리하고 있다. 북한은 주체사상이라는 이념 아래 봉건적 파시즘이 여전히 지속되고 있고, 남한은 자유민주주의라는 이념 아래 시장 경제의 힘의 논리가 지속되고 있다. 북한은 계속하여 프롤레타리아 민중과 수령의 영도 아래 독특한 민족주의적 요소로 무장되어 있으며, 남한은 근대화, 산업화 과정에서 정경 결탁을 통해 형성된 부당한 자본가들과 거기에 불만을 가지고 있는 노동자들의 갈등이 세계화라는 이념 아래서 증폭되어 심한 갈등을 겪고 있다. 이렇게 두 집단은 너무나 다른 이념과 가치관으로 대치되어 있다.

이상의 관점에 비추어 볼 때 오늘의 우리 사회철학이 고심해야 할 문제는 서구와는 달리 전근대적 요소와 근대적 요소를 동시에 고려하지 않을 수 없다는 사실이다. 그래서 필자는 이런 상황을 감안하여 21세기 한국 사회철학이 해결해야 할 과제에 대해서 다음과 같은 것들을 제시하고자 하며, 아울러 이것들에 대해 나름대로 전망을 제시해보고자 한다.

1) 합리성과 도덕성, 좋음과 옳음

우선 첫째로 한국 사회철학이 고심해야 할 문제는 우리 사회의 합리성과 도덕성의 역사, 그리고 그것들의 지금의 상황과 앞으로 지향해야 할 방향이다. 이것은 우리 사회만의 문제는 아니다. 현재 세계의 사회철학은 좋음(유용성·이익)만을 확보하려는 합리성이 인간의 미래가 나아가야 할 방향이 아님을 입증하려고 한다. 우리는 저 서구의 근대적 합리성이 도덕성이나 옳음을 배격하고 좋음만을 추구하는 합리성문화로 무장함으로써 이성의 도구화 현상, 인간의 일차원화를 겪었음을, 또 그것을 비판하는 과정을 목격하였다.

그렇다고 근대 이전의 과도한 도덕주의 아래서 좋음을 추구하는 합리성문화가 비인간적인 것으로 일방적으로 규정되는 횡포도 이제는 제한되어야 할 것이다. 사실 우리 사회도 좋음을 정당화하는 합리성의 문화가 유가 속에서, 특히 주자학적 배경 속에서 천민의 가치로 평가되는 경향이 있었다. 군자는 옳음이라는 도덕적 가치를 추구하는 것을 중시하였다. 그래서 우리 사회는 그 동안 사농공상(士農工商)체계 아래서, 나아가 동도서기(東道西器)라는 구도 아래서 좋음을 추구하는 실리주의 내지는 합리주의를 천박하게 처리함으로써 스스로 자주적인 근대화를 놓치게 되었고, 그로 인해 일본의 식민지를 겪은 역사가 있다. 그 동안 우리 사회는 실용성, 합리성이 도덕성이라는 가치 아래서 지나치게 종속화되어 있는 과도한 도덕주의로 인해 정치·경제·사회·문화 전반에서 지속되고 있는 부당한 권위주의문화를 제대로 청산하지 못하고 있다.

그러나 다른 한편 오늘의 우리 상황은 서구 정신의 잘못된 수용과 더불어 옳음 그 자체의 가치 추구보다는 좋음(유용성)을 비합리적으로 모색하는 천민 정신을 벗어나지 못하고 있다.67) 어쩌면 우리 사회는 서구사회보다 훨씬 더 강렬하게 옳음보다 좋음을 추구하는 경향을 보이고 있다고 해도 과언이 아닐 것이다.68) 이 점과 관련하여 이승환은 다음과 같이 주장하고 있다.

　　자유주의─공동체주의 논의가 벌어지고 있는 서구의 과잉자유주의 상황은 우리가 처한 상황과 거리가 멀다. 우리의 경우는 '소속되지 않은 자아'가 문제가 아니라 '함부로 엉겨붙은 자아'가 문제이며, 좋음에 우선하는 '옳음'의 공소성이 문제가 아니라, '옳음'에 의한 절차적 합의도 없이 국민들을 '다같이 좋음'이라는 구호 아래 일사불란한 전시 병영체제로 몰아온 것이 문제다.69)

우리는 그 추구 방식에 있어서도 공정한 합리성에 근거하기보다는 비합리적인 인맥주의에 바탕을 두고 은밀하게 이루어지는 경우가 많으며, 절차의 합리성이나 순수성보다 결과주의에 몰입되는 면도 여전히 강하게 나타나고 있다. 특히 박정희 정권 아래 추

---

67) 이정전, 「시장의 원리가 세상을 지배하는 시대」, 『한민족과 2000년대의 철학』, 한민족철학자대회보(2000), 1999.8.17~19, 297면.
68) 이 점에 대해서 손호철은 다음과 같이 주장하고 있다. "이제 결과제일주의, 생산력 제일주의의 신화를 벗고 한국의 국가 목표를 새롭게 재조명해보고 새롭게 설정해야 할 시간이다. '실질적 민주주의(결과)가 중요한 것이 절차적인 것은 수단에 불과하다'는 논리에 기초한 스탈린주의라는 인간해방의 실험이 거대한 실패로 끝난 소련, 동구의 비극이 우리에게 가르쳐주는 것이 있다면 바로 그것이다." 손호철, 「한국의 국가목표─반성적 회고」, 『사회변혁과 철학』(이한구 외저), 철학과현실사, 1999, 77면.
69) 이승환, 「한국에서 자유주의─공동체주의 논의는 적실한가?」, 『자유주의와 공동체주의』, 철학연구회 '99춘계학술대회보, 1999, 149면.

구된 좋음을 극대화시킨다는 근대화논리[70]는 서구적 실용주의가 지니고 있는 자유주의적 합리성은 뒤로 한 채 개발독재로 이어졌고 그 잔재가 지속해서 우리 사회의 도덕성 발전에 발목을 잡고 있다.[71]

그러나 다행스럽게도 근자 우리 사회도 시민운동의 전개와 더불어 이러한 모순 구조를 벗어나려는 맹아들이 자라나고 있다. 오늘의 세계 시민운동이 정복해서 가지려는 소유적 시민운동이 아니라 정치 권력과 경제 권력을 가지고 있는 자들의 정당성을 감시하는 시민운동이다.[72] 이른바 정부를 갖는 운동이 아니라 정부를 감시하는 운동이다. 우리 역시 이런 운동의 일부에 참여하여 좋음

---

70) 김태길은 이 점과 관련하여 다음과 같이 주장한다. "그러나 '근대화'에 대한 종합적 청사진이 있었던 것은 아니고 오로지 경제성장의 측면에만 관심을 기울인 것이므로, '근대화'의 개념이 국가목표로서 제구실을 했다고 보기는 어렵다." 김태길, 「한국의 장래와 한국인의 선택」, 『사회변혁과 철학』(이한구 외저), 철학과현실사, 1999, 188면.

71) 손호철은 문민정부나 국민의 정부가 들어 선 이후에도 "문민황제", "계몽군주독재"가 저변에서 지속적으로 흐르고 있다고 보며, 이것이 우리 사회의 도덕성 타락에 맞물려 있다고 지적하고 있다(손호철, 앞의 글, 앞의 책, 75~79면). 이진우는 우리 사회의 국가가 지향해야 할 이념을 경제적 가치에만 맞추지 말고 도덕적 목적이 있어야 한다는 점을 제시하면서 다음과 같이 주장하고 있다. "21세기의 토대가 될 수 있는 새로운 국가이념은 개인들의 자유로운 경쟁을 보장한다는 점에서 자본주의적이며, 자유로운 시장경제가 민주적 가치와 규칙에 의해 자율적으로 통제된다는 점에서 민주주의적이다. '민주적 자본주의'는 민족국가의 시대로부터 세계체제의 시대로 이행해가는 세기전환기에 국가를 도덕적 질서로 정립할 수 있는 이념적 방향이다."(이진우, 「'민주적 자본주의'와 탈현대적 국가이념」, 『사회변혁과 철학』(이한구 외저), 철학과현실사, 1999, 87면)

72) 김용민은 이 점과 관련하여 우리의 시민이 나아가야 할 방향은 개인의 존재감이 공동의 존재감으로 이어져야 함을 역설하고 있다(김용민, 「국가와 시민」, 『사회변혁과 철학』(이한구 외저), 철학과현실사, 1999, 129면). 황경식 역시 이런 관점에서 시민운동의 활성화를 강조하고 있다(황경식, 「사회개혁과 시민의식」, 같은 책, 288면 참조).

만을 극대화시키려는 신자유주의 물결을 민주적 차원으로 전환시키기 위해 노력하고 있다. 이러한 맥락에서 우리 사회 역시 최소 도덕을 추구하는 서구의 신합리주의 모델을 많이 수용하여 창조적으로 적용하기 위한 작업을 모색하고 있는 편이다.[73)

앞으로 21세기 우리의 사회철학은 합리성과 도덕성, 옳음과 좋음의 관계를 우리 상황에 맞게 바르게 정립하여 군자의 도덕성과 시민의 유용성 논리가 조화되도록 해야 할 것이며,[74) 권리의 추구와 의무의 이행이 적합하게 이루어지도록 해야 할 것이다. 남북의 관계 역시 이런 관점에서 접근되어야 할 것이다. 남북의 통일이 합리성이나 유용성 논리만으로 접근되거나 도덕성의 논리만으로 접근되어서는 안될 것이다. 그렇게 되면 서로를 전략적으로 이용하는 수단이 되어 버리거나 아니면 과도한 명분주의에 빠져 대립만 일삼게 될 것이기 때문이다.

2) 사적 영역과 공적 영역

우리 사회는 아직도 사적 관계와 공적 관계가 매우 불투명하게

---

73) 황경식은 이 점과 관련하여 합리적 이기주의의 바탕 위에서 연고주의의 긍정성을 산출해내는 공동체주의로 나아가야 할 것을 역설하고 있다. 황경식, 「사회개혁과 시민의식」, 『사회변혁과 철학』(이한구 외저), 철학과현실사, 1999, 263면.
74) 황경식과 정인재가 공동으로 작업한 군자와 시민의 글에서 이들은 군자의 과도한 도덕보다 시민을 바탕으로 한 최소한의 도덕에서 출발할 것을 주장하고 있다. 황경식·정인재, 「군자와 시민」, 『윤리질서의 융합』(철학연구회 편), 철학과현실사, 1996, 21~37면.

전개되는 사회이다. 사실 우리 사회는 정서적 공감대를 형성해온 역사가 있기 때문에 사적 관계와 공적 관계를 혼동하거나 심지어 악용하는 경우가 왕왕 있었다.[75] 우리 사회의 정치·경제·사회·문화 전반에 파급되어 있는 연고주의는 그 단적인 예를 보여주고 있다. 특히 한국정치사에 나타나고 있는 가신정치, 보스정치와 정경결탁은 그와 같은 형태를 여전히 지속시키고 있다.

　사적 영역과 공적 영역이 제대로 정립되기 위해서는 공적 영역을 가동시키는 합리성의 부분과 사적 영역을 돌아가게 하는 정서적 유대가 좀더 엄정하게 구별되어야 할 것이다.[76] 물론 이 둘 사이가 분리되어야 한다는 주장은 아니다. 사실 우리 사회는 이런 조건을 갖추기가 매우 어려운 상황이다. 적어도 우리 사회는 서구처럼 시민사회를 자생적으로 확립하지 못하고 식민지 경험 아래

---

75) 이승환은 이런 맥락에서 우리 사회에 유사 공동체주의가 판을 치고 있다고 비판한다. 이승환, 「한국에서 자유주의─공동체주의 논의는 적실한가?」, 『자유주의와 공동체주의』, 철학연구회 '99춘계학술대회보, 1999, 149면 참조. 이승환, 「한국사회의 규범문화─위기, 진단 그리고 처방, '혁신 자유주의적 공동체주의'를 지향하며」, 『이 땅에서 철학하기』(우리사상연구소 편), 솔, 1999, 418면 참조.
76) 박정순은 이 점과 우리 사회의 자유주의 확장을 역설하고 있다. "「자유주의대 공동체주의 논쟁」이 우리 한국사회와 갖는 현실적 관련성은 자못 심대하다고 아니 할 수 없다. 우리에게는 어쩌면 자유주의적 폐해를 공동체주의적으로 보완해야 하기보다는 오히려 지연, 혈연, 학연이라는 전근대적인 폐쇄적 연고주의와 지역 감정과 출세지향주의적 순종주의를 타파하기 위해서도 개개인의 재능과 창조성과 인권이 존중되는 자유주의가 확대되어야 할 것이다. 그리고 우리의 정치문화에는 아직도 사회적 갈등에 대해서 민족과 국가공동체라는 미명을 앞세우면서도 실상은 그것을 전체주의적 억압을 통해서 해결하려는 시도가 잔존하고 있다는 것을 자각하지 않으면 안될 것이다. …… 국민들 사이의 의견 수렴과 합리적인 계약적 합의를 통한 해결 가능성을 추구하는 자유민주주의적 정치문화의 정착이 절실히 요청된다고 하겠다."(박정순, 「자유주의 대 공동체주의 논쟁의 방법론의 쟁점」, 『철학연구』 제33집, 철학연구회 편, 1993, 59면)

서 권력자로부터 강제된 근대화를 수행하면서 가부장적 정치 형태를 얼마 전까지만 해도 겪어야 했다.[77] 가족의 논리가 사회, 국가에 그대로 적용되는 전근대성이 지속되었다.

사적 영역과 공적 영역이 구별되기 위해서는 공론장의 활성화가 매우 시급하다.[78] 모든 정책적 판단이나 결정이 공론장에서 검토 받는 시스템의 확보가 제대로 이루어지지 않으면 사적 친밀감이 여전히 공적인 정책을 주도하는 불합리한 상황이 발생하게 될 것이다. 하버마스의 주장처럼 생활세계가 체계에 의해서 식민화되는 것을 막기 위해서는 생활세계의 주체들이 체계의 권력 구조를 부단히 감시하는 기능이 발전되어야 할 것이다. 그러기 위해서는 일차적으로 생활세계 자체가 건전해야 할 것이다. 이것이 가능하지 않다면 체계에 대한 감시는커녕 오히려 그 세력에 말려들거나 야합하는 형태가 등장하게 될 것이다.

따라서 우리 사회 역시 앞으로는 생활세계를 건전하게 발전시키고 이를 기반으로 체계를 감시할 수 있는 공론장의 활성화를 이루어 내야 할 것이다. 특히 우리 사회는 사적인 의리가 공적인 정의보다 우선하는 정서적 경향이 강하기 때문에 의리가 정의를 잠식하지 않도록 훈련받는 것이 중요하다.[79] 이것은 그냥 되는 것이

---

77) 정운찬, 「경제적 자유의 신장을 위하여」, 『사회변혁과 철학』(이한구 외저), 철학과현실사, 1999, 299면 참조.
78) 권태준, 「국가목표와 지역환경운동」, 『사회변혁과 철학』(이한구 외저), 철학과현실사, 1999 참조.
79) 물론 정의가 절대적이고 의리가 완전히 배제되는 것도 바람직한 것은 아니다. 사적인 생활세계에서는 의리가 인간의 정을 길러내는 데 중요한 역할을 한다. 그래서 이승환과 김형철이 공동으로 작업한 「의리와 정의」라는 논문에는 이들 사이의 관계를 다음과 같이 제시하고 있다. "가장 바람직한 것은 사회 구성원 전체가

아니라 시민들이 스스로 시민교육 프로그램을 개발하고 그것을 통하여 부단히 실천하는 운동을 수행함으로써만 가능할 수 있을 것이다.

3) 차별과 정의

사실 우리 사회는 비판의 문화보다는 권위주의문화가 더 강하게 자리하고 있어서, 차이가 차별로, 비판이 비난으로 이어지는 경향이 강했다. 이것은 그만큼 우리 사회가 합리성이 모색되지 못한 사회임을 의미하는 것이다. 이로 인해 지역 차별, 성 차별, 학력 차별, 중앙과 지방의 차별 등 이루 많은 차별이 발생했으며, 나아가 공동선도 개인선도 제자리를 잡지 못하고 있다. 이승환은 이 점에 대해서 다음과 같이 주장하고 있다.

> 우리 사회에서 부조리하고 부정의한 또 다른 측면이 있다면 그것은 바로 지역 차별이다. 한 민족이 남·북으로 갈린 것도 서러운데, 또다시 그 반쪽이 동과 서로 나뉘어 서로간에 불신과 반목이 조장되어 왔다.[80]

정의의 실현을 위하여 상호간의 의리를 지키는 것이고, 상호 의리를 지키는 것이 정의의 원칙에 의해서 규제되면서 상호 조화를 이루는 경우이다. 물론 양자가 불가피하게 충돌할 경우 정의가 의리보다 우선적 위치에 있다고 보는 것이 자유 민주주의사회를 살고 있는 우리로서 취해야 할 태도겠지만, 그러한 경우는 발생하지 않도록 조정을 하는 것이 사회 전체의 활력을 위해서 대단히 중요하다."(이승환·김형철, 「의리와 정의」, 『윤리질서의 융합』(철학연구회 편), 1996, 95~96면)
80) 이승환, 「우리는 이런 지도자를 원한다」, 『사회변혁과 철학』(이한구 외저), 철학과현실사, 1999, 145~146면.

앞서도 언급되었듯이 현대 사회철학은 헤겔의 '동일성과 비동일성의 동일성'이라는 개념을 축으로 한 쪽은 동일성 프로그램을 지속시키되 과거처럼 비동일성을 배제하는 동일성이 아니라 비동일성이 과정 속에 충분히 담론 과정을 통하여 인정되는 동일성으로 나아가고자 하며(하버마스·포퍼·롤즈), 반면에 다른 한 쪽은 그렇게 하면 결국 동일성의 거물에 다시 잡히게 되어 동일성의 폭력을 겪게 될 것이라는 관점에서 비동일성을 열어주는 쪽으로 나아가고자 한다(포스트모더니즘 계열의 철학자들). 그러나 전자의 입장을 따르는 사회철학자들은 후자처럼 차이의 정치학을 확립하게 되면, 즉 차이와 충돌과 분절을 허용하는 것이 오히려 정의라는 이름 아래서 진리담론과 정의담론을 분리시키게 되면 무정부주의의 혼란이 우리 앞에 도래할 것이라는 점을 지적한다. 즉 차이와 충돌의 열어줌은 옳고 그름의 판단 기준을 상실하여 규제 불능의 사회가 되고 말 것이라는 점이다. 한편 후자의 입장을 따르는 사회철학자들은 전자처럼 동일성을 추구하다 보면 또다시 진리담론이 정의담론과 결합되었던 과거의 구속 상태로 되돌아가게 될 것이라는 점을 지적한다.

사실 전자나 후자 모두 나름대로 일리는 있다. 그러나 더 중요한 문제는 차이를 열어주든, 차이를 좁혀 들어가든 그것을 좁히고 열어주는 주체가 그렇게 제대로 할 능력이 있는지, 나아가 그렇게 함에 있어서 정당하게 그렇게 할 수 있는지가 우선적으로 물어져야 할 것이다. 아무리 차이를 열어 줘 그것을 악용하는 자에게는 그것은 곧 자신만의 삶을 추구하는 무간섭주의가 되어 버릴 것이며, 아무리 의사소통과정을 통하여 좁혀 줘 그것을 악용하는 자에게는 그것은 곧 타자를 지배하는 간섭주의가 되어 버릴 것이다.

우리 사회 역시 이런 고민 위에서 차이의 문제를 접근해가야 할 것이다. 사실 우리 사회는 앞에서도 언급되었듯이 자생적인 시민사회, 공론장의 활성화가 제대로 정립되어 있는 사회가 아니라 여전히 전근대성이 어느 정도 잔존하고 있는 사회이다. 그러므로 쉽게 차이를 열어주는 것도, 쉽게 차이를 없애는 것도 결국 전체주의나 무정부주의 중 어느 한쪽으로 급속히 쏠려 버릴 위험이 내재되어 있다. 가뜩이나 차이가 차별 속에 귀속되어 전근대성이 심하게 자리하고 있는 한국사회는 서구의 근대성 이후의 패러다임이 아니라 전근대성도 고려하는 패러다임이 필요할 것이다.

따라서 우리 사회는 모든 차이가 자유롭게 열려 있는 시장 논리보다는 변방에 밀려나있는 주변부의 삶을 보호하는 제도적 장치가 마련되어야 할 것이다.[81] 이런 의미에서 할당제 도입이 필요한 사회라고 생각된다. 지방의 중앙에의 종속화를 막기 위한 지역할당제, 여성의 남성에의 종속화를 막기 위한 여성할당제 등이 고려되어야 할 것이다. 21세기 한국 사회철학은 차이는 열어주되 그것이 차별로 전환되지 않도록 정의의 패러다임을 만들어내야 할 것이다.

---

81) 손호철은 문민정부시대의 개혁도 여전히 주변부 민중에 대한 고려가 이루어지지 못했음을 다음과 같이 지적하고 있다. "그러나 여기서 주목해야 하는 것은 개혁의 구체적인 성격이다. 개혁이 기본적으로 기득권 세력이라고 불리는 지배블록의 내부 개혁과 이에 그치지 않고 지배블록과 민중과의 관계를 정상화시키고 민주화시키기는 보다 더 적극적인 의미의 개혁이라는 두 유형이 있다고 할 때 현정권의 개혁은 철저하게 전자에 초점이 맞추어져 있다."(손호철, 「한국의 국가목표-반성적 회고」, 『사회변혁과 철학』(이한구 외저), 철학과현실사, 1999, 74면)

나아가 21세기 한국 사회철학은 단순히 인간 내부의 차별된 구조만 고민하는 것이 아니라 인간과 자연의 차별이 낳고 있는 환경문제도 사회철학의 범주 안에서 다루어야 할 것이다. 따라서 근자에 많은 사회철학자들이 고민하듯이 녹색정치, 몸의 정치와 관련된 담론을 다루어야 할 것이다. 왜냐하면 사회환경은 자연환경과 상호 유기적인 관계를 지니고 있기 때문이다. 이런 의미에서 21세기 한국의 사회철학은 이념 논쟁 못지 않게 문화 논쟁에 참여하여 차이가 차별로 전환되는 허위 공식을 비판하고 개혁하는 모델들을 개발해내야 할 것이다. 그 모델은 연대성의 원리와 보조성의 원리를 지향하는 형식이 되어야 할 것이다. 지나치게 이기주의로 파편화되어 가는 사회의 문제를 극복하기 위해서는 공동체의식을 마련하는 연대성의 원리를 확립하는 것이 매우 중요하며, 나아가 중앙 권력이 주변부를 일방적으로 지배하는 관계가 아니라 주변이 중앙을 감시하고 견제하는, 그래서 중앙이 주변을 보조하는 보조성의 원리를 조속히 마련해야 할 것이다. 한국사회의 지방자치제는 이런 기능을 제대로 수행하고 있지 못하다.

나아가 국제적으로 주변으로 밀려나 있는 약소국들이 연대하여 세계 시민연대를 형성함으로써 강대국이 신자유주의라는 이름 아래 전개하고 있는 신제국주의 논리를 견제해야 할 것이다. 그것은 내부의 모순을 감시하는 시민운동의 차원을 넘어 세계 시민운동으로 이어져야 할 것이다.[82]

---

82) 한 발렐리 씨르게이비치는 이 점과 관련하여 다음과 같이 주장한다. "민족, 종교, 지역 및 또 다른 역사—문화적 범위 내에서의 제한된 인종 중심주의적 인식들은 이제 '세계 시민'이라는 인식으로 점차 변화되고 있고, 오늘날 우리가 살고

5. 나가는 말—통일을 향한 21세기 한국 사회철학

나아가 21세기 한국 사회철학은 이런 관점에서 남북의 통일 문제를 접근해야 할 것이다. 분명히 북한은 남한과 차이를 가지고 있는 집단이다. 그러나 그 차이를 지나치게 극대화하여 우열 논쟁으로 이어지는 차별의 형태가 되어서는 안될 것이다. 그리고 북은 남의 변방이나 주변인 것처럼 바라보아도 안될 것이다.[83]

한국 현대사 100년은 갈등과 대립의 소용돌이 속에서 진행되었다고 해도 과언이 아니다. 그 동안 소련과 중국의 사회주의 지배 아래 있었던 북한의 사회주의와 미국과 일본의 자본주의 지배 아래 있었던 남한의 자본주의는 서로 접합점을 찾을 수 없을 만큼 대립과 긴장의 연속이었다. 이런 상황 속에서 북한은 자주 노선을 확립하면서 내부적 모순을 해결하지 않은 채 권력을 지속하고자 주체사상으로 묶여 있으며, 남한은 신자유주의라는 세계화의 물결 속에 살아남기 위해서 자본주의의 경쟁 논리에 묶여 있다.[84] 서로

있는 이 지구는 '인간'의 집으로 변하고 있으며, 인류는 완전한 공동체이자 다양성 속의 일치성으로 변모되고 있다."(한 발레리 씨르게이비치, 「재외 한인 동포들의 다양성 및 일치성에 관한 문제」, 『한민족과 2000년대의 철학』, 한민족철학자대회보(2000), 1999.8.17~19, 239면)

83) 이 점과 관련하여 김용환은 다음과 같이 주장하고 있다. "반공 교육을 중심에 놓거나 남한 체제의 우월성을 강조하는 기존의 통일 교육은 수정되어야 한다. …… 관용 교육은 그 중심 내용이 되어야 한다." "관용 교육은 남과 북이 각각 상대방에 대해 가지고 있는 두려움과 미움의 감정을 완화하도록 만들어 준다." (김용환, 「통일로 가는 다섯 가지 길」, 『哲學研究』 제60집, 대한철학회 편, 1997, 359면)

84) 정운찬은 우리의 세계화와 관련하여 다음과 같이 비판한다. "지금과 같은 도농

가 세계의 힘의 논리 아래서 자존하기 위해 몸부림을 치고 있다.

그 동안 남한과 북한의 사회철학은 냉전 논리로 일관해 왔으며, 지금도 그 틀을 벗어나지 못하고 있다. 북쪽은 관념론과 유물론의 도식 아래 남쪽의 철학을 관념론 철학으로 규정하고 나아가 반동철학으로 단정하고 있다. 반면에 우리는 북한의 주체철학을 김일성 수령론에 바탕을 두고 있는 봉건적 파시즘의 형태를 띤 이데올로기에 불과하다고 단정하고 있다. 즉 우리는 북한에는 철학이 없다고 단정하고 있다.

이제 남북이 통일되는 새로운 사회철학이 가능하기 위해서는 서로의 철학을 자신들의 입장에서만 단정하지 말고 좀더 상대편의 상황을 고려하여 개방적인 태도로 임해야 할 것이다. 사실 그 동안 북한의 사회철학이나 남한의 사회철학 모두 철학 본래의 사명인 보편성과 특수성의 종합을 제대로 이루어내지 못했다. 북한의 사회철학은 자신의 특수성 속에 자리하고 있는 김일성 주체사상을 보편화시키려고 함으로써 철학 본래의 정신인 비판성을 놓치고 있으며, 남한의 사회철학은 서구의 보편성담론을 우리 상황에 자의적이든 타의적이든 적절하지 못하게 적용함으로써 사회철학적 이론과 현실이 부조화를 일으키는 경우가 많았다.

북한은 마르크스주의라는 서구의 이론을 자신의 땅에 새롭게 정초 하려고 한 점에서 자생담론의 길을 열어 놓았지만, 그것이

간, 기업간, 계층간의 불균형 구조로는 개방의 파도에 맞설 수 없다. 우리 경제가 내실을 기한 연후에 외국과의 경쟁이 가능한 것인데 현재 정부는 대내문제는 접어둔 채 지나치게 우리의 시각을 세계로만 돌리고자 한다."(정운찬, 「경제적 자유의 신장을 위하여」, 『사회변혁과 철학』(이한구 외저), 철학과현실사, 1999, 301면)

철학 본래의 비판 정신에 입각해서 이루어지기보다는 내부 권력의 문제를 정당화하기 위한 이데올로기적 차원에 머물렀다는 점에서 사회철학의 바람직한 발전의 방향을 모색하지 못했다. 반면에 남한은 북한에 비해서 비교적 다양한 서구의 사회철학적 담론들이 들어와서 경쟁을 벌리는 상황이 가능하였지만, 여전히 수입학이나 시비학의 정도에 머물러 있었지 창조학의 길을 열어 놓지 못했다. 남한의 사회철학은 비록 도식화되기는 하였지만 전통철학에 대한 연구를 통하여 창조학을 마련해보려고 하였는데 반해서, 우리는 우리의 전통사상을 사회철학적 담론 안에서 충분히 수용, 발전시키지 못했다.[85] 그러니까 우리의 사회철학은 서구의 사회철학을 통하여 우리의 현실을 진단하고 규정하는 경향이 강하여서 전통과의 단절이 매우 심하게 자리하고 있다.[86]

---

[85] 그래서 소흥렬은 우리 철학의 활로의 모색과 서구적 보수주의에 대항하여 동양의 진보주의로 새로운 철학을 모색해야 한다고 주장하고 있다. "우리의 안방까지 외인부대의 사창굴로 만들어 버린 것이나 다름없다. 문화적 긍지나 민족적 자존심도 상업주의의 홍수에 다 휩쓸려 가버린 것이다."(소흥렬, 「이런 시대, 이런 철학」, 『시대와철학』 제7호, 동녘, 1993, 12면) "우리에게 필요한 것은 문화열 같은 논쟁이다. 이념적 방향을 모색하는 철학적 작업이다. 상업주의를 극복할 문화주의를, 이기주의를 극복할 집산주의를, 기회주의를 극복할 본질주의를, 그리고 기능주의를 극복할 인간주의를 이념적으로 정립하는 일이다. …… 서양의 현대를 계승하면서도 동양의 현대를 새롭게 형성해갈 진보주의적 이념으로 이끌어가야 한다."(소흥렬, 같은 글, 13면)

[86] 최종덕은 이 점과 관련하여 다음과 같이 주장하고 있다. "일본 제국주의시대 일본 취향의 학문을 배운 사람들과 1960년대 이후 서구에서 공부하고 돌아온 사람들의 반성 없는 학문은 결과적으로 우리의 문제보다는 그들의 정신적 고향에 기여했을 뿐이다. 서구의 학문이 동양의 학문을 연구하고 동양의 엑기스를 뽑아가는 동안 우리는 전통을 버리고 오로지 서구의 학문을 여과 없이 설명하고 혹은 가위질 편집에 여념이 없었다."(최종덕, 「조동일─『우리 학문의 길』, 지식산업사, 1993」, 『시대와철학』 제7호, 동녘, 1993, 272면)

따라서 앞으로의 사회철학은 비록 북한처럼 계급주의나 유물론적 관점에서 전통철학을 고찰해서는 안되겠지만, 적어도 전통을 현대 속에 부단히 연계시켜 서구의 사회철학적 담론을 재정립해야 할 것이다.[87] 왜냐하면 사회철학은 사회를 대상으로 사회 속에 존재하는 모든 갈등을 바람직하게 정립하여 정의를 확립하는 것이 주목적인데, 바로 그 대상으로 삼고 있는 사회는 죽어서 고정되어 있는 대상이 아니라 이미 과거의 전통 속에서 자라난 역사성을 지닌 존재이기 때문이다. 현존 우리 사회의 정의를 확립하기 위한 사회철학적 활동은 과거를 망각한 채 확립될 수 있는 것이 아니다. 바로 이 점을 소홀히 하고 서구 사회철학 이론을 수용한 점이 한국 사회철학의 문제점이라고 보아야 할 것이다.

이제 남북이 통일되는 21세기 미래의 과제가 우리 앞에 거부할 수 없는 사실로 다가와 있다. 우리가 남북 서로에게 고통을 주지 않는 통일이 가능하기 위해서는 서로의 내부 모순을 비판하는 과정을 반드시 거쳐야 할 것이다.[88] 자신의 치부를 도려내는 작업 없이 타자와

---

87) 이런 맥락에서 이승환은 우리 유교의 공동체주의와 서구의 자유주의의 장점을 결합시킨 '혁신 자유주의적 공동체주의'라는 개념을 정립해보려고 노력하고 있다(이승환, 「한국사회의 규범 문화―위기, 진단 그리고 처방, '혁신 자유주의적 공동체주의'를 지향하며」, 『이 땅에서 철학하기』, 우리사상연구소 편, 솔, 1999, 423면). 김수중과 남경희가 공동으로 작업한 「대동사회와 유토피아」에서도 유교적 가족주의의 단점은 폐기시키고 장점은 수용해야 한다라고 주장하고 있다. "유교적 가족주의에 의해 희생되는 개인의 권리에서 그것에 의해 살려지는 개인의 삶으로 우리의 시선을 돌릴 이유는 충분하다."(김수중·남경희, 「대동사회와 유토피아」, 『윤리질서의 융합』, 철학연구회 편, 철학과현실사, 1996, 184면)

88) 한승완의 사회철학의 비판 정신과 관련하여 다음과 같이 주장하고 있다. "…… 이러한 반성으로서의 사회철학은 기존 질서, 이 질서가 정치·경제·사회·문화의 그 어떤 분야에서 작동하든 간에 인간의 자유와 자기 실현을 저해

결합하려고 하는 것은 곧 타자를 무모하게 배척하거나 아니면 타자를 가혹하게 정복하려는 결과를 산출하고 말 것이다. 이제 남한과 북한의 사회철학은 각자 그들이 바라본 사회에 대한 고찰과 이론 정립이 정말 비판적 정신 위에서 확립되었는지를 돌아다보아야 할 것이며, 나아가 우리들의 전통을 이어서 주체성을 마련하고 있는지를 반성해야 할 것이다. 우리의 사회철학은 세계의 각 나라들이 공유할 수 있는 이론을 정립해야 할 것이며, 나아가 우리만의 고유한 삶의 양식이 있다면 그것을 담아낼 수 있는 이론이 되도록 구성해가야 할 것이다.[89) 가장 어렵게 여겨지는 남북의 정치·경제적 통일이 아무리 쉽게 이루어진다고 하더라도, 정신의 이질감에서 발생하는 대립과 차별의 무서움은 쉽게 극복되는 것이 아니다. 지금부터라도 남북의 사회철학자들이 모여서, 아니 남북의 철학자들이 모여서 진지하게 대화를 나누는 21세기 한국철학의 공론장을 마련해야 할 것이다.

한다면, 이에 대한 '비판'이자 '저항'이어야 한다. 동시에 사회철학은 보다 인본적인 사회에 대한 '유토피아'를 지녀야 할 것이다. 이 저항과 유토피아는 인류 전체가 인간답게 살 수 있어야 한다는 '인본주의'를 기반으로 서로 밀접히 연관되어 있다."(한승완, 「나와 사회철학」, 『한국 사회철학의 현황과 전망』, 사회와 철학연구회대회보, 1997.2.22, 별지 2면)

89) 이 점과 관련하여 임혁백과 한승완은 '시민적 민족주의'를 제창하고 있다. "내부적으로는 동질적이고 대외적으로 배타적인 종족적 민족주의의 복원이 아니라 내부적으로 다양성 속의 통일이라는 다원주의와 대외적으로 민족간의 공존을 지향하는 국제평화주의를 특징으로 하는 '시민적 민족주의'를 건설하여야 한다."(한승완, 「통일 민족국가 형성을 위한 시론」, 『21세기를 향한 철학의 화두』, 제13회 한국철학자연합대회보, 2000.11.24~25, 186면) "물론 통일 민족국가는 그것의 민족국가적 형태를 결국 포기하지 않을 것이다. 그러나 그것은 폐쇄적 경계를 개방하고 국제사회에 적극 참여·협력함으로써 '내포적 주권'을 증대시키고 다중심의 복합적 정체성을 기반으로 한 민족이자 국가일 것이다."(한승완, 같은 글, 187~188면)

'세계화'시대 '동양철학'담론과 연구 의미

이철승

1. '세계화'의 이념적 배경과 '세계화'의 확대

자본주의의 배경 아래 자연권으로서의 사유 재산권 보호를 핵심으로 하는 로크의 고전적 자유주의사상에 기초한 서양의 여러 나라들은 케인즈의 수정자본주의와 롤즈의 수정자유주의를 거치면서 복지제도를 통해 분배 문제를 해결하려고 했다. 그러나 1970년대에 도래한 불황과 석유 파동을 거치면서 하이예크와 프리드만 등의 '신자유주의'사상이 등장했다. 신자유주의는 분배적 정의와 결합시키려는 정치적 자유주의를 비판하고 휘그당으로의 이념적 복귀와 경제적 자유주의의 부활을 주장하는데, 이러한 신자유주의사상은 현재 미국을 비롯한 경제 선진국들의 주류 사상 가운데 하나가 되고 있으며, 구소련과 동유럽의 현실사회주의의 붕괴 이후에 세력을 더욱 확장하고 있다. 신자유주의는 국유 산업을 민영화하고, 사회복지제도를 축소하며, 기술 혁신의 도모를 통해 생산력을 높이고 있다. 신자유주의는 정보 혁명을 배경으로 하여 성립한 초국적 기업과 다국적 기업의 이론 근거가 되면서, 전 세계에 그들 중심의 '세계화' 개념을 확장시키며 자본주의를 배경으로 하는 자유주의 이념을 실현하는 현장으로 만들어 가고 있다.

'세계화'를 추종하는 사람들은 또한 현대의 '지식 정보 사회'에 대해 이전 시대와 질적으로 다른 새로운 사회로 향하고 있는 것으로 평가하는 학자들의 이론1)을 수용하며, 세계주의를 실현하기 위해 국경의 해체, 각종 규제의 철폐나 완화, 자유스런 이윤 추구와 경쟁 등의 허용을 주장한다. 그들은 또한 현상적으로 다양성을 존중하여 세계 곳곳의 다양한 문화를 발굴하여 발전시키려고 노력하는 듯하다.

미국과 경제 선진국들에 의해 펼쳐지는 이러한 '세계화' 정책은 아메리카와 유럽은 물론 아시아와 아프리카까지 확대되고 있다. 자본주의를 표방하는 한국과 사회주의를 표방하는 중국 역시 이러한 세계의 조류에서 자유로울 수 없다. 지난 1997년 '금융위기'를 경험했던 한국은 현재 이러한 시대 상황에 적극적으로 부응하면서 시대의 낙오자가 되지 않기 위해 온 힘을 기울이고 있는 형

---

1) 다니엘 벨(D. Bell)의 '후기 산업사회'론, 게오르그 리히트하임(G. Lichtheim)의 '후기 부르주아사회'론, 헤르만 칸(H. Kahn)의 '후기 경제사회'론, 랄프 다렌도르프(R. Dahrendorf)의 '서비스 계급사회'론 등이 대표적이다.

국이다.

1978년 '제11기 3중전회'를 기점으로 모택동시대와 차이가 있는 중국을 건설해가는 중국인들 역시 시장 경제를 수용하고 '중국 특색의 사회주의'를 주장하면서 그들 식의 사회주의를 주장하지만, 그들 역시 미국 중심의 세계화 전략과 신자유주의 이념이 투영된 자본주의 확산 노력의 영향권에 속해 있다.

한편 한국과 중국은 1992년 수교 이후부터 현재까지 경제·교육·과학·기술·문화 등 다양한 분야에서 교류를 확대해오고 있을 뿐만 아니라, 중국에서의 '한류' 열풍과 한국에서의 '중국 알기'가 붐을 이루고 있는데, 양국의 관계는 앞으로 더욱 왕성한 교류가 진행될 것으로 전망된다.[2] 바야흐로 현대 세계에서 '신자유주의'를 이념으로 하는 '세계화'의 추세에 역행하기란 쉽지 않아 보인다.

그러나 이러한 '신자유주의'를 이념으로 하는 '세계화' 정책은 여러 면에서 많은 문제를 드러내고 있다. 자유 경쟁에 의해 나타날 수밖에 없는 부의 불균형에 의한 국가간·지역간·민족간·사회간·개인간의 차이와 소외, 대상을 인격적으로 고려하지 않는 자기 이익 중심의 차가운 태도, 소수의 이익 확보를 위해 무차별적으

---

2) 1992년 한중 수교 때 약 50억 불이던 양국의 교역액이 2001년에 359억 불에 도달하였다. 이 중 한국의 수출액은 약 234억 불이고 무역 흑자는 약 100억 불이었다. 그리고 한국 기업의 중국 투자는 약 18,517건으로 협의된 금액이 223억 불이고 실제 투자된 금액이 122억 불로 중국은 한국의 두 번째로 큰 해외 투자 대상국이 되었다. 한편 이 기간 중국의 30여 개 대학에서 한국어학과가 개설되었고, 한국에서 유학하고 있는 중국 학생이 3,200명을 넘어섰고, 중국에서 유학하는 한국 학생은 약 20,000명을 넘어섰다. 그리고 많은 양국의 대학들이 자매 결연을 맺는 등 학적 교류가 활발하게 진행되고 있다. 성균관대학교 동아시아학술원 초청 강연(2002년 6월 12일) 李濱 주한 중국 대사의 「동아시아의 발전과 협력」 중 14~15면 참조.

로 개발하면서 나타난 생태계 파괴, 표면적으로 다양성을 인정하는 듯 하면서도 더 경쟁력 있는 문화 상품 출시에 의한 문화 산업의 문화제국주의 등등 적지 않은 문제를 배태하고 있다.

이러한 사회 현상 속에서 최근 한국의 사상계는 시대 문제를 해결하기 위해 다양한 연구와 토론을 진행시키고 있다. 특히 이른바 '동양철학'계에 속한 상당수 연구자들은 현대사회가 빚어내는 다양한 병폐를 치유할 수 있는 대안으로 전통적인 '동양철학'의 내용을 주장하면서 담론을 형성하고 있다.

이 글에서 나는 그동안 한국에서 진행된 '동양철학' 관련 담론과 연구 의미를 분석하고, 일부 학자들에 의해 주장되는 '동양'과 '서양'의 이분법적 구도의 문제점을 지적함과 아울러, 형식적인 범주의 '동양'이나 '서양'의 구분에 묶이기보다 '동양'이나 '서양'을 아우르고 넘어서는 가운데 한국의 철학인으로서 지금 시대의 문제를 해결하기 위한 사유 체계 정립에 필요한 일이 무엇인지를 모색해보고자 한다.

2. 한국의 '동양철학'담론과 연구 동향

최근 몇 년 사이에 한국의 사상계는 '동양철학'담론이 '동아시아'담론과 맞물려 활발하게 논의되어 왔다. 이 담론은 이른바 '동양학'에 관계하는 사람들끼리의 내부적인 논의뿐 아니라, 이른바

'서양학'에 관계하는 사람들까지 참여하면서 쟁론을 형성하였다. 그리고 이와 관련된 논의는 이른바 같은 전공자들에 의해 각론이라 할 수 있는 구체적인 부분까지 논의한 경우도 있고, 이른바 전공 영역의 차이로 인해 각론보다 총론 중심으로 논쟁한 경우도 있다. 예를 들어 2000년과 2001년에 '김용옥'이 방송 매체를 통해 '노자'와 '공자'에 관해 강의한 내용에 대해 이 분야의 전공자로 자부하는 상당수의 연구자들이 김용옥 식 고전 '해석'의 문제점을 지적한 부분이 전자에 해당한다고 할 수 있고, 2001년 『교수신문』(203~206호)을 통해 '동양'의 '실체성'과 '서양'의 '패권주의'와 '노자 철학의 해석' 문제 등과 관련하여 논쟁한 김진석과 김성환의 논쟁 양상은 후자에 해당한다고 할 수 있다.

　위의 논쟁 중, 논쟁의 한 당사자인 김용옥이 직접적인 대응을 삼가하고 있는 가운데 학계는 한편으로 김용옥이 '동양학'의 대중화에 기여한 것으로 평가하면서도, 다른 한편으로 김용옥의 고전 해석과 사상에 대해 비판적인 견해가 여전히 등장하고 있다.3)

---

3) 예를 들어 전호근은 김용옥과 김용옥을 비판한 이경숙의 논의에 대한 글(「저마다의 공자, 모두의 논어」, 『중앙일보』, 2001.4.30)에서 김용옥과 이경숙이 적지 않은 곳에서 오역을 한 것으로 평가하고 있으며, 안재순은 「『도올논어』비판」(『동아시아문화와사상』 제6호, 2001.6.15, 167~191면)에서 김용옥의 『논어』 번역에 대해, 자의적인 해석, 같은 사안에 대한 앞뒤의 말이 다름, 어법에 불충실, 일차적 전거 자료 결여 등의 문제가 있는 것으로 지적하면서 일일이 이에 해당하는 예를 들고 있다. 조남호 또한 「요즈음 『논어』 해석의 문제점」(『시대와철학』 제12권 2호, 동녘, 2001.12.30, 93~100면 참조)에서 김용옥이 자의적으로 해석하는 경향이 있는 것으로 평가하고 있다. 한편 강신주는 「김용옥의 동양학은 '우리의 이론'일 수 있는가」(『교수신문』 225호, 2002.5.6)라는 글에서 김용옥 철학의 중요 구성 부분인 '기철학'을 분석하면서, 김용옥에게는 '한자 문명권'인 '동방인'이 있을 뿐, '우리'에 대한 의식이 결여되어 있는 것으로 평가했다. 이에 대해 유수철이 강신주의 논리는 논거가 부족한 상태에서 비약이 심하다고 비판(『교

그리고 김진석과 김성환은 신문의 제약성을 이유로 논쟁을 중단한 후,『오늘의 동양사상』제5호에 각자의 관점이 유지된 상태에서「동양 대안론의 비판적 고찰」(김진석)과「동양 논쟁의 허와 실」(김성환)이라는 재정리의 글을 게재했다. 또한 이 잡지에는 '철학'이 없는 '동·서양'담론의 허구성을 지적한 이진우의「논증을 거부하는 직관의 동양담론」과 김진석을 향해 각론이 빠진 상태의 총론이나 원론의 비생산성을 지적한 최재목의「동양철학, 서투른 논쟁은 접자, 갈 길이 멀다」등의 글이 게재되어 있다.4)

『오늘의 동양사상』편집진은 '동양', '동양학', '동양철학' 등의 정체성에 관한 담론을 지속시키려고 노력하는 가운데,『오늘의 동양사상』제6호에 '동양철학'의 현주소에 관한 특집란을 편성하여 '동양철학' 문제의 진단과 대안에 관해 다양한 견해를 소개하고 있다.

이러한 사회 분위기의 영향에서 완전히 자유로울 수 없는 한국의 적지 않은 철학자들은 오늘도 여전히 '전통'과 '현대' 및 '동양'과 '서양'의 관계 부분에 대해 사색과 연구를 게을리 하지 않고 있다. 이 문제에 공유하는 철학자들은 개인에 의한 연구 활동 못지 않게 공동의 연구를 통해 연구 성과를 내기도 했다. 특히 산업 사회의 문제점이 증가하면서 '전통'을 중시하는 일부 학자들에 의해 '동양학'이 새로운 세기의 문명을 선도할 사상적 대안으로 부각되면서 전통철학의 현대화 작업에 동참하는 학자가 증가하였다. 그

수신문』228호, 2002.5.27)하자, 이에 대해 강신주가 다시 반론(『교수신문』230호, 2002.6.13)을 펼치며 자신의 주장을 견지했다.
4) 예문동양사상연구원,『오늘의 동양사상』제5호, 2001, 13~68면 참조.

들은 다양한 인접 학문 종사자들과 연대하여 학술회의를 자주 개최할 뿐만 아니라, 학술지 발간을 통해 자신들의 관점을 드러냈다. 『전통과 현대』, 『동아시아 문화와 사상』 등이 이러한 사상 조류를 반영한 잡지들이라고 할 수 있다.

또한 이러한 잡지에 참여하지 않으면서도 '동양철학'의 정체성에 관한 다양한 글이 여러 학술지에 게재되어 있다. 예를 들어 한국철학사상연구회에서는 '전통철학'의 현실적 의미를 밝히기 위한 작업의 일환으로 『우리들의 동양철학』을 발간했고,[5] 중국철학회는 현대의 위기를 '동양철학'적 대안으로 극복해보고자 하는 의도에서 『현대의 위기 동양철학의 모색』을 출간했다.[6] 그런가 하면 이철승은 「오늘날 '중국 전통철학'을 연구하는 '한국인'의 의미에 대해」에서 '서양'의 일반화에 대한 방어적 측면에서 '동양'의 특수성을 이야기하면서도 '중국' 중심의 보편주의를 무비판적으로 현대 '한국'사회에 적용하려는 일부 '한국'의 '동양철학자들'의 연구 풍토에 대해 비판하고 있다.[7] 또한 동양철학연구회가 발행하는 『동양철학연구』 제21집에는 '동양철학과 21세기'라는 특집란에 안은수와 정성식에 의해 그간 『동양철학연구』에 게재되었던 '중국철학' 및 '한국철학' 관련 연구 현황과 전망에 대한 글이 게재되어 있고, 이기동의 「한국유학과 21세기」와 장현근의 「사회철학으로서 현대 유학의 행로」라는 글에서 유학의 현재적 의미와 생산적인 연

---

5) 한국철학사상연구회 편, 『우리들의 동양철학』, 동녘, 1997.
6) 중국철학회, 『현대의 위기 동양철학의 모색』, 예문서원, 1997.
7) 이철승, 「오늘날 '중국 전통철학'을 연구하는 '한국인'의 의미에 대해」, 『시대와철학』 제18호, 동녘, 1999.6.30, 264~286면 참조.

구 방법에 관해 논하고 있다.[8] 그리고 '동양'의 정체성 회복을 통해 주체적으로 '서양'과 만남을 갖고자 하는 일군의 '동양학' 관련 연구자들에 의해 『동양을 위하여, 동양을 넘어서』가 출간되기도 했다.[9] 한편 최영성은 「동양철학 연구 50년사」라는 장문의 글에서 "동양철학이 과거는 물론 오늘과 미래에도 긍정적으로 기능할 수 있다는 확신을 갖도록 하는데 기여"하기 위해, 1940년대 중반부터 2000년까지 한국의 '동양철학' 관련 연구 동향을 상세하게 소개하고 있다.[10] 최영성의 이 작업은 관점의 동이(同異)에 관계없이 '한국'의 철학계에 중요한 자료를 제공하고 있는 것으로 여겨진다. 한국동양철학회도 『동양철학』 제16집에서 특집으로 '동양철학'의 다양한 분야에 대해 비교 철학적 관점에서 논의하고 있다.[11]

한국에서 '동양'·'동양학'·'동양철학' 등에 관해 최근에 논의되는 이와 같은 현상은 마치 외형적인 면으로 볼 때 서구문화의 충격에 대한 대안을 찾는 과정에서 '전통'과 '현대', '중국'과 '서양', '과학'과 '현학' 등의 논쟁을 전개시킨 20세기 전반기의 중국 사상계 모습과 흡사하지만, 아직은 개론 정도의 연구 수준에 머물러 있는 경우가 많고 심도 있는 연구 성과가 많지 않은 편이라고

---

8) 동양철학연구회, 『동양철학연구』 제21집, 1999.12.7, 3~104면.

9) 홍원식(철학)·이승환(철학)·최준식(종교학)·한자경(비교철학)·이윤갑(사학)·김석근(정치학)·우실하(사회학)·고미숙(문학)·이태호(미술)·송혜진(음악)·박석준(한의학)·최종덕(과학)·이숙인(여성학), 『동양을 위하여, 동양을 넘어서』, 예문서원, 2000.

10) 최영성, 「동양철학 연구 50년사」, 『한국사상과 문화』 제10집, 2000.12.30, 175~296면.

11) 가치론(김연숙), 인간관(장승희), 자연관(김기주), 중용사상(장승구), 윤리사상(류인희), 정치사상(권인호), 심성론(임헌규) 등. 한국동양철학, 『동양철학』 제16집, 2002.2.20, 5~246면 참조.

할 수 있다. 그러나 이러한 문제점이 있을지라도, 이와 같은 담론은 시대 문제에 능동적으로 참여하는 면에서 이후의 한국사상계에 긍정적인 역할을 할 수 있을 것으로 생각한다.

사실 근대 전환기 한국의 철학자들은 시대 문제에 대한 고민과 해결의 의지가 강했다고 할 수 있다. 19세기 말기 과학기술의 힘을 입은 외국과 빈번하게 교류가 이루어지는 가운데, 우리 사상계는 당시의 문제를 해결하기 위한 대안으로 여러 사상 조류를 탄생시켰다. 그 중에서도 개화를 통해 우리나라를 근대 사회로 전환시키려던 '개화파', '소중화'사상을 기반으로 하여 우리의 주체성을 더욱 공고히 다져 외세를 무찌르려고 한 '척사위정파', 민중의 어려운 문제를 민중 스스로 극복하기 위한 사상적 대안으로 작용한 '동학사상'과 '민중운동사상', 그리고 민족적 의미가 강한 신흥종교사상 등이 있다. 이들 사상은 내용적인 면에서 차이가 있지만, 현실의 문제를 해결하기 위한 실천적 대안의 성격을 띤 점에서 공통점이 있다.

20세기에 일제 강점기가 시작되면서 우리 사상계는 여러 면에서 위축되었다. 우리의 전통철학은 일본인 학자들에 의해 '독창성' 결여와 '분파성'이라는 특성으로 왜곡되기 일쑤였고, 마침내는 일본의 전통철학 변질 기도에 의해 '황도유학(皇道儒學)'이 탄생하기도 했다.12)

---

12) 한편 한국에서 '철학'이라는 어휘의 사용은 'Philosophia(지혜를 사랑함)'를 일본인 니시 아마네[西周 : 1829~1897]가 '희현학(希賢學)'과 '희철학(希哲學)'의 번역 과정을 거쳐 '철학(1874)'이라고 명명한 후, 1912년 이인재(李寅梓)가 『철학고변(哲學攷辨)』을 출간할 때 '철학' 개념을 차용하면서부터 비롯되었다. 이인재는 이 책에서 이른바 '서양철학'을 체계적으로 소개하였다. 일본은 조선을

광복이 되자 전통철학에 대해 현상윤을 중심으로 복원 운동이 일어났으나 곧바로 발생한 한국 전쟁에 의해 남한 철학계는 대체로 반공 이데올로기의 풍조에 편입되었다. 1953년 한국철학회가 창립되었지만, 철학자들의 사회적 역할은 크지 않았다.

1960년대부터 군사 정권에 의해 시작된 이른바 '근대화'·'산업화' 정책에 의해 이른바 '서양'철학이 철학계의 중심에 위치하면서 전통철학의 위치는 왜소해지기 일쑤였다. 그러나 1970년대부터 '민족의식'의 고양이란 측면의 정부 정책이 진행되면서 전통철학에 대한 관심과 연구가 이전에 비해 증가되었지만, 여전히 이른바 '서양'철학이 철학계의 주류를 형성했다. 1970년대 후반 한국의 철학계는 '한국철학의 정립'이라는 문제를 중심 주제 가운데 하나로 설정하면서 '한국철학'의 정체성과 '동양철학'의 연구 방법 등에 대해 광범위한 토론을 진행시켰다. 이러한 토론은 해가 갈수록 확장되어 1980년대에 한국에서 철학하는 많은 연구자들의 실제적인 문제의식으로 자리 잡아 갔다.13)

체계적으로 통치하기 위해 1923년 '경성제국대학'을 설립하였는데, 1926년에 '철학과'가 창설되면서 이른바 '강단'철학이 시작되었다. 경성제대 철학과에서는 일본인인 高橋亨이 전통철학을 담당하였다. 한편 경성제대 철학과 출신들은 1929년과 1933년에 각각 『新興』과 『哲學』 등의 잡지를 발간하여 민족의식을 고취하려고 노력했지만, 많은 한계를 노정시켰다. 이 무렵 우리나라 철학계에 영향력을 비교적 많이 끼친 서양철학의 사조는 '독일관념론'과 '실존주의'이다. 또한 우리나라 사상계는 1920년대에 제국주의의 불의와 맞서고 민중의 권리를 고양시키려는 사상적 대안으로 '마르크스주의'가 수용되기도 했다. 특히 1930년대 신남철과 박치우 등은 당시에 드러난 문제들에 대해 실제적인 문제의식으로 접근하기도 했다.

13) 16명(박종홍·이명현·이규호·신오현·김재권·이상은·윤사순·이완재·이남영·황준연·길희성·심재룡·성태용·변규룡·김용정·김여수 등)의 철학자들에 의해 18편이 수록된 『한국에서 철학하는 자세들—철학연구 방법론의

이러한 연구 풍토는 1980년 '광주 민중항쟁'과 1987년 '6월 항쟁'을 경험한 상당수 젊은 연구자들에게 발전적으로 흡수되었다. 그들은 철학의 진정한 역할이 무엇인지에 대해 고민하면서, 철학은 시대 문제를 해결하기 위한 사유 체계의 확립이자 실천 활동이라는 공통된 인식 아래, 과학적 세계관으로 현실에 대해 설명하고 현실을 변혁하기 위한 사회적 실천을 중시했다.14)

　1980년대 말부터 1990년대 초, 현실 변혁을 외치던 연구자들의 이론적 배경의 하나로서 '사회주의' 이론을 실현하는 것으로 생각했던 구소련을 비롯한 동구의 '현실사회주의' 체제의 붕괴는 한국의 철학계에도 영향을 주었다. 사회 변혁을 외치던 연구자들의 사상적 방황이 증가하였고, 유럽에서 발생한 '포스트모더니즘'적 사상이 급속하게 수용되면서 '동양철학'의 일부 사조와 결합시키려는 풍조도 형성되었다.

　그러나 1990년대 중반부터 상당수의 연구자들('동·서양'철학계)은 그간 비주체적인 자세로 수입 철학에 의존하거나 맹목적인 원전 중심주의를 지향함으로 인해 우리의 실제적인 문제에 대해 소홀히 한 점을 반성하면서, 바람직한 '한국철학'의 방향을 모색하기 위해 노력하고 있다.15)

한국적 모색』(집문당, 1986)은 이러한 토론이 집약되어 나타난 연구서이다. 이 책은 이른바 다양한 전공의 '동·서양'철학자들이 한국철학의 가능성 문제, 한국철학의 정체성 문제, 동양철학의 연구 방법 문제, 한국철학과 세계 철학의 관계 문제 등에 관해 집필된 자료 가치가 풍부한 학술서이다.

14) 1989년에 창립한 '한국철학사상연구회'는 이러한 이념을 실현하고자 하는 학회 중 하나이다. 이 학회는 '형이상학적 세계관'을 중심으로 하는 기존의 일부 철학회와 차별을 선언하고, '역사적·사회적 삶을 기반으로 우리의 철학을 모색'하면서 활동하고 있다.

3. 연구 방법의 특수성과 보편성

지난 수십 년간 이른바 한국의 '동양철학'계에 종사하는 상당수 연구자들은 이른바 '서양철학'에 종사하는 적지 않은 연구자들이 한국철학계의 주류를 형성하면서 '동양철학'의 가치를 폄하하거나 경시한 것으로 평가하고,16) '동양철학'에 대한 '서양철학'자들의 이러한 견해의 문제점을 지적하며 '서양철학'과 구별되는 '동양철학'의 특성과 연구 방법에 대해 논구해 왔다.

그런데 '동양'과 '서양'의 차이에 대해 논한 것은 최근에 시작한 것이 아니다. 일찍이 노스롭(『동양과 서양의 만남』, 1946)과 나까무라 하지메(『동양인의 사유 방식』, 1964)는 '서양'은 과학적 · 경험적 · 합리적 · 실제적 · 현세적이고, '동양'은 시적 · 직관적 · 신비적 · 몽상적 · 초월적이라고 이분법적으로 구획하였다.17)

---

15) 한 예로 『해방 50년의 한국 철학』(철학과현실사, 1996) 집필진들은 이러한 문제의식을 반영하여 "사상적 민족주의와 서양식 보편주의가 서로 아무런 주고받음도 없이 평행선만 걸어온 지금까지의 양상이 앞으로도 되풀이되어서는 곤란"(머리글)하다는 인식 아래, "맹목적인 답습과 모방"의 문제를 지양하고 새로운 사상의 탄생을 준비해야 할 것으로 생각하고 있다.
16) 이완재, 『동양철학을 하는 법』, 소강, 1997, 57면; 이남영, 「동양철학─그 연구 방법의 두 가지」, 『한국에서 철학하는 자세들』, 집문당, 1986, 157면과 황준연, 「동양철학 연구할 때 생각할 몇 문제」, 같은 책, 176면 그리고 심재룡, 「서양에서 본 동양철학의 모습」, 같은 책, 320면; 홍원식, 「방법으로서 동도동기 그리고 참다운 동서 만남을 고대하며」, 『동양을 위하여, 동양을 넘어서』, 예문서원, 2000, 10~12면; 이승환, 「다름의 존중과 다양성의 철학을 위하여」, 『동양을 위하여, 동양을 넘어서』, 예문서원, 2000, 26~27면; 김성환, 「동양 논쟁의 허와 실」, 『오늘의 동양사상』 제5호, 예문서원, 2001, 41~42면 등 참조.
17) 심재룡, 「동양철학을 하는 두 자세」(『한국에서 철학하는 자세들』, 집문당, 1986,

이러한 이분법적인 구도는 '동양'과 '서양' 각각의 내부에 형성된 다양한 특성과 '동양'과 '서양'의 중첩된 특성을 고려하지 않고 단순화시키는 오류를 범했음에도 불구하고, 이후의 철학자들에 의해 각각의 특성에 대해 보충하거나 생략하면서 내포와 외연을 보완하고 확장하는 가운데 한국의 철학계에 영향을 미쳤다. 그리고 이러한 이분법적 구도는 학자들에게 자신의 목적에 따라 자의적으로 이용할 수 있는 빌미를 제공해주었다.

이것은 '동양철학'을 경시하는 '서양철학'자들에게 그들의 입맛대로 '동양철학'의 단점을 지적하는 무기로 활용되기도 하였고, 이들의 비난에 대한 반론의 임무를 자임하는 일부의 '동양철학'자들에게 '서양'과 '동양'은 다르기 때문에 '서양철학'의 기준으로 '동양철학'을 재단해서는 안된다는 방어적 논리로 활용되기도 했다.

'동양철학'을 경시하거나 무의미성을 주장하는 사람들은 '동양철학'에 대해 비논리적이고 신비적이며 모호한 방식으로 일관하기 때문에 무슨 말을 하는지 모르겠다는 식의 비판을 가하기 일쑤다. 그리고 이에 대해 반론을 제기하는 사람들은 '서양철학'에 대해 이성 중심주의로 인한 차가운 태도, 기계론적 자연관에 의한 생태계 파괴 등의 문제점을 지적하고, 체득을 통한 깨달음과 인간과 자연의 합일과 생명을 중시하는 '동양철학'의 특징을 지적하면서 '동양철학'은 '동양철학'의 연구 방법으로 접근해야 한다고 주장한다.

나는 이들의 이러한 논리 방식에 다음과 같은 문제가 있는 것으로 생각한다. 첫째, 이들의 논리는 표면적으로 공간적인 차이와

244면 참조)와 「서양에서 본 동양철학의 모습」(같은 책, 339면 참조)에서 재인용.

문명의 차이를 존중하는 듯하면서도 더 구체적이고 분화된 공간
과 문명의 차이를 존중하지 않는 듯하다.[18] 이들의 논의에 나타나
는 '서양'과 '동양'은 우선 공간과 그 공간에서 형성된 문명의 의
미가 기본이다. '서양철학'과 '동양철학'은 '서양'이라는 지역과
'동양'이라는 지역에서 발생하고 통용되면서 그 사회 구성원들의
사유 체계 성립을 기본 내용으로 하고 있다. 비록 각각의 내용이
그 분야에 종사하는 사람들에 의해 다른 지역으로 옮겨져 그 지역
의 문화에 유기적으로 결합할지라도 질적으로 완전히 다른 새로
운 내용이 아니라면 사람들은 일반적으로 그 내용을 기존의 범주
에 소속시킨다.

　그러나 문제는 '동양'과 '서양'의 특징을 뭉뚱그려서 이분법적
으로 규정할 경우, '동양'이나 '서양'에 속하면서도 각각의 내부에
존재하는 다양한 이론 편차에 대해 설명하기가 어려워진다. 예를
들어 한국·중국·일본·인도·이란·이라크·이스라엘·인도네
시아·태국 등은 지리적으로 '동양'에 속하지만, 각 나라의 사상이
모두 동일한 것은 아니다. 그리고 독일·영국·프랑스·이탈리
아·그리스·미국 등도 지리적으로 서양에 속하지만 그들 사상이
모두 동일한 것은 아니다. 이런 문제점을 인식하기에 '동양'이나

---

18) 지구가 둥글다는 관점에 입각하면 지구의 어느 곳이든 자신이 서 있는 곳이
　　중심이 된다. 자신의 입지를 중심으로 '동'과 '서'와 '남'과 '북'이 구별된다. 이
　　것은 '동서남북'의 방향 설정이 태양계의 운행이라는 사실에 대한 지구인의 인
　　식으로 인한 사회적 약속임을 말해준다. 그러나 현재 철학계에서 논의되는 '동
　　양'과 '서양'의 의미는 이러한 소박한 의미라기보다 '오리엔탈리즘'의 관점에 의
　　해 유럽과 미국을 중심으로 하는 '서양' 중심주의에서 나온 것임은 부인하기 어
　　렵다.

'동양철학'의 옹호를 주장하는 연구자들 중, 일부는 '서양철학'에 대해 주로 근대화 과정 이후 이성 중심주의 철학이 정립된 측면에 대해 한정하고, '동양철학'이라고 할 때 주로 '한국·중국·일본' 철학이나 '한국·일본·중국·인도'철학 혹은 '한국·중국'철학과 같은 지역을 근거로 하는 경우와 '유가·불교·도가' 등의 학파 중심으로 범위를 제한하기도 한다.

그러나 각각의 범위를 이와 같이 좁힌다고 해서 문제가 모두 해결되는 것은 아니다. 왜냐하면 이른바 '서양철학'의 면면에 흐르는 내용 중 지리적으로 '동양'에 속한 이스라엘이나 이란에서 발생한 철학 내용이 적지 않게 스며들어 있기도 하고, 이른바 '동양철학'의 내용 가운데에도 '서양'과 교류하면서 형성된 부분이 스며들어 있기 때문이다. 그리고 좁혀진 나라들 사이나 학파 사이의 철학 내용이 모두 동일한 것은 아니다.

둘째, 같은 범위에 해당하는 철학 내용이라 할지라도 시간의 흐름에 따라 차이가 발생할 수 있음을 중시하지 않는 듯하다. 이른바 철학 내용은 '동양'이든 '서양'이든 각 내용에 따라 시대가 흐름에도 불구하고 고유한 성질이 유지되기도 하지만, 시대의 흐름에 따라 내용이 전이되거나 사장되는 경우도 있다. 그리고 어느 철학 내용은 일정 기간 사장된 듯하다가 어느 시점에 다시 왕성하게 활용되기도 한다. 문제는 자신이 지지하는 철학 내용이 역사를 초월할 수 있는가, 아니면 역사의 제한을 받고 있는가에 대한 부분이다. 서양철학사는 플라톤 철학의 아류라고 생각하는 화이트헤드 식의 관점, 절대 정신의 자기 현현을 주장하는 헤겔의 관점, 신의 절대성을 주장하는 기독교사상의 관점, 천리의 보편성을 주장하는 성리학자들의 관점 등은 역사를 초월하여 어느 시대에도 적용될 수 있음을 주장하는 절대적 보편주의의 관점이다. 이러한 관점은 역사의 과정에도 불구하고 자기 동일성을 확인하는 면에서 의미가 있을 수 있지만, 역사의 과정에서 질적으로 다른 새로운 면이 발생하고 발전한다는 주장과 논리적인 충돌을 일으킨다.

지리적으로 서양에 속하는 '유럽'에서 발생하고 유럽과 아시아와 아메리카 등에서 영향력을 행사했던 마르크스주의 철학은 역사를 초월할 수 있는 철학은 없고 모든 철학은 역사 안에서 생멸하는 것이라고 했다. 또한 중국 전통철학의 집대성자로 평가받는 왕부지 역시 인간 본성의 불변을 주장하는 성리학자들의 견해를 비판하며 인간의 본성은 날마다 생성하고 날마다 이루지는 것이라고 했다.[19]

이와 같이 이른바 '서양철학'과 '동양철학' 내부에는 철학 내용이 시간에 따라 불변한다는 이론과 시간에 따라 변한다는 이론이 병존하고 있다. 이러한 점에 유의하여 논리를 전개할 필요가 있다.

셋째, '서양철학'이나 '동양철학' 내부의 다양한 학파나 이론의 관점에 따라 철학 내용과 연구 방법이 다름에 대해 주의하지 않는 듯하다. '서양철학'의 범주에 해당하는 다양한 학파나 철학자들이 반드시 동일한 관점과 동일한 연구 방법으로 연구한 것은 아니다. 예를 들면 이른바 '서양철학' 내용 중, 논리실증주의자들이 논증을 중시한 것에 비해 베르그송이나 딜타이 등의 생명파들은 직관을 중시했고, 베이컨은 경험을 중시했지만 데카르트는 이성을 중시했

---

19) 이철승, 『유가사상과 중국식 사회주의 철학』, 심산, 2002, 88면 참조.

으며, 포스트모더니스트들은 이성 권력의 횡포를 비판했고, 노직은 자유와 평등의 양립 불가능성을 주장하지만 롤즈는 차등과 공제의 원칙을 말하면서 자유와 평등의 양립 가능성을 말했고, 마르크스주의자들은 평등의 실현이 곧 자유의 확대라고 주장했으며, 환경 문제를 해결하기 위한 대안에서도 과학기술지향주의자들과 커머너, 제레미 리프킨, 안 네스, 에머리 등의 생태론자들과 머레이 북친을 중심으로 한 사회생태론자들의 해결 방안이 다르고, 밀레토스 학파와 엘레아 학파, 소피스트와 소크라테스, 헬레니즘과 헤브라이즘, 보편논쟁과 유명론, 실존주의와 과학주의 등의 관점 차이가 보여주듯 존재론·인식론·가치론·방법론 등 다양한 면에서 차이가 있다. 이와 같은 현상은 이른바 '동양철학' 내부에도 풍부하게 존재한다. '천(天)'에 대해 유가와 묵가와 도가가 관점의 차이를 보일 뿐 아니라 같은 유가 안에서도 맹자와 순자의 차이가 있으며, 인간 본성의 선악(善惡) 문제에 대한 성선설·성악설·성무선무악설·성유선유악설·성삼품설 등의 차이, 리(理)를 중시하는 성리학자들의 태도에 대해 '리로 사람을 죽인다'고 설파한 대진 철학 사이의 차이, '기(器)'에 대해 '도(道)'의 우위성을 주장하는 성리학자들의 태도에 대해 '도(道)'는 '기(器)'의 조리에 불과할 뿐이라고 주장하는 왕부지 철학간의 차이, 성리학자들과 양명학자들의 관점과 방법론의 차이, 인욕을 제거하고 천리를 보존하자는 사람들과 인욕과 이익(利)의 긍정을 주장하는 사람들간의 차이, 양수명을 비롯한 상당수 현대신유가들의 직관 중시 방법과 논증을 중시하는 애사기 철학간의 차이, '한국철학사'에 나타난 이황과 기대승 사이에 전개된 사단칠정 논쟁, 이간과 한원진 간에 전개된 인물성동이 논쟁, 성리학과 실학자들 사이에 나타난 관점과 방법의 차이, 같은 실학자의 범주에 속하면서도 중농주의적 관점이 아닌 중상주의적 관점을 지녔던 박제가 사상의 특징 등 실로 많은 차이가 있다.

이와 같이 '동·서양철학사'의 내부에 형성된 다양한 학파의 이론은 '동양철학'과 '서양철학'의 특징을 단순하게 조합하거나 분리시키는 것을 허용하지 않는다. 차이를 뭉뚱그려 드러내는 방식의 위험성에 주의해야 하겠다.

넷째, 주로 이른바 '동양철학' 옹호론자들에게서 나타나는 현상인데, '서양'의 보편주의의 확대가 빚어내는 패권적인 요소를 날카롭게 지적하는 것과 달리, '중국'의 보편주의에 대한 문제 제기에서 약한 측면이 있다. 오늘날 '동양철학' 옹호론자들이 말하는 '동양철학'의 범주 속에 비록 한국이 포함될지라도, 그 근원은 대부분 농경 사회를 배경으로 하는 '중국'에서 발생하고 중국에서 통용된 것이다. 그 내용이 비록 근대 이전의 한국사회를 구성하는 사람들의 의식 구조에 광범위하게 형성되었던 것이라고 할지라도, 그것이 더 이상 농경을 중심으로 하는 사회가 아닌 오늘날의 한국 사람들에게 어떻게 기능하고 있는지에 대해 구체적으로 설명해야 한다. 또한 과거 우리 조상들의 의식 구조 속에 형성된 전통사상의 내용과 중국인들의 사유 내용이 어떤 점에서 일치하고 어떤 점에서 차이가 있는지를 규명해야 할 것이다. 그리고 여전히 중국 전통의 사상이 오늘날 우리에게 의미 있는 보편적 사상으로 받아들여져야 한다면, 그 내용과 많은 한국인들이 이른바 '서양'사상의 영향을 받아 그들의 보편적인 가치로 받아들이는 내용과 어떤 차이와 공통점이 있는지도 규명해야 할 것이다.

나는 '서양'에 대해 '동양'이 상대적인 개념이듯이 '중국'에 대해 '한국' 역시 상대적인 개념으로 생각한다. 역사적으로 우리는 오랜 기간 '중국'의 문화와 사상의 영역에서 자유롭지 못한 점이 있다. 특히 전통사회에서 우리의 '철학' 내용 중 상당 부분은 '중국'의 '철학' 내용을 수용하여 왔다. 우리의 선배 철학자들 중에서 적지 않은 사람들이 우리의 실정에 맞는 철학을 구축하기 위해 노력했지만, 상당수 철학자들은 '보편적 도덕주의'의 관점에서 중국의 선인들이 구축한 이론을 우리 역시 배우고 따라야 할 인류 보편의 가치로 설정하곤 했다. 그러나 더 엄밀하게 살펴보면 중국 선인들의 보편주의적 도덕관 역시 적지 않은 부분에서 중화민족 중심의 '중화주의'사상을 배경으로 하고 있다. 이러한 관점에 입각하면 우리는 그들의 주변부로 전락한다. 이러한 논리는 주변부에 해당하는 사람들에게 '중심'의 권리를 허용하지 않는다. 주변부와 중심은 평등한 관계가 아니라, 제자와 스승·신하와 군주·동생과 형의 위치 등으로 설정된다. 보편주의적 윤리나 도덕 내용 역시 형식적인 면에서 주변부와 중심부가 평등한 것처럼 보일지라도, 실제적으로 적용될 때 중심부 중심의 보편주의로 전락하는 경우가 많다.

나는 '서양'이 자의적으로 '서양' 중심의 보편주의를 내세우면서 '동양'을 특수로 규정하고 '동양'의 특성을 무시하는 것을 비판하는 것 못지 않게, '중국'의 보편주의로 인해 '한국'의 특성이 경시되는 면에 대해서도 비판해야 한다고 생각한다.

따라서 나는 '서양'의 패권을 비판하며 '동양' 옹호론을 주장하는 사람들이 이러한 면에 대해 명쾌하게 답변하지 않는다면, 그들 역시 근대 전환기 유럽 문명의 수용 문제에 대해 '동양 정신'의 우월성과 '서양 문명'의 천박성을 주장하던 학자들과 본질적으로 다르지 않다는 평가를 받을 수도 있을 것이라고 생각한다.

4. 시대 문제와 '철학'의 역할

나는 최근의 일부 '동양'담론에 대해 '철학'은 없고 다만 '동양적' 철학과 '서양적' 철학만 있을 뿐 양자 사이를 매개할 '철학'이 없음을 한탄한 이진우의 지적과[20] 철학적 작업의 중요성은 텍스트의 발생적 연원이나 정치적 동기에 의해 좌우되는 것이 아니기에 '동서 철학'의 구별보다 훌륭한 철학과 훌륭하지 못한 철학의 구별이 중요하다고 말하는 임홍빈의 지적[21]에 대해 음미할 필요가 있다고 생각한다. 나는 지금 우리들에게 더욱 절실한 것은 '동양'이나 '서양'을 기계적으로 구분하는 방식이 아니라, 우리 앞에 생생하게 펼쳐진 문제를 분석하고 문제에 대한 대안을 찾는 일이라고 생각한다.

---

20) 이진우, 「논증을 거부하는 직관의 동양담론」, 『오늘의 동양사상』 제5호, 예문서원, 2001, 46~47면 참조.
21) 임홍빈, 「나는 과연 서양철학자인가」, 『오늘의 동양사상』 제6호, 예문서원 2002, 305면 참조

나는 만일 어떤 사람이 기계적인 이분법적 구도에 입각하여 '서양'의 보편주의에 당했던 데 대한 울분의 심정으로 담론에 참여하면서 '동양'의 이름으로 '서양'을 누르고 '동양'식의 세계를 구축해야 한다고 주장한다면 그러한 주장은 감정의 정화 측면에서 효과가 있을지 몰라도 생산적인 결과를 도출하기는 어려울 것으로 생각한다. 왜냐하면 '동양'과 '서양'이라는 이분법적 구도 자체가 앞에서 살펴본 바와 같이 정치하게 구성되어 있지 않을 뿐 아니라 역사를 초월하여 고정될 수 있는 것도 아니기 때문이다. 또한 담론이 권력으로 전이될 경우, 담론이 제기했던 기본 문제가 본질적으로 해결되기보다 또 다른 권력의 등장으로 인해 기본 내용이 와전되거나 곡해될 수 있기 때문이다. 그리고 구체성이 결여된 상태에서 추상적으로 구축하고자 하는 당위론적인 내용이 현대에 드러나는 모든 문제를 해결할 수 있는 핵심적 대안이라고 생각하지 않기 때문이다.

나는 한국 현대철학사에서 이른바 '서양철학'에 해당하는 상당수 사람들이 철학 권력의 중심부를 형성하면서 이른바 '동양철학'을 경시한 점이 있음을 지적하는 '동양철학' 옹호론자들의 주장이 사실이라고 생각한다. 이것은 분명 한국 현대철학사에 나타난 문제이다. 이러한 '서양' 우월주의는 이민족의 침략이라는 한국 현대사의 질곡에서 타의적으로 형성된 내용인 데도 불구하고, 해방 후에도 여전히 무비판적으로 수용되고 확대되었다는 점에서 주체성 결여라는 문제를 드러냈다. 실제를 중시하는 사유 체계와 일정 정도 차이를 보였던 관념론적 경향의 '서양철학' 확산은 정책 담당자들에 의해 추진된 산업화 과정에 나타난 각종 소외 문제에 대해 능동적으로 대처하지 못하는 면을 드러내기도 했다. 그러면서도 그들 중 상당수는 시민의 자유주의적인 관점에서 철학 이론을 소개하고 전파했다.

자유주의에서 '시민'은 생산 수단의 사유화 정책에 의해 생산 수단을 많이 소유한 유산자들을 의미한다. 이러한 사회에서는 생산 수단을 소유하지 못한 민중의 자유가 제한될 수 있다. 개인과 개인 사이의 형식적인 평등이 인정될지라도, 사회적인 적합한 장치가 마련되지 않는다면 사회 구조적인 면에 의해 소수의 유산자와 다수의 무산자가 형성될 수밖에 없다. 이러한 사회에서는 유산자의 자유가 확대되는 것과 달리, 무산자의 자유가 제약될 뿐 아니라 인격의 소외 현상이 발생한다.

따라서 철학이 이러한 사회 구조적인 측면을 중시하지 않고, 추상적이고 보편적인 이론으로 사회를 통합하려고만 한다면 그러한 통합은 진정한 통합이 아니라 언제 터질지 모르는 불안한 봉합이다. 자유주의는 바로 소외된 사람의 관점에서 철학을 이야기하는 것이 아니라, 경제적인 부를 확보한 사람들의 관점을 지지한다.

특히 요즘 '세계화'라는 이름으로 지구촌을 휩쓸고 있는 '신자유주의'는 '자유주의'보다 더 심하게 생산 수단을 소유하지 못한 민중들의 삶을 고달프게 만들고 있다. 자신의 의지에 관계없이 사회 구조적으로 형성되면서 나타나는 민중의 소외 현상에 대해 철학이 외면해도 되는가. 구소련과 동유럽의 현실사회주의가 망했다고 해서 자유주의 이념에 의해 소외받는 민중들의 인권이 방치돼도 되는가. 비록 계급적 구분에 의해 목숨 걸고 적대적으로 투쟁하는 방식은 아닐지라도, 현대의 철학자들이 이에 대한 대안을 찾는 노력을 해야 하지 않을까. 이것은 어느 한 나라에서만 일어나는 현상인가. 이것은 이른바 '서양철학'이나 '동양철학' 중 어느 한 진영의 문제인가. 우리 철학계의 공동 문제의식으로 삼을 수는 없는가. 여기에 '동양'과 '서양'이라는 이분법적 구도를 아우르고 넘어서는 '간 큰' 방안이 필요하지 않겠는가.

나는 오늘날 전 지구적으로 나타나는 환경 파괴 문제 역시 인간과 자연의 단순한 대립 구도로 보기보다 소유욕에 사로잡힌 인간과 인간의 대립 구도에서 빚어진 것이라는 사회 생태주의자들의 주장에 귀 기울일 필요가 있다고 생각한다. 그리고 이 문제를 해결하기 위한 대안에서도 '자연으로 돌아가라'는 심층 생태주의자들의 주장이나 도덕주의를 전제로 하는 인간과 자연의 합일(天人合一) 혹은 자연에 귀의하는 인간의 모습 등을 말하는 '동양'의 일부 사상에 문제가 있는 것으로 생각한다. 이들의 사상은 커머너의 주장에서 드러나듯 '자연이 가장 잘 알고 있다'는 면과 천(天)은 '선(善)'이라는 내용을 전제한다. 그리고 극단적으로 갈 경우 인간의 역사 과정에서 형성된 인간의 문명을 부정하는 논리가 나올 수 있다. 이렇게 되면 인간은 환경 파괴에 의한 문제보다 자연 재해나 자연의 위협 혹은 약육강식의 자연 질서에 의한 피해에 대해 숙명적으로 받아들일 수밖에 없는 상태에 빠질 수 있다. 인간의 역사는 이러한 문제를 극복하는 과정에서 과학기술을 활용하면서 문명을 형성해 왔다. 나는 자연을 파괴하는 과학기술을 옹호하는 것이 아니다. 자연과 공존할 수 있는 과학기술조차 폐기하라고 주장할 경우 나타나는 역기능에 대해 우려하고 있는 것이다.

따라서 나는 심층 생태주의적 방법과 이러한 생태주의와 결합하려는 일부 '동양철학'적 이론에 대해 부분적인 의미는 있을지라도 종합적인 대안이 되기에 역부족이라고 생각한다. 나는 이익 확보를 위해 탐욕의 눈으로 자연을 개발하려는 사람들이 과학기술조차도 자연을 파괴하는 방면으로 사용하는 데에 더 큰 문제가 있는 것으로 생각한다. 나는 사회 생태주의자들이 이 점을 잘 본 것으로 생각한다. 그리고 중국 전통철학자 중에서도 이 문제에 대해 좀더 실제적으로 접근한 사람이 있다. 왕부지는 단순하게 자연과 인간의 합일을 주장하지 않는다. 왕부지는 자연[天]과 자연의 이법[天道] 및 인간과 인간의 도리[人道]를 구별하며 인간의 도리를 다한 후에 자연의 이법과 통일해야 함을 역설했다.[22] 이것은 그가 인간과 자연이 아무 매개 없이 도덕주의적 관점이나 자연주의적 관점으로 귀속되는 것의 문제점을 지적하는 내용이다.

나는 오늘날 '세계화'라는 이름으로 '신자유주의'가 빚어내는 여러 문제 중, 우선 민중을 소외시키고 자연을 소외시키는 문제에 대한 대안을 찾는 면에 우리 철학계가 노력해야 할 것으로 생각한다. 이것은 이른바 '동양철학'이나 '서양철학'의 어느 한 분야에만 해당하는 것이 아니라, 함께 고민하면서 해결해야 할 문제라고 생각한다. 또한 이 문제를 해결하기 위해 이 시대는 철학계뿐만 아니라, 관련된 다양한 학계가 연합할 것을 요청하는 것으로 생각한다.

---

22) 이철승, 『유가사상과 중국식 사회주의 철학』, 심산, 2002, 81~92면 참조.

5. '동양'과 '서양'을 아우르고 넘어서며 '철학'하기

나는 또한 오늘날 한국의 일부 철학자들에게 나타나는 문제 가운데 하나는 자신이 왜 철학하는지에 대한 주체적인 문제의식의 결여라고 생각한다. 자신의 주체적이고 능동적인 문제의식이 약할 경우, 현실적이고 실제적인 문제에 대한 관심보다 비현실적이고 비실제적인 문제에 관심을 집중하는 경향이 있다. 또한 이러한 경우 원전에 대해 대상화시키지 않고 원전 속으로 자신을 담그는 것을 선호한다. 나는 원전을 소홀히 대하라는 것이 아니다. 원전에 대한 정확한 독해는 아무리 강조해도 지나치지 않다. 내가 강조하는 것은 원전의 내용과 오늘날의 문제의식이 아무런 매개 없이 모두 동일시 될 수는 없다는 점이다. 원전의 내용은 대부분 원전이 쓰여질 당시의 시대 문제를 해결하기 위해 구성된 것이다. 나는 현대의 관점만으로 고대를 자의적으로 재단해서는 안되는 것과 마찬가지로 고대의 관점을 현대에 무비판적으로 적용해서도 안된다고 생각한다. 고대 문명과 현대 문명은 내용에 따라 공통점과 차이점이 함께 존재할 수 있다. 이 부분을 연구자의 주체적인 관점으로 규명해야 할 것이다.

따라서 나는 오늘날 이른바 '동양'과 '서양'의 이분법적 구도에 의한 '땅따먹기'식의 감정 싸움이 중요한 것이 아니라, 오늘날 우리의 문화 속에 '전통'과 '현대' 및 '동양'과 '서양'의 사상적 요소들이 어떻게 유기적으로 형성되어 있는지를 밝히고, 이러한 내용이 오늘날 우리의 시대 문제에 어떻게 기능할 수 있는지를 탐구하는 것이 더 중요하다고 생각한다.

이러한 작업은 결국 형식주의적인 '동양철학'과 '서양철학'의 범주에 묶이는 것이 아니고, '동양 전통'의 사상적 요소와 '서양 전통'의 사상적 요소가 오늘날 한국에서 철학하는 사람들에 의해 변증법적으로 통일되어 당면한 시대 문제를 해결하기 위한 사유 체계의 확립과 실천 활동에 생산적으로 기여하게 될 것이다.

우리들의 『노자(老子)』 읽기를 위해

서구인의 『노자』 읽기를 돌아보며

김시천

1. 가로지르기—'지금 여기'에서 『노자』 읽기

지리적으로 동아시아에 속하고 역사적으로 한자문화권에 속한다는 사실은 우리에게 마치 『논어(論語)』나 『노자(老子)』가 지금도 자연스럽게 우리의 것이라는 착각을 심어주기가 쉽다. 하지만 두 문헌을 낳은 전통 중국사회에서조차 『논어』나 『노자』는 그 자체로 유통된 것이 아니라 시대에 따라 늘 새로운 언어, 새로운 해석을 통해 이해되고 이야기되었다. 그런 의미에서 보면, 주석이라는 경학적 학문 방식은 경전에 대한 새로운 해석이 아니라 현재의 삶과 고전의 만남을 가능하게 하는 가교라고 말할 수 있을 것이다.

그러한 만남을 통해 고전은 그 시대를 살아가는 사람들에게 무한한 활력과 창조의 에너지를 제공하였던 것이다.

더구나 과거 한문(漢文)을 통해 학문을 하던 전통사회와는 달리 전혀 다른 한글의 사용, 서구화된 삶의 양식, 시대적 간격과 역사적 단절이라는 우리들의 사회적·문화적·역사적 조건은 우리들에게 서구의 고전들보다도 우리의 전통적 고전들을 더 멀게 느껴지게 만든다. 이것은 곧 우리가 과거의 어느 때보다도 과거 우리들이 고전으로 일컬어 왔던 문헌들을 현재의 삶과 사유의 양식으로 소화하기가 어렵다는 것을 의미한다. 새로운 주석과 해석의 창출이라는 힘겨운 노력에 더하여 그것을 우리의 언어로 바꾸고 가로지르는 이중의 부담을 우리는 지고 있는 것이다.

이렇게 보면 애초부터 번역을 통해 주석과 해석을 해야했던 서구인들이 어떻게 동아시아의 고전을 이해하고 번역해 왔는가는 우리에게 자못 커다란 관심거리가 될 수 있겠다. 그렇다면 서구인들은 낯선 이국의 고전 『노자』를 어떻게 읽었을까? 우리와는 전혀 다른 문화·언어·역사·철학·종교를 지닌 서구인들에게 『노자』는 어떤 모습으로 비쳐졌을까? 그리고 지금 우리들의 『노자』 읽기와 서구인들의 『노자』 읽기 사이에는 어떤 차이가 있을까? 나는 여기서 거칠게나마 이와 같은 물음들에 대해 대답해보고자 한다. 서양인의 『노자』 읽기를 살펴보는 것은 간접적으로나마 우리들의 『노자』 읽기, 더 나아가 고전 읽기를 다시 되돌아보기 위한 우회로에 해당할 것이다.

18세기 말 이래 『노자』에 관심을 가졌던 서구인들의 『노자』 읽기에서 우리는 두 가지 주요한 시각을 찾아낼 수 있는데, 나는 이 두 가지 시각을 '거울'과 '프리즘'이라는 다소 은유적인 용어를 통해 묘사해보고자 하였다.

여기서 '거울'이란 은유는 18세기 말부터 20세기에 이르기까지 『노자』를 해석하고 번역해온 하나의 시각을 은유적으로 드러낸 것이다. 한편으로는 『노자』 속에서 기독교 교리를 발견함으로써 선교의 목적에 이용하고자 하는 거만한 시선과, 다른 한편으로는 서구 근대 문명의 몰락 속에서 수치심으로 가득한 눈으로 신비스러운 삶의 지혜를 찾고자 했던 야누스적인 이중의 시각이 바로 이 '거울'에 해당한다. 즉 『노자』가 위치하는 본래의 역사적 문화적 맥락은 상관없이 서구인 자신들의 얼굴을 그대로 비추는 '거울'로 『노자』가 작동하였음을 우리는 서구인의 『노자』 읽기를 통해 확인할 수 있다. 결국 이것은 오리엔탈리즘의 흔적을 말하는 것일 뿐이다.

이와 다른 또 하나의 시각을 나는 '프리즘'이라는 은유적 언어로 형상화하여 보았다. 이것은 1970년대 이래 그간의 학술적 축적 위에서 등장하는 시각으로서, 『노자』를 동아시아 본래의 역사적, 문화적 맥락 속에서 해석하고자 하는 진지한 접근을 가리킨다. 이 시각은 방법이나 도구에서 종교학·신화학·철학 등 다양한 학제적인 노력이 수반되지만 그 근저에는 『노자』라는 텍스트 자체의 역사적 의미 구조를 밝히는 것을 목적으로 한다. 새로 발굴된 텍스트들에 따라 편집 자체가 자유로운 것은 물론 해석과 번역이 자유롭게 이루어지고 있다. 그 결과 오늘날 서구 사회에서의 『노자』 읽기는 오히려 우리들의 『노자』 읽기보다 다채로운 면모를 보여준다.

그런데 재미있는 것은 현재 우리들의 『노자』 읽기가 서구인이 읽는 방식이나 내용과 별반 다를 것이 없다는 점이다. 『노자』에 나타난 철학적 사유를 기독교와 비교하여 그 다름을 말한다거나 아니면 근대 문명 사회의 역기능을 『노자』의 생태주의, 페미니즘적 사유의 흔적, 반문명론 등등의 사유와 연결시켜 읽는 해석들이 과연 우리 스스로 우리들의 삶과 어우러져 읽는 『노자』 이야기인가 하는 것은 자못 의심스럽다. 물론 이것은 서세동점이라는 19~20세기의 동아시아 역사가 빚어낸 어쩔 수 없는 결과인지도 모른다. 그런 의미에서 서구인의 『노자』 읽기를 살피는 것은 그 자체 우리들의 『노자』 읽기에 대한 반성이 될 수 있다.

　서구인들의 『노자』 읽기가 아무리 풍성하고 다채롭다 해도 그것은 우리에게 참고사항일 뿐 그 자체가 우리들의 『노자』 이야기가 되지는 못한다. 지난 한 세기동안 동아시아 사회가 근대화 또는 서구화라는 체질 변화에 끊임없이 몰두해 왔음에도 불구하고 우리 사회가 서구적 근대와는 다른 모습을 띠고 있듯이, 우리가 '지금 여기'에서 읽는 『노자』 읽기 또한 다른 얼굴을 지니게 될 것이기 때문이다. 이는 다시 말하면 서구적 근대성과는 다른 '또 하나의 근대성'으로의 탈주이면서 동시에 전통 고전과의 새로운 만남에 도달하려는 회귀의 모험, 곧 전통과 근대의 '가로지르기'[1]가 될 것이기 때문이다.

---

1) '가로지르기' 개념에 관해서는 이정우, 『가로지르기』, 산해, 2000(개정판) 또는 이정우, 『인간의 얼굴—탈주와 회귀 사이에서』, 민음사, 1999 참조.

2. 노자, 서방으로 가다!

  동아시아세계에서조차 노자는 참으로 기묘한 인물이다. 천하(天下)를 종횡무진으로 주유(周遊)하며 평생토록 역사의 궤도를 내달았던 공자(孔子)와 달리, 노자는 어느 날 갑자기 서방(西方)으로 사라져 버린 후 종적이 묘연해진다. 『사기(史記)』의 기록에 의하면, 그는 찬란한 대제국 주(周)의 중앙도서관장에 해당하는 벼슬을 지내다가 국운(國運)이 쇠하는 것을 보고서 마침내 벼슬을 버리고 떠나버린 것이다. 서방으로 출관하기 직전, 노자는 관령(關令) 윤희(尹喜)의 간청에 못 이겨 오천여 자로 된 『도덕경(道德經)』을 지어주고 떠나니 그 후로 아무도 그의 행적을 알지 못하였다고 한다. 노자는 이렇게 처음부터 희미한 전설의 안개 속에서 푸른 소를 타고 현실의 가치를 희롱하며 살아 온 현자로 그려져 왔다.

  한대(漢代) 이후 노자는 위대한 경전인 『도덕경』의 저자로 존경받았고, 도교(道敎)가 성립한 후에는 태상노군(太上老君)으로 신격화되며, 당대(唐代)에 이르러서는 당 황실의 선조로 숭앙되기도 하였다. 특히 그가 공자에게 예(禮)를 가르쳤다는 일화나 현실을 떠나 서방으로 가기 위해 함곡관(函谷關)을 나서는 이야기는 역대로 중국 문인(文人)의 창작 소재로 자주 이용되어 왔다. 예를 들어, 현대 중국의 위대한 문인 루쉰[魯迅]의 「관문 밖으로」나 꾸어 쿠어루어[郭沫若]의 「노자, 함곡관으로 돌아오다」와 같은 단편에서는 극히 희화화된 이야기로 다시 꾸며지기도 하였다. 이와 같이 노자는 동아시아의 역사 속에서조차 수많은 가면을 쓴 채 서사의 공간 속에서 기이한 삶을 살았던 것이다.

그런데 함곡관을 나서 서방으로 간 노자의 이야기가 거기에서 끝난 것은 아니다. 예를 들어 후한(後漢) 이래 유포된 것으로『위략(魏略)』「서융전(西戎傳)」에 따르면, 노자는 서쪽으로 함곡관을 나가 서역(西域)을 지나 천축(天竺)에 이르러 오랑캐를 교화하였다는 '노자화호설(老子化胡說)'이 널리 회자되기도 하였다. 그리고 19세기에 이르게 되면 다시 서구 사회의 여러 학자들에 의해 근 백여 년간이나 노자가 예수의 선구자였다는 생각이 낭만적 호응을 얻기도 하였다. 서구의 초기 번역자들에게『노자』는 삼위일체설과 성육신 사건 등 기독교적 계시가 기재된 놀라운 책으로 비쳐졌기 때문이다. 어쩌면 이런 재미있는 현상에 대해 우리는 '신노자화호론'이라 불러야 할는지도 모를 일이다.

서구 사회에서『노자』또는『도덕경』은 18세기 말에 처음 번역이 이루어진 이래 1990년대 초반까지 서구어로 된 번역본은 이미 250여 종을 넘어서며,[2]『○○의 도』혹은『도와 ○○』같은 제목을 단 서적이 1995년의 집계에 따르면 90여 종에 이른다. 아마도 이와 같은 숫자는 기독교의『성서』를 제외하면 세계사적으로 거의 유례를 찾아보기 어려운 경우에 속한다고 할 수 있다. 최근에는 오히려 이러한 '서구적(weternized)' 노자 열풍이 우리 사회로까지

---

2) Michael LaFargue and Juian Pas, "On Translating the Tao-te-ching", in *Lao-tzu and the Tao-te-ching*, edited by Livia Kohn and Michael LaFargue, Albany : State University of New York Press, 1998. 이 글에서는 1989년에 이루어진 왈프(Knut Walf)의『노자』 번역본 수의 집계를 소개하고 있는데, 이에 따르면 영어본 83종, 독어본 64종, 불어본 33종이라 한다. 그리고 이 글의 '부록'에서는 40여 종이 넘는 주요 영어 번역본의 목록이 소개되어 있다.

유입되고 있는 실정이다. 신과학 운동의 기수인 카프라의 『현대 물리학과 동양사상』이나 수리 논리학자인 스멀리안의 『도(道)는 말이 없다』 등의 번역 소개는 이러한 분위기를 잘 보여준다.

그런데 이쯤 되면 우리에게는 자연스럽게 다음과 같은 궁금증이 생겨난다. 과연 서구인들에게 『노자』와 같은 기이한 언어가 '올바르게' 이해될 수 있을까? 한자로 쓰여진 고대 동아시아 문헌을, 그것도 그 문헌을 잉태한 동아시아인에게조차 난해하기 그지없는 문헌을 서구인들은 과연 '제대로' 번역할 수 있는 것일까? 이 물음에 답하기 전에 우리는 먼저 스스로에 대해 이렇게 질문을 던질 필요가 있다. 불교가 처음 유입되었을 때 과연 동아시아의 선조들은 산스크리트어로 된 난해한 불교 경전을 '올바르게' 이해하고 '제대로' 번역했다고 말할 수 있을까? 적어도 우리가 솔직하다면 우리는 두 물음에 대해 공평한 태도를 취해야만 할 것이다.

따라서 우리에게 중요한 것은 '올바르게' 이해하고 '제대로' 번역했는가가 아니라 '어떻게' 읽었는가 하는 점이다. 서구 최초의 『노자』 독자와 번역자들은 선교적 관점에서 이해하고 번역하고자 하였다. 그들은 『노자』 속에 나타난 희미한 기독교적 계시에 경이로와 했고, 이를 자신들의 선교적 목적에 이용하고자 하였다. 하지만 세계 대전의 전란으로 서구적 이성이 회의의 늪에 빠지게 되자 서구인들은 타문명권의 갖가지 신비주의적 지혜 속에서 그러한 상황을 타개할 새로운 비전을 찾고자 하였다. 『노자』 또한 그러한 물결의 높은 파랑에 속하였다. 더욱이 서구 사회에 새로이 편입한 중국계 학자들에 의한 '중국적 지혜'의 포교 활동은 그러한 불길에 새로운 기름을 부어주는 계기가 되었다.

1990년대에 들어서면서 서구에서의『노자』연구는 이미 상당히 다채롭고 풍요로운 논의가 이루어지고 있는데, 물론 이것은 무엇보다도 영어가 세계 학술의 공용어 노릇을 하는 상황이 빚어낸 것이라 볼 수도 있다. 하지만, 그것은 200여 년에 걸친 서구인 자신의 끊임없는 노력의 산물이기도 하다. 따라서 서구인들의『노자』읽기를 살피는 일은 먼저 어떤 번역본이 어떠한 의도에서 번역되었는가를 조망해보아야 한다. 더불어 서구인들로 하여금 이러한 이해와 번역에의 도전을 가능하게 한 내적인 동력으로서, 다시 말해 서구인들이『노자』를 바라보는 시각의 근원에 자리하고 있는 관심의 정체가 무엇인가는 대단히 중요한 문제이다. '거울'과 '프리즘'이라는 은유적 용어는 바로 이러한 '서양인의 노자 읽기'의 특징을 가리킨다.

3. 서구세계의『노자』번역

주요 유가 경전들의 경우와 마찬가지로『도덕경』최초의 서구어 번역은 예수회 선교사에 의해 라틴어로 이루어졌다. 그리고 이 번역의 필사본이 영국왕립학회 회원이었던 매튜 레이퍼에 의해 1788년의 학회 모임에 소개되면서『도덕경』은 유럽 사회에 널리 알려지게 되었다. 이 번역본에서는 도(道)가 'ratio' 또는 '창조주이자 통치자인 신적 존재의 최고 이성'으로 받아들여졌다.[3) 예수회 선교사들이 이『도덕경』을 번역한 까닭은 성삼위일체와 화육신의 신비가 이미 고대 중국 민족에게까지 알려져 있었다는 것을 보여주기 위한 것이었다. 당시 선교사들 사이에서는『도덕경』속에 기독교 교리가 숨겨져 있다는 것이 상당히 인기 있는 논제 가운데 하나였는데, 최초의 번역본은 바로 이러한 분위기를 잘 반영하고 있다.

프랑스 파리에서 최초로 중국어 교수를 지낸 아벨－레무사의 도에 대한 이해는 이러한 면모를 잘 보여준다. 그는 중국인이 말하는 도는 마치 서구의 로고스와도 같이 "최고의 존재·이성·말(la parole)이라는 삼중의 의미를 지니고 있어 번역할 수 없는 것처럼 보인다"고 번역의 어려움을 고백하였고, 특히『노자』14장4)에 나오는 이(夷)·희(希)·미(微)의 세 한자는 기독교의 신 '야훼(Yahweh)'를 나타내는 히브리어 자음을 표상한다는 기괴한 주장까지 한 바 있다. 그러나 그의 제자였던 줄리앙은 "도에는 행위와 사유, 판단력, 지성이 없다"고 비판하고 도의 일차적인 의미가 '길(a way)'이라고 지적하면서『도덕경』이란 명칭은 "길과 덕에 관한 책"이라 번역해야 한다고 주장하였다.5)

---

3) James Legge, *The Texts of Taoism*, London : Trubner & Co., 1891. Translator's Introduction. 또한 다음 논문에도 초기의『노자』번역에 대한 정황이 간략하게 소개되어 있다. 이 논문은 이 글의 구성에 상당히 많은 도움을 주었다. Julia M. Hardy, "Influential Western Interpretations of the Tao-te-ching," in *Lao-tzu and Tao-te-ching*, edited by Livia Kohn and Michael LaFargue, New York, Albany : State University of New York Press, 1998.

4) "視之不見, 名曰夷; 聽之不聞, 名曰希; 搏之不得, 名曰微."(『老子』14장)

5) 레그의 서술에 따르면 아벨－레무사의 논의는 1820~1823년 사이에 이루어진 것이며, 줄리앙의 논의는 1842년에 같은 제목으로 나온 번역본의 서문에서 지적된 것이다. Stanislas Julian, *Le livre de la voie et la vertu*, Paris : Imprimérie Royale,

19세기에 『도덕경』의 서구 사회로의 소개는 이와 같이 서구인들에게 친숙하였던 기독교적 용어와 개념을 매개로 하여 이루어졌다. 예를 들어 1895년에 나온 알렉산더의 번역본은 『위대한 사상가 노자, 신의 본성과 현현에 대한 그의 사상에 대한 번역』[6]이라는 제목으로 되어 있다. 『도덕경』은 동아시아의 역사와 문화라는 고유한 문맥 속에서보다는 서구인들의 이해가 가능한 인식의 틀 속에서 소개되고 번역되었던 것이다. 곧 이러한 이해 방식은 동아시아의 낯선 텍스트의 이해라는 무거운 부담에서 벗어나 서구인 스스로의 얼굴이 비추어진 '거울'로 『노자』가 이용되었음을 의미하는 것이다. 두려움을 자아내는 낯선 것, 익숙하지 않은 것을 동일화하여 흡수하려는 오리엔탈리즘적인 시선이 거기에는 의식적으로든 무의식적으로든 깊게 자리하고 있는 것이다. 그러나 20세기에 접어들면서 이러한 방식은 새로운 방향으로 전환된다.

중국 고전어에 대한 해박한 지식을 바탕으로 수많은 중국 고전을 번역하였던 제임스 레그와 리하르트 빌헬름은 이러한 전환을 열었던 대표적인 인물들이다. 레그는 번역의 앞에 장문의 서문을 붙이면서 기존의 번역본들이 지나치게 기독교적인 연상을 일으킨다고 지적하면서, 중국의 전통적인 주석에 입각한 번역을 제시한다. 예를 들어, 『노자』 42장의 "도는 하나를 낳고, 하나는 둘을 낳고, 둘은 셋을 낳고, 셋은 만물을 낳는다"[7]는 유명한 구절의 의미

1842.

6) G. G. Alexander, *Lao-tse : The Great Thinker with a Translation of His Thoughts on the Nature and Manifestation of God*, London : K. Paul, Trench, Trubner & Co., 1895.

7) "道生一, 一生二, 二生三, 三生萬物."(『老子』 42장)

를 설명하면서 레그는 『여조도덕경해(呂祖道德經解)』·『도덕진경합해(道德眞經合解)』·『회남자(淮南子)』 등 여러 문헌과 주석, 그리고 사마광(司馬光)의 견해를 소개하면서 상당히 다양한 이해의 가능성을 열어둔다.[8] 레그의 번역본이 지닌 장점은 전체적으로 도교적인 맥락을 상당히 잘 살리고 있는 것으로 보인다.

중국의 전통적 이해 방식에 기초하여 번역을 하였다는 점에서는 같지만, 빌헬름의 번역은 레그의 것과는 차이가 있다. 웨일리에 따르면 고전을 번역하는 방식은 크게 두 가지가 있는데, 하나가 '경학적' 방식이라면 다른 하나는 '역사적' 방식이다. '역사적' 방식이란 처음 텍스트가 성립되었을 당시에 그것이 무엇을 의미하였는가를 추적하려는 것이라면, '경학적' 방식이란 시대를 넘어서서 그 텍스트를 사용하는 사람들에게 그것이 의미하는 바를 말하는 것이라 구분한다. 그리고 이러한 '경학적' 번역의 대표로 웨일리는 빌헬름의 『역경』과 『노자』 번역을 꼽는다. 즉 빌헬름의 번역은 빌헬름이 베이징에 체재하던 20세기 초 중국 문인에게 그것이 어떤 의미로 읽혀졌는가를 살필 수 있는 번역이라는 것이다.

웨일리의 유명한 『노자』 번역인 『길과 그 힘』(1934)은 스스로가 '최초의' 역사적 번역이라고 하듯이, 고대 중국의 맥락에서 텍스트

---

8) 레그의 이 『노자』 번역은 『노자도덕경하상공장구(老子道德經河上公章句)』에서 유래하는 각 장의 제목을 모두 번역하고 그 의미를 풀이해주고 있다. 예를 들어 제6장의 「성상(成象)」에 대해, '물질적 형상의 완성(the Completion of Material Forms)'이라 번역하고 그에 뒤이어, "이 제목은 불가사의한 이 편의 취지를 바르게 표현해주고 있다. 또한 거기에는 호흡 또는 기(氣)의 운용을 통해 생명을 연장하는데 골몰하였던 후대 도교 발전의 정초가 마련되어 있다"와 같은 식으로 해당 제목의 의미에 대해 친절한 설명을 제시하고 있다.

의 의미를 추적한다. 웨일리에 따르면, 『도덕경』이란 문헌은 점복(占卜)과 제사를 매개로 한 종교로부터 개인의 도덕적 자율성에 대한 자각으로 전이하던 당시의 일반적인 관심을 공유하고 있는데, 『도덕경』은 그러한 자기 수양을 주장하는 사람들 가운데 특히 무욕·겸손함·수동성·낮춤·불완전성·직관 등이 갖는 힘을 자각하였던 사람들의 목소리를 대변하는 문헌이라는 것이다. 웨일리는 더 나아가 『도덕경』에 나타난 신비주의를 인도의 요가 수행에 견주면서 신비주의의 역할을 강조하기도 한다. 각 장의 주석에서 웨일리는 이러한 도가적 신비주의를 당시 법가(法家)로 대표되는 현실주의자(the realists)의 사유 방식과 대비시키면서 『도덕경』의 역사적 의미를 극명하게 부각시킨다.

웨일리의 뛰어난 번역이 이루어지던 때를 전후로 한 시기는 서구 사회에서 중국의 도가(道家)와 도교(道教)에 대한 연구가 비약적으로 발전하던 시기이기도 하다. 프랑스 출신의 중국학자였던 그라네와 마스페로, 미국 출신의 크릴 등의 주목할 만한 연구가 쏟아져 나왔고, 이에 더하여 중국 출신의 학자들 곧 린 위탕[林語堂], 펑여우란[馮友蘭]의 저술들이 유행하였으며, 영국 출신의 중국 과학사가인 니덤의 저술이 나온 것도 이 시기이다. 주목할 만한 것은 이 시기에 에르케스가 하상공(河上公)의 주석을 포함한 『노자』를 번역한다는 사실이다. 그리고 1960년대에는 그 이후 학술 논문에서 주로 인용되는 두 번역본이 중국계 학자 찬과 라우에 의해 이루어진다.

1970년대 이후의 『노자』에 대한 연구와 번역은 1973년에 중국 마왕뚜이[馬王堆]에서 새로운 『백서노자(帛書老子)』가 발굴되면서 전혁 새로운 단계로 진입하게 된다. 우선 『노자』와 그에 대한 주석서가 별개로 취급되면서 『노자』의 원의를 추적하려는 작업과 주석에 바탕하여 시대적인 노자 읽기를 해명하려는 시도로 크게 양분될 수 있다. 전통적으로 가장 많이 읽혀지던 왕필(王弼)의 주석은 이미 1970년대에 두 종의 번역이 나와 있고, 『백서노자』의 경우에는 여러 종류의 번역이 있으며 최근 발굴된 『죽간노자(竹簡老子)』[9]에 대한 번역본까지 이미 나와 있다. 그리고 이러한 학문적인 유행 속에서 수많은 대중적, 전문적인 번역이 1990년대 들어 수없이 시도되고 있는데, 이들은 대개 전통적인 하상공본이나 왕필본의 체제에서 벗어나 자유롭게 편집되어 번역되고 있다.

4. 『노자』와 서구세계

우리는 지금까지 서구세계 — 물론 주로 영어권에 해당되는 것이지만 — 에서 『노자』가 번역되어 온 역사적 과정에 대해 간략하게 스케치해보았다. 서구인들이 지속적으로 『노자』의 연구와 번역에 매달렸다는 기이한 현상은 제쳐두더라도 수없이 많은 번역본의 숫자만으로도 우리는 놀라지 않을 수 없다. 더구나 이런 현상

---

9) 1993년에 중국의 꾸어띠엔[郭店]에서 발굴된 문헌으로 흔히 『노자』의 최고본(最古本)으로 간주된다. 이것이 중국 학계에 의해 공식적으로 공표된 것은 1998년이다.

이 전문적인 학자 집단에 국한되는 것이 아니라 극히 대중적인 차원에서의 유행까지 포괄하는 것이라 할 때 거기에는 무언가 분명한 까닭이 있을 것이라 우리는 가정해야만 한다. 그렇다면 우리는 여기서 다음과 같은 질문을 제기해볼 만하다. 과연『도덕경』이 서구인들에게 무엇을 줄 수 있는가?

홈즈 웰치는『노자와 도교』(1965)에서『도덕경』이 수없이 서구어로 번역되는 이유를 다음의 세 가지로 추정한다. 첫째로,『도덕경』이 짧다는 점이다. 책이 짧다는 것은 번역자는 물론 독자들에게까지 쉽게 호감을 줄 수 있다는 이점이 있다. 보다 더욱 중요한 이유로 웰치는『신약성서』와의 유사성을 꼽는다. 이를 분명하게 보여주기 위해 웰치는 15가지의 예를 들고 있는데, 여기서는 세 가지의 예를 들고자 한다. 비교의 편의를 위해 여기서는『노자』의 원문과 영어 번역 그리고 그에 대한 해석을 함께 제시해본다.10)

예1) "受國不祥, 是爲天下王."(78章)

Lin   Who bears himself the sins of the world is the king of the world.
      세상의 죄를 스스로 짊어지는 자가 세상의 왕이로다.

HB   Behold the Lamb of God which beareth the sin of the world.
      보라 세상 죄를 지고 가는 하나님의 어린양이로다. (요한 1 : 29)

예2) "出生入死."(50章)

Waley He who aims at life achieves death.
      삶을 목적으로 하는 자는 죽음에 이르게 될 것이요

HB   For whosoever will save his life shall lose it.
      누구든지 제 목숨을 구원코자 하면 잃을 것이요. (마태 16 : 25)

---

10) 홈즈 웰치, 윤찬원 역,『老子와 道敎―道의 分岐』, 서광사, 1988, 17~18면.

예3) "金玉滿堂, 莫之能守."(9章)

Lin When gold and jade fill your hall, you will not be able to keep them safe.
금과 옥이 너의 집안을 가득 채우고 있으면 그것들을 안전하게 지킬 수 없으리라.

HB Lay not up for yourselves treasures upon earth... where thieves break through and steal.
너희를 위하여 보물을 땅에 쌓아 두지 말라... 도적이 구멍을 뚫고 도적질하느니라. (마태 6 : 19)

어려서부터 『성서』의 가르침과 문장에 익숙한 서구인이 『노자』를 읽을 때, "이런 말들이 예수보다 500년 전에 중국의 황량한 고갯길에서 씌어진 것이라니!" 하며 찬탄하기는 분명 쉬울 듯하다. 특히 린 위탕의 영역문은 기독교에서 원죄를 의미하는 'sin'을 '불상(不祥)'의 번역어로 이용하고 있는데, 이는 상당히 의도적인 것으로 생각된다. 이러한 번역 과정에서의 문학적인 수사는 『노자』의 대중화에 상당한 효력을 미쳤을 것으로 추정된다.

마지막으로 웰치는 『도덕경』의 모호성이 새로운 번역을 시도하게 하는 주된 동력으로 작용하였다고 주장한다. 서구인에게 『노자』 혹은 『도덕경』은 단지 하나의 텍스트로 다가서지 않는다. 서구인에게 『노자』는 일차적으로 '타오이즘'[11]이라는 기이한 동아시

[11) 서구에서 사용하는 'Taoism'이란 용어는 매우 포괄적인 개념이다. 더욱이 '노장철학(老莊哲學)'과 '도가(道家)'가 거의 동의어로 쓰이는 한국적 용례에 비추어 볼 때, 서구에서 말하는 'Taoism'은 결코 도가나 도교 어느 하나로 번역될 수 없다. 왜냐하면 이 'Taoism'에는 노자와 장자의 철학을 주로 가리키는 'Philosophical Taoism'과 후한(後漢) 이래 발전하는 종교적 전통을 가리키는 'Religious Taoism'은 물론 연단술(Alchemy), 도인(導引, Gymnastic) 등등 수많은 도교적 실천과 민간 신앙까지 아우르는 개념이기 때문이다. 또한 '노장(老莊)'이라는 용어의 경우에도 또한 최근의 리비아 콘(Livia Kohn)의 연구에서는 선진(先秦)의 도가 전통이 끝나고 새롭게 불교의 명상적인 개념과 기술이 부가되어 성립되는 새로운 전통으로

아의 전통적 흐름 속에서 전달된다. 더욱이 그 저자로 상정된 노자와 관련된 여러 가지 전설이 소개되면서 서구인에게 전해지는 『노자』는 노자라는 기이한 인물의 삶과 유착되어 '고대 현자의 지혜'라는 형태로 전해진다. 그리고 이로부터 유래하는 '타오이즘'은 철학과 종교, 과학이 얽혀 있는 기이한 혼돈의 덩어리이다. 더구나 책을 펼치는 순간부터 사람들은 당혹하기 십상이다. 왜냐하면 『도덕경』 첫 장부터 "말할 수 있는 도는 영원한 도가 아니다"[12]와 같은 심원한 역설로 시작하여, 서구의 합리적 사유가 송두리째 희롱당하기 때문이다.

이런 등등의 이유로 인해 『도덕경』은 19세기 말에서 1934년 웨일리의 번역이 출현하기까지는 거의 6년에 한 권 꼴로, 그리고 34년 이후로는 16개월에 한 권의 꼴로 번역이 이루어졌다고 웨일리는 계산한다. 그리고 이러한 급속한 유행에 대해 다음과 같이 말한다. "최근 40여 년간 서구인들에게 불교, 특히 도교에 영향받고 있는 선(禪)에 대한 관심이 증가하고 있다. 의미론, 정신분석 및 초심리학과 같은 새로운 도구들이 발전되어 『도덕경』의 재평가가 가능하게 되었다. 노자는 우리(서구)의 상대주의와 걸맞는다. 노자는 우리의 시대와 다름이 없는 혼란기에 썼다. 이런 이유들로 인해서 『도덕경』이 번역자들의 관심을 다시 끌게 된 것은 자연스럽다."[13]

규정된다. 특히 제도화되지 않은 채 개인을 중심으로 하는 독특한 전통으로서, 당시 정치현실에서 성공하지 못한 사대부(士大夫)에 의해 유지된 지적 전통을 주로 가리킨다. Livia Kohn, *Early Chinese Mysticism : Philosophy and Soteriology in the Taoist Tradition*, Princeton, N. J : Princeton University Press, 1992.
12) "道可道, 非常道."(『老子』 1장)

이렇게 보면 웰치가 "읽는 행위는 창조 행위이다"[14]라는 의미심장한 말을 던지는 것은 아주 쉽게 공감할 수 있는 얘기가 아닐까 싶다. 『노자』 혹은 『도덕경』은 이제 동아시아인만의 고유한 그 무엇이 아니다. 그것은 이제 서구 사회의 갖가지 분야에서 일어나는 수많은 현상의 중심에서 지혜의 원천으로 작동하고 있다. 여기에서는 『도덕경』이 올바르게 이해되고 있는가는 중요하지 않다. 이미 전문적인 차원에서는 수많은 학자들의 연구 속에서 분석되고 사유되고 있으며, 대중적인 차원에서는 '몸으로 살고 있는' 그런 것이 되었기 때문이다.

최근 우리말로 번역된 미국의 수리 논리학자 스멀리안의 『도는 말이 없다』는 이에 관한 좋은 예가 된다. 스멀리안은 "종종 낮잠을 잔다"는 친구의 이야기를 듣고는 자신은 그와 달리 "책을 읽다가 잠이 들곤 한다"고 대답했다고 한다. 잠을 잔다는 물리적인 사실은 동일하지만, 양자는 전혀 다르다고 그는 주장한다. 서양적 수련이 졸리든 말든 억지로 잠을 자는 것을 가르치는 것과 달리, 동양적 수련은 졸릴 때 '스스로' 잠이 오게 가르친다는 것이다. 『노자』의 '무위(無爲)'를 해설하는 화두에서 출발하여, 스멀리안은 기독교와 서양철학의 다양한 문제들을 상당히 선불교(禪佛敎)적인 맥락에서 도가사상의 의미와 통찰에 대해 다양한 논의를 전개하고 있다.

이런 류의 저술들은 이제 서구 사회에서는 매우 흔한 것이다. 『가르침의 도』라는 제목을 단 책은 보다 대중적인 면모를 잘 보여

---

13) 홈즈 웰치, 『老子와 道敎』, 28면.
14) 홈즈 웰치, 위의 책, 25면.

준다. 단지 십여 종의『노자』관련 문헌을 참고로 한 이 책은 81장으로 이루어진 짧은 에세이들 속에서 부제가 시사하듯이 가르침의 기술과 그것이 가져다주는 즐거움과 관련된『도덕경』의 특별한 의미를 서술하고 있다. 제1장의「도는 이름이 없다. 이름은 도가 아니다」라는 제목의 글에서는, 자신이 가르치는 스타일에 어떤 명칭을 부여해서는 곤란하다고 한다. 왜냐하면 그것은 오히려 불필요한 연상을 주게 되고 스스로 그 이름에 얽매이게 된다는 것이다. 다만 스스로가 조심스럽게 발전시킨 철학의 지시에 따르라는 메시지를 전한다.[15]

5. '거울' - 서구인의『노자』읽기 (1)

1915년에 빌헬름은 자신의『노자』독역본을 출간하면서 "노자에 의해 처음 꼬아진 실들이 이제는 유럽의 문화라는 직물에 짜여지기 시작하고 있다"[16]고 말한 바 있다. 과거 우리의 식생활에서

---

15) Greta K. Nagel, *The Tao of Teaching —The Special Meaning of the Tao Te Ching as Related to the Art and Pleasures of Teaching*, New York : Donald I. Fine, Inc., 1994, p.15 ~16. 이 책은 대개 이런 형식으로 이루어져 있다. 몇 가지 제목만을 나열해본다면,「침묵이 덕이다」(2장),「치우치지 말라」(5장),「도는 아무리 써도 다하지 않는다」(6장),「말을 적게 하라」(23장),「도를 추구하는 것은 정보를 추구하는 것과는 다르다」(48장), ……「참된 말은 멋이 없고, 멋있는 말은 참되지 않다」(81장) 등과 같다.

16) Richard Wilhelm, *Tao Te Ching : The Book of Meaning and Life*, trans. H. G. Ostwald,

는 식사를 한 후에 숭늉을 마시는 것이 일상적이었다. 하지만 이제 많은 사람들은 식사를 한 후에 메뉴와 상관없이 커피를 마신다. 커피를 마시는 행위 자체가 우리의 식사문화의 일부로 짜여진 것이다. 여기서 우리가 식사와 커피의 문화적 연원을 구분하는 것은 아무런 의미가 없을 것이다. 하지만 그 커피는 20세기 한국사회에서 독특한 연상을 불러일으키는 것 또한 사실이다. 일제시대에 커피란 망국 지식인의 새로운 취향을 의미하기도 하였고, 근대화를 위해 몸부림치던 광복 이후에는 '서구문화의 상징'처럼 여겨졌다.

문화적 감수성이라 부름직한 커피에 대한 이런 우리의 느낌처럼 서구인들의 『노자』에 대한 그것에 대해 우리는 무어라 말할 수 있을까? 여기서 우리는 '거울'과 '프리즘'이라는 도구적인 은유를 통해 그러한 느낌을 어느 정도 구체화할 수 있다고 본다. 거울과 프리즘은 같은 유리로 만들어진 물건이지만 빛에 대한 반응은 전혀 다르다. 거울은 피사체의 상을 비춰주기도 하고 다가오는 빛을 다시 반사시키기도 한다. 이와 달리 프리즘은 빛을 스스로의 몸 속으로 투과시키면서 본래 빛에 다양하게 존재하던 가지가지의 색깔을 다르게 굴절시켜 아름다운 색깔의 향연을 이루어낸다. 아마도 서구인들에게 『도덕경』은 이국적인(exotic) 거울과 프리즘이 아니었을까 싶다.

18세기 말에서 20세기 초에 이르기까지 서구인들은 『도덕경』속에서 기독교적 계시를 찾아내고자 하였다. 자신들이 완전히 다른

London and New York : ARKANA, 1985, p.10.

세계, 다른 존재와 마주하고 있다고 생각하는 것보다는 자신들과 유사한 그래서 동화될 수 있고 대화가 가능한 존재로 생각하는 것이 유리하였기 때문이다. 도를 자신들의 '로고스'로 읽어내게 될 때, 『도덕경』의 기이함은 전혀 낯설지 않게 된다. 더욱이 앞에서 예를 들었던 『도덕경』자체의 『신약성서』와의 유사성은 이러한 욕구를 자연스럽게 부추겼을 것이다. 전통적 이해에 충실하려했던 빌헬름마저도 『노자』 81장의 "성인의 도는 잘 하면서도 다투는 법이 없다"[17]에 대해 "부름 받은 사람의 도는 다투는 일 없이도 잘 해낸다"와 같이 '성인(聖人)'을 'the Man of Calling'이라 번역하고 있는데, 이러한 번역은 성서적 연상을 주기에 충분하다.

다른 한편 '거울'은 그 거울을 보는 사람으로 하여금 스스로를 돌아보게 한다. 거울 속에 비친 자신의 모습을 보면서 우리는 좌절을 느끼기도 하고 희망을 갖게 되기도 한다. 『노자』속에서 기독교 교리를 찾았던 이전의 선교사들과 달리 레그는 같은 거울 앞에 마주서서 기독교와의 다름을 분명하게 보았다. 레그는 『노자』 40장의 "있음은 없음에서 나온다"[18]라는 구절에 대해 전통적인 이해 방식을 소개하면서도 "하지만 여기서 노자의 가르침은 이런 것이다. 즉, 도가 신보다 앞서 존재한다면 도 자체는 무로부터 나왔다는 것이다"라고 주석한다. 왜냐하면 레그는 빌헬름과 달리 『노자』에서 기독교적 계시로 보이는 내용은 실상 왜곡되고 잘못된 것이며 따라서 중국 선교가 필요하다는 것을 보여주려 했기 때문이다.

하지만 그 이후 대부분의 번역자와 해석자들에게 『도덕경』은

---

17) "聖人之道, 爲而不爭."(『老子』 81장)
18) "有生於無."(『老子』 40장)

서구 문명의 추한 얼굴, 서구 사회의 병폐에 대한 반성의 거울로 받아들여졌다. 웰치는 『노자와 도교』에서 활기차고 진취적이고 경쟁적인 것만을 선호히는 미국인들의 병폐를 치유할 대안적 처방으로 『도덕경』의 무관심하며 수동적인 처세의 가르침에 귀기울일 것을 종용한다. 그에 따르면 노자는 미국인들에게 "아무 것도 하지 말라. 커다란 문제들이 저절로 풀리도록 내버려둬라. 너희들 각자는 자기 일상사에 신경을 쓰라"고 충고할 것이라고 믿는다. 『노자와 도교』의 제4부 「오늘날의 도」는 『도덕경』의 가르침이 미국 현대사회에 던지는 의미와 문제 해결의 처방에 대한 내용을 다루는데 전적으로 할애되고 있다.

이러한 『도덕경』에 대한 호의적인 분위기 속에서 일단의 중국계 학자들은 이른바 '중국의 지혜'를 포교한다. 『노자』에 대한 유명한 번역본을 낸 린이나 찬은 이의 대표적인 인물이다. 린에 따르면 "우리(서구인)에게 진정으로 필요한 것은 삶의 철학인데 분명 우리에게는 그런 것이 없다."[19] 그리고 진심으로 삶의 철학을 찾고자 하는 서구인들에게 『도덕경』은 가장 추천할 만한 책이고, 이를 통해 서구인들은 중국인의 생활양식과 관습을 자연스럽게 익히게 될 것이라 한다. 린이 제안하는 이런 중국적 생활양식이란 찬에 따르면, '영적 평안과 정신적 평화의 애호', '소박한 삶의 향유', '나아가기 위해 물러설 줄 아는 것' 등 『도덕경』에서 제안하는 가치들이다. 나아가 이러한 가치들을 가르치는 중국철학은 "미래의 세계에서 종교를 대신할 철학"[20]으로 제시된다.

---

19) Lin Yutang, *The Wisdom of India and China*, New York : Modern Library, 1942, p.569.

여기서 『도덕경』은 어느 특정의 종교나 철학이기 이전에 '중국의 지혜'의 일부를 이루는 것으로 제시된다. 이 점은 찬이 인용하는 휭여우란의 말을 통해 더욱 선명하게 드러난다. 서구인에게 이해되기 어려운 도(道)·무(無)·유(有) 등의 용어에 대해 휭은, "만물이 생겨난다는 것은 '무엇보다 우선' 유(有)가 존재한다는 것을 함축한다. 여기서 '무엇보다 우선'이란 말은 논리적인 의미이지 시간적인 의미가 아니다. 도(道)는 이름 붙일 수 없는 것으로서 무(無)이며, 이로부터 모든 사물이 생겨나게 된다. 따라서 유가 존재하기 이전에 무가 존재해야만 하며 이 무로부터 유가 생겨나는 것이다"[21]라고 설명한다. 그리고 중국철학에 근본적인 이러한 신비주의적 논리는 "서구에서 말하는 명석한 사유와 대립되는 것이 아니라 오히려 그것을 넘어서는 것이며, 반합리적인 것이 아니라 초합리적인 것"[22]이라 부연한다.

이런 기묘한 형이상학적 논리는 세계 대전을 전후로 하여 서구의 근대적 합리성에 염증을 느꼈던 수많은 서구인들에게 위안과 도피처로 혹은 새로운 돌파구로 비쳐졌을 것은 당연하다. 오늘날 서구 사회에서 수없이 유행하는 동양적 신비주의에 대한 열광의 이론적 기초는 이러한 과정을 통해 주조된 것이다. 물론 거기에는 인도의 신비주의나 중국의 선(禪)과 같은 다양한 사조가 뒤섞여 있으며 그런 의미에서 그것은 공동의 산물이다. 하지만 그러한 조류

---

20) Wing-tsit Chan, *The Way of Lao Tzu : Tao Te Ching*, New York : Macmillan Publishing Company, 1963, p.6.

21) Fung Yu-lan, *A Short History of Chinese Philosophy*, New York : The Macmillan Company, 1948, p.96.

22) Fung Yu-lan, Ibid., p.342.

속에서 『도덕경』은 커다란 맥을 형성하고 있다. 최초에 『도덕경』 속에서 기독교 교리와의 같음과 다름을 찾으려 했던 모습이나, 이후 서구 사회의 병폐에 대한 진단과 처방으로 읽으려했던 것은 결국 모두 "텍스트 자체에 의해서가 아니라 해석자들의 욕구와 꿈에 의해 형성된 오리엔탈리즘적 『도덕경』 해석으로 이끌었던"[23] 다름 아닌 서구인 자신의 '거울'이었던 것이다.

6. '프리즘' – 서구인의 『노자』 읽기 (2)

하디는 「영향력 있는 서구의 『도덕경』 해석」이란 글에서 '나쁜 학문─좋은 종교?'라는 재미난 논의로 결론을 대신한다. 하디에 따르면, 서구 사회에서 광범위하게 일어나고 있는 다양한 도교적 활동, 예를 들어 '태극회(太極會)'나 '미국 도교회'와 같은 조직들 그리고 기공(氣功)·태극권(太極拳)·내단(內丹) 등 도교적 명상이나 수행을 하는 다양한 사조들은 분명 중국의 도교와는 다르다고 지적한다. 이들이 『도덕경』을 수행을 위한 지침서나 서구 사회의 병폐에 대한 처방으로 보거나 하는 다양한 논의들의 의미 또한 하디는 강조한다. 비록 이들이 니담이나 카프라, 웰치 등과 같은 '나쁜 학문'에 근거한 『도덕경』 해석에서 비롯된 것이긴 하지만, 하디는 서구

---

23) Livia Kohn and Michael LaFargue, ed., *Lao-tzu and the Tao-te-ching*, 'Editor's Introduction', Albany : State University of New York Press, 1998, p.10.

사회에서 이런 움직임들이 많은 긍정적 요소들을 갖는 '좋은 종교'를 산출하고 있다고 본다.

실상 하디가 '나쁜 학문'으로 규정하는 니담이나 카프라 등의 영향하에서 이루어진 이런 움직임들은 기이한 '개종'을 연출하였는데, 그것이 결국에는 "고차원의 기술을 통해 자신의 환경을 과학적으로 변화시켜 진보해 나아가는 인간의 창조적 능력으로 규정되는, 신의 형상을 지닌 합리적 존재로서의 인간관이 이제는, 여타의 동물과 같이 고정된 수준의 기술에서만 이용 가능한 상대적으로 부족한 자원에 종속된 단순한 짐승으로서의 인간관으로 대체되어 왔다"[24]는 비판을 불러왔기 때문이다. 이러한 빌링톤의 주장은 『도덕경』에 대해 비합리적 집착을 지닌 이상주의자들에게 단호한 경고가 될 것이라고 하디는 생각한다. 그럼에도 하디는 그러한 '개종' 자체는 좋은 종교를 만들고 있다고 본다.

여기서 우리가 서구 사회 내부에서 일어나는 내적 논쟁에 휘말릴 필요는 없을 것이다. 하지만, 하디가 '나쁜 학문'이라 부르는 사람들의 논의에 친숙하고 가까운 우리 현실에서 우리는 다시금 '좋은 학문'은 어디에 있는가 하는 궁금증이 생겨난다. 하지만 하디는 여기에 대해 구체적으로 설명하지는 않는다. 다만 그는 최근 서구 학자들의 연구 동향에 대해 간략하게 개괄하고 있을 뿐이다. 여기에서는 지라도·콘·라파그·한슨·그라함 등의 다양한 논의가 간략하게 서술되고 있다. 우리가 이들의 논의 속에서 쉽게 감

---

24) Michael Billington, "The Taoist Perversion of Twentieth-Century Science", in *Fidelio : Journal of Pottery, Science and Statecraft*, Fall, 1994, p.76(Julia M. Hardy, p.184에서 재인용).

지할 수 있는 것은 이들이 예전과 달리 '텍스트 그 자체로'라는 공통의 성격을 지닌다는 점이다.

『도덕경』 속에서 자신들의 꿈과 요구를 충족시켜 줄 요소를 찾았던 '거울'로서의 '노자 읽기'와는 달리 이들은 『도덕경』 자체가 위치하는 사회적·문화적·종교적·사상적 맥락을 중시한다. 이들은 서구인에게 『도덕경』이 어떤 의미가 있는가에 대해 묻기 전에, 『도덕경』이 어떤 말을 건네고 있는가에 대해 먼저 관심을 갖는다. 『도덕경』은 단지 분석되고 해석되어야 할 텍스트로서 자리하고 있는 것이다. 텍스트와 자신들 사이에 '학문의 프리즘'을 통해 거기에 어떠한 색깔들이 들어 있는지, 그리고 그 빛을 투과시켜 굴절시킬 때 우리는 그곳에서 어떠한 의미들을 읽어낼 수 있는가에 골몰한다. 이런 분위기에서 현대 서구 학계의 노자 읽기는 매우 다채로우며 풍성한 결실을 맺고 있다.

여기서 우리에게 가장 흥미를 끄는 것은 가다머의 『진리와 방법』이란 저서를 연상시키는 제목을 한 라파그의 『도(道)와 방법』이다. 라파그가 밝히고 있듯이 이 책의 목적은 두 가지이다. "하나는 고대 중국에서 본래의 저자들과 독자들에게 이해되었던 그대로의 도가 경전 『도덕경』의 의미를 재구성하는 것이고, 다른 하나는 종교와 종교 문헌을 해석하는 이론과 실천으로서의 종교 해석학의 발전에 공헌하고자 하는 것이다."[25] 『도와 방법』은 650여 쪽에 달하는 전체에서 전반부의 반은 해석학, 사회 역사적 배경, 구전 전통과 노자사상의 구조가 차례로 치밀하게 논의되고, 후반부에서는

---

25) Michael LaFargue, *Tao and Method : A Reasoned Approach to the Tao Te Ching*, New York, Albany : State University of New York Press, 1994. p.xiii.

총7부분으로 주제에 따라 『노자』 전편을 재구성하여 번역과 설명, 분석을 진행하는 식으로 꾸며져 있다.

　『노자』의 도를 신비주의적 절대자의 개념으로 이해하였던 마스페로나 칼텐마르크와 같은 프랑스 출신의 학자들과 달리 라파그는, 『도덕경』에는 말로 형언할 수 없는 절대자에 관한 사상이 없다고 부정한다. 오히려 라파그는 『노자』에서 나타나는 초월성이란 의미의 잉여를 지니는 일종의 '심미적 중심'이라고 설명하면서, "이러한 의미의 잉여야말로 노자적 도를 '형언 불가능한' 것으로 만든다. 도는 어떤 형이상학적인 실재나 원리를 지칭하는 기호가 아니"[26]라고 본다. 라파그는 세계관과 종교의 토대로써 '통문화적인(transcultural) 객관적 절대자'를 '선(the good)'으로 바꾸고 싶어한다. 왜냐하면 그것은 원리보다는 체험에서 찾아지며, 그에 관한 이론들은 비판적 반성에 대해 열려 있기 때문이라는 것이다.

　라파그에 따르면 『도덕경』을 산출한 도가 또한 유가와 같이 일차적 관심사는 '다스림[治, rulership]'의 문제라고 본다. 『도덕경』은 '노자적 사(士) 이상주의자들'이 인간성을 말살하는 사회적 환경에 대해 도덕적 저항을 대표하는 문헌이며, 그 저항은 '유기적 조화'의 관념에 기초하고 있다고 라파그는 본다. 어느 사회든지 스스로가 지닌 책임에 의해 다른 사람들에 대해 권위를 지니는 사람들은 있기 마련인데, 『도덕경』에서 제시하는 도가적 다스림은 고위 공직자에서 맥도날드 체인점의 지배인에 이르기까지 지도자의 위치에 있는 어느 누구에게나 '이상적인 에토스'의 모델을 제시한다는

---

26) Michael LarFargue, *Tao and Method : A Reasoned Approach to the Tao Te Ching*, New York, Albany : State University of New York Press, 1994. p.288.

것이다.27) 이러한 관점에서 『도덕경』을 이해하는 라파그의 번역은 따라서 자신의 관점에 따라 다시 편집된 것이다.

『도덕경』이 어느 한 사람의 사상가에 의해 저술된 것이 아니라 자기 수양에 관한 구전 전통에 속하는 것으로 보는 라파그의 관점에서, 주제에 따라 다시 재구성하는 것은 어쩌면 자연스러운 것일 수 있다. 그리하여 라파그의 7부분은 「튀지 않는 뛰어남」, 「고요함과 만족」, 「자기 수양」, 「지식, 배움 그리고 가르침」, 「두렵지 않은 위엄」, 「부드러운 길」, 「동요를 일으키는 개선에 반대하여」 등의 순서로 배열되어 있다. 그리고 각 장에는 '해설(paraphrase)'과 '분석(analysis)'이 달려 있다. 그런데 재미있게도 이와 같은 광범위한 업적을 낸 라파그 자신은 동아시아의 어떤 언어도 전혀 모르는 학자인 듯하다. 그의 '참고문헌'에는 오로지 서구 언어로 이루어진 방대한 문헌으로만 가득 채워져 있기 때문이다.

7. 우리들의 '노자 읽기'를 위해 - '경(經)'에서 '텍스트'로

지금까지 우리는 서구 사회에서 이루어진 『노자』 읽기에 관한 몇 가지 이야기들을 간략하게 살펴보았다. 물론 이러한 논의는 극히 제한적일 수밖에 없기에 객관적이고 공정한 보고라고 할 수 없

---

27) Julia M. Hardy, *Lao-tzu and Tao-te-ching*, edited by Livia Kohn and Michael LaFargue, New York, Albany : State University of New York Press, 1998, p.178~179.

다. 하지만, 우리는 이런 간략한 스케치 속에서나마 서구 사회에서 『노자』는 이미 낯설고 먼 동방의 신비로운 '고전'의 지위에서 벗어나 수없이 다양한 학문적 논의와 사회적 삶 속에 섞여 들어간 '텍스트'로서 존재하고 있다는 사실은 분명하게 확인할 수 있었다. 더욱이 서구 사회에서 보여주는 이해의 다양성은 이미 우리의 생각을 훨씬 넘어서는 경지에까지 이르고 있다. 다양성은 '해석에의 열림'을 전제하지 않고서는 불가능한 것이기에, 다양성은 곧 가능성이라 할 수 있다. 우리가 서구인의 『노자』 읽기에 대해 눈 여겨 볼 필요성이 바로 여기에 있다.

경전(經典)의 세계란 그 자체로 완전한 진리의 체계로 군림한다. 여기에서 '경전'은 영원한 진리의 다른 이름이며, 이것은 일정한 해석학적 공동체를 전제한다. 조선조의 성리학이 주도하던 사상계에서 주희(朱熹)의 해석에 근거한 『사서(四書)』와 『삼경(三經)』은 영원한 진리의 표지였고 그 배후에는 조선조의 사대부 사회라는 해석학적 공동체가 자리하였던 것이다. 따라서 양명학(陽明學)을 천명하거나 반주자학적 기치를 내건다는 것은, 당시의 주류였던 사대부 공동체로부터의 일탈을 의미하는 것으로서 사문난적(斯文亂賊)이 되는 것이었다. 왜냐하면 그것은 그 '경학이 표상하는 질서'로부터의 일탈이라는 정치적 선언과 다를 바가 없기 때문이다.

'경전'이 해석을 향해 열려 있을 때 우리는 그것을 '텍스트'라고 부를 수 있다. 거기에는 해석의 '다름'만이 있을 뿐 '틀림'의 언어는 들어서지 못한다. 더욱이 사대부라는 해석학적 공동체가 지속되면서 방대한 주석상의 축적이 이루어진 유가 경전과 달리 대부분의 도가 문헌들은 애초부터 '텍스트'로서 역사의 시공 속에 부침해 왔다. 우리는 하상공의 주석에 대해 왕필의 주석이 '더' 옳다는 판단을 내릴 수 없다.[28] 다만 거기에는 시대에 따른 해석, 한대(漢代)의 '황로학적(黃老學的)' 『노자』 읽기가 있고 위진(魏晉)시대의 '현학적(玄學的)' 『노자』 읽기가 있을 뿐이며, 더 나아가 조선조의 율곡(栗谷)이 그러하였듯 '성리학적(性理學的)' 『노자』 읽기도 얼마든지 가능한 것이다. 해석의 자율성이 숨쉬는 곳에서 경전은 텍스트로 거듭 태어난다.

『도덕경』은 이제 현대인의 삶 속에서 더 이상 '경전'이 아니라 '텍스트'가 되어야 한다. 최근 우리 사회에서 『노자』를 둘러싸고 일어난 공방은 한편으로는 '성스러운 경전'의 지위에서 내려와 일반 대중과 호흡하고 이야기할 수 있는 '생활 속의 고전' 혹은 텍스트로 『노자』가 자리하는 데에 일정한 기여를 했다고 할 수 있다. 그러나 다른 한편으로 거기에는 '해석의 자율성'이라는 고전 읽기

---

28) 물론 이에 대해서는 이견을 가질 사람도 있을 것이다. 우리 학계에서는 대체적으로 『노자』 주석의 적통이 왕필의 주석이라 보는 시각이 주류를 형성하고 있다. 하지만 이와는 견해를 달리하는 경우도 많다. 예를 들어, 주 치엔즈[朱謙之]는 판본학상으로 하상공본이 왕필본에 비해 더 우수하다고 보는데 그 이유를 다음과 같이 여섯 가지로 정리하고 있다. 첫째, 하상공본에서 사용하는 문자가 더 오래되었다는 점. 둘째, 하상공본이 의미에 있어서 더 우수하다는 점. 셋째, 하상공본의 운(韻)이 더 잘 맞는다는 점. 넷째, 하상공본이 다른 여러 판본과 더 잘 부합한다는 점. 다섯째, 하상공본이 왕필본보다 더 일찍 이루어졌다는 점. 여섯째, 하상공본이 왕필본에 비해 탈자가 적다는 점 등이다. 이에 관해서는 朱謙之 撰, 『老子校釋』, 北京 : 中華書局, 1984, '序文'을 보라. 나는 여기서 더 나아가 현행본 『노자』의 문헌 확정이 황로학의 분위기 속에서 이루어진 하상공의 주석과 밀접한 연관이 있으며, 따라서 한대인의 노자 읽기는 하상공의 주석을 통해 이해되어야 한다는 논의를 한 바 있다. 김시천, 「老子, 河上公 그리고 黃老學－『老子河上公章句』와 '黃老學'의 관계를 중심으로」, 『시대와철학』 제13권 1호, 동녘, 2002년 봄호를 볼 것.

의 상식적인 규범마저 왜곡되고 마는 어처구니없는 상황으로 치
달은 면도 없지 않다. 자구(字句)에 대한 번역의 차이가 번역자의
인격을 유린하는 비인간적인 상황까지 도달하였던 것이다. 서로의
다름을 확인하는 순간 '다름' 대신 '틀림'이란 언어가 난무할 때
그것은 해석의 차이를 넘어 폭력의 양상을 띠게 되는 것을 우리는
분명하게 확인하였다.

게다가 하디가 '나쁜 학문'이라 조소하였던 니담이나 카프라,
웰치와 같은 '당대 신도가'[29]라 해야 할 듯한 일부 경향의 도가
해석과 횡여우란 등의 현대 신유가적인 '비합리주의적' 해석에서
잉태한 논의가 주류를 차지한 가운데 아직 우리들의 '노자 읽기'
는 매우 협소한 범위에 머물고 있다. 번역본의 수가 보이는 풍부
함에도 불구하고, 국내 학자에 의한 전문적인 『노자』 연구서는 두
서너 권을 넘지 못하고 있다. 더욱이 『노자』 주석서의 번역이 이
루어진 것은 극히 최근이며, 대다수가 이른바 '철학적'인 시각에서
만 이루어지다 보니 전통사회에서의 『노자』 이해의 전모를 파악
한다는 것은 아예 불가능하다.

이렇게 볼 때 과연 한자에 친숙하다는 것 이외에 우리가 서구인

---

29) 다소 엉뚱해 보이는 이 용어는 한 중국의 사상가에 의해 중국의 니담·카프
라·유카와 등등의 세계 여러 나라의 과학자와 과학사상가 등에 대해 적용되고
있다. 董光璧, 이석명 역, 『도가를 찾아가는 과학자들』, 예문서원, 1991.

30) 이 글은 본래 2001년 12월 1일에 있었던 한국철학사상연구회 제20회 학술발
표회, "우리 시대의 고전 읽기—방법과 사상"에서 발표되었던 글로서 『시대와철
학』 제12권 2호, 동녘, 2001년 가을호, 117~144면에 「'거울'과 '프리즘'—서양인
의 『노자』 읽기」라는 제목으로 실린 것을 약간 수정한 것이다. 대부분의 각주가
일반인에게는 불필요하다고 판단되어 생략하였으므로 필요한 경우에는 『시대와
철학』을 참고하면 될 것이다.

의 『노자』 읽기에 대해 말할 수 있는 것은 거의 없다고 해도 과언
이 아닐 것이다. 이제 우리에게도 『노자』는 심오한 경전의 자리에
서 내려와 다양한 논의가 가능한 '텍스트'로 보려는 태도가 필요하
리라고 본다. 완고한 '경학(經學)'이 사라진 뒤에야 우리들의 『노자』
이야기, 우리들의 '철학'이 들어설 수 있는 게 아닐까 싶다.[30]

숭고와 시뮬라크르
현대철학과 예술의 동형성

진중권

1. 숭고의 재현

최근 미학계에는 하나의 개념이 유령처럼 떠돌고 있다. 한때 '미'와 함께 철학적 미학의 중심 개념을 이루다가 헤겔 이후 사라졌던 '숭고', 이 미적 범주가 갑자기 부활한 것이다. 료타르가 대상성을 상실한 현대 아방가르드예술의 정신을 '숭고'의 미학으로 규정한 이후, 최근 미학계에서는 이 잊혀졌던 범주에 대한 논의가 활발하게 이루어지고 있다. 20세기에 들어와 예술은 그 어느 시대에도 없었던 커다란 변화를 겪었다. 회화는 대상성을 잃고, 음악은 조성을 포기하고, 시는 무의미해졌으며, 연극은 부조리해졌다. 도

대체 이 거대한 변화는 무엇을 의미하는 것일까? 이것은 무엇의 징후일까? 현대미학은 바로 이 물음에 답변을 주려는 시도였다고 할 수 있다. 오늘날 예술은 더 이상 아름답지 않다. 아도르노는 이 시대에 예술이 아름다움을 유지한다면 그것은 거짓이라고 말했다. 그럼 현대예술을 이끄는 미적 범주는 무엇인가? 미는 아니다. 그렇다면 무엇인가? 료타르는 이 물음에 답하기 위해 먼지 덮인 미학사 속에서 '숭고'의 개념을 다시 끄집어낸다.

료타르에 따르면 현대예술은 숭고의 부정적 묘사, 즉 가시적인 것의 묘사를 포기함으로써 '이 세상에는 묘사할 수 없는 것이 존재한다'는 것을 드러내는 방식이다. 이 설명이 현대회화가 가진 한 측면을 적확하게 포착하고 있음에는 틀림없다. 하지만 20세기의 예술을 '숭고'의 미학으로 남김없이 설명할 수 있을까? 그럴 수는 없을 것이다. 현대에도 리얼리티의 묘사를 포기하지 않은 구상회화의 예는 얼마든지 찾아볼 수 있기 때문이다. 물론 료타르의 이론을 굳이 비구상회화로 한정시킬 필요는 없을 게다. 하지만 다른 것도 아니고 다원성을 특징으로 하는 현대회화의 복잡한 상황을 오직 '숭고'라는 개념만으로 설명하는 것은 지나친 단순화로 보인다. 여기에서 나는 현대회화의 정신을 기술하고 또 하나의 개념을 도입하고자 한다. 현대회화에는 '숭고'를 지향하는 경향과 대립되는 또 하나의 경향성이 존재한다. 그것은 시뮬라크르, 즉 원본 없는 복제의 계열화를 지향하는 흐름이다. 숭고와 시뮬라크르 내가 보기에 현대회화를 낳은 세계 감정은 이 두 개의 개념으로 적절히 표현될 수 있다.

독일의 미학자 볼프강 벨쉬는 '포스트모던의 철학'과 '모던의 예술' 사이의 상동성을 지적한다. 모든 예술에는 알게 모르게 당대의 철학이 스며들어 있기에, 현대철학과 현대예술 사이에 동형성이 존재하는 것은 너무나 당연한 일인지도 모른다. 이 동형성을 그는 다섯 개의 개념으로 설명하나, 나는 이를 숭고와 시뮬라크르라는 두 개념으로 포착하고자 한다. 칸트에게 세계는 현상계와 예지계로 나누어 있었다. 낡은 의식철학의 패러다임이 언어학적 전회를 거치면서 기호학적 패러다임으로 바뀌었을 뿐, 이 두 세계의 간극은 오늘날에도 극복되지 않고 남아 있는 듯이 보인다. 이 두 세계의 대립이 오늘날 철학에서는 기호학적, 언어철학적 혹은 해석학적으로 변주된 관념론과 실재론과 대립 속에 반복되고 있기 때문이다. 이 시대 정신은 예술에서도 반복된다. 칸트가 현상계라 부른 것은 오늘날 현대예술에서 시뮬라크르의 계열로 실현되고, 예지계라 부르는 것의 예감은 숭고의 미학으로 나타나고 있다. 두 개의 개념을 중심으로 현대예술과 현대철학 사이의 동형성을 추적해보자.

2. 사물

발터 벤야민은 복제의 등장으로 아우라가 파괴되는 것을 '현대(Moderne)'라는 시대의 징후로 보았다. 그에게 '아우라'는 "아무리 가까이 있더라도 어떤 먼 것의 나타남"이었다. 이 속의 "나타남"

이라는 낱말을 우리는 '현전(présence)'이라는 익숙한 표현으로 번역할 수도 있을 게다. 기술 복제의 산물은 아우라를, 즉 현전의 체험을 파괴한다. "유일성과 지속성"을 가진 원작과는 달리 기술 복제의 산물들은 그저 "일시성과 반복성"만을 가질 뿐이다. 다빈치의 〈모나리자〉는 장구한 수용과 해석의 역사를 제 몸에 지닌 채 루브르 박물관에 걸려 있으나, 복제기술에 힘입어 대량으로 생산된 그것의 허깨비들은 시간과 공간의 구애를 받지 않고 도처에서 무한히 반복된다. 일시적으로 반복되는 이 복제물들은 단지 원작을 베끼는 데에 그치는 게 아니다. 그것은 원작 자체에 존재론적 영향을 끼쳐, 마침내 현실이나 현실감의 상실을 가져온다. 이렇게 복제물들은 "사물의 역사적 증언가치"를 위협하고, 그 결과 "위험에 상황에 놓이게 된 것은 사물의 권위이다."

벤야민이 살던 당시에 복제기술은 단지 원작을 베끼는 수준에서 벗어나 이미 예술 창작 자체에 영향을 끼치는 단계에 이르러 있었다. 인상주의 화가 드가는 벌써 창작에 사진을 활용하지 않았던가? 프랜시스 베이컨과 앤디 워홀이 모델 없이 사진만으로 작업을 하기 훨씬 이전에, 예술에서는 이미 사물성의 상실이 시작되고 있었다. 인상주의 회화에서 사물은 사라지기 시작한다. 가령 모네의 〈루앙 성당〉 연작. 사물에는 고유색이 없어 사물의 색은 빛의 조건에 따라 변한다. 이렇게 시시각각 변화하는 리얼리티는 것은 단 한 번에 포착될 수 없고, 때문에 현실을 포착하는 것은 오직 연작의 계열화를 통해서만 가능하다. 그 결과 모네의 손에 의해 돌로 된 스콜라철학은 그 견고한 사물성을 잃고 물에 비친 그림자처럼 흐늘거리는 여러 장의 시뮬라크르들 속으로 해체된다. 이 시뮬라크르들에 다시 견고한 사물성을 되돌려주려 한 세잔느는 사물의 마지막 구원자였는지도 모른다. 이 마지막 구원의 시도가 좌초한 지점에서 재현을 포기한 현대예술이 시작된다.

> 시뮬라크르는 단순히 하나의 복사물이 아니라는 것. 그것은 복사물의 개념 그리고 모델의 개념 자체에 문제를 제기하고 있다는 것…….

들뢰즈가 플라톤을 대신하여 이렇게 말했을 때, 그는 벤야민이 말한 '아우라' 혹은 '사물의 권위'의 상실을 염두에 두고 있었음에 틀림없다. 플라톤이 우려하고 벤야민과 들뢰즈가 환호한 대로, 복사물의 존재는 원작을 단지 베끼는 데에 그치지 않고 원작의 존재 자체를 위협한다. 마침내 원작의 권위를 파괴해 버린 복제는 원작을 닮을 의무에서 풀려 나와 자유로이 유동하는 시뮬라크르가 된다. "유일성과 지속성"을 갖고 있었던 사물의 세계는 서서히 "일시성과 반복성"을 갖는 시뮬라크르의 세계로 대체되어 간다. 그리하여 도처에서 아우라가 파괴되고 "사물의 권위"가 무너진다. 이것이 벤야민이 포착한 현대의 징후, 즉 전통과 뿌리를 상실하고 대도시의 아케이드를 부유하는 '현대인'이 느끼는 세계 감정이다.

이 징후가 벤야민에게는 기술의 진보로 실현된 민주주의문화의 특징으로 여겨졌다. 하지만 하이데거와 같은 문화보수주의자들에게 그것은 존재의 근원에서 멀어지는 몰락의 징후일 뿐이었다. 시뮬라크르는 그저 예술의 영역에 적용되는 미학적 현상만도 아니고, 지각의 방식을 규정하는 인식론적 현상만도 아니다. 어느새 그것은 우리의 생활세계 전체를 규정하는 존재론적 개념이 되었다.

실제로 자본주의적 생산은 "일회성과 지속성"을 갖는 장인적 공예를 "일시성과 반복성"을 갖는 기성품의 대량생산으로 바꾸어 놓는다. 양복점·제과점·구두점……. 주위에서 흔히 보던 수공적 생산은 표준화된 취향에 따르는 프랜차이즈로 대체되고 있다. 이런 상황에서 예술작품은 자본주의 하에서 유일한 수공적 생산의 영역으로 남을 수 있었다. 하지만 그것도 잠시, 뒤샹은 대량생산된 레디메이드를 예술에 도입함으로써 유일물을 생산하는 예술가의 장인적 창작마저 해체시켜 버린다. 그리하여 또다시 "위험한 상태에 놓인 것은 사물의 권위다."

3. 기호

줄리아 크리스테바와의 대담에서 데리다는 소쉬르의 기호학이 가진 두 가지 모순되는 측면을 지적한다. 『일반언어학강의』에서 소쉬르는 기호를 '기표와 기의'의 결합으로 규정했다. 이때 한 기호에 의미를 주는 것은 물론 초월적 기의의 의식 내적 '현전'일 것이다. 여기서 소쉬르는 아직 근대의 형이상학자로 나타난다. 하지만 다른 한편 소쉬르는 '기호란 그 자체로서가 아니라 오직 다른 기호와의 대립 속에서만 비로소 의미를 갖는다'고 말한다. 만약 그렇다면, 이 경우 기호에 의미를 주는 것은 초월적 기의, 즉 기호의 밖에 있는 세계의 '현전'이 아닐 것이다. 그 기호의 의미는 다른 기호와의 '차이' 속에서 비로소 형성되는 것이리라. 기표는 기의와 결합됨으로써가 아니라 다른 기호와 차이를 이룸으로써 비로소 의미를 갖게 된다. 여기에서 근대의 형이상학자 소쉬르는 돌연 모습을 바꾸어 탈근대적인 차이(différance)의 철학자로 나타난다.

낱말의 의미가 '차이'에 있다면, 설사 '현전'의 체험이라는 것이 가능하다 해도, 눈앞에 '현전'하는 그 '기의'는 더 이상 '초월적'인 것이 아니라 '차이에 의해 구조화된 언어 '내재적' 현상일 것이다. '내재적 기의'란 결국 기의가 아니라 또 하나의 기표, 또 하나의 기호체계에 지나지 않는다. 물론 이 새로운 기표의 의미는 다시 또 다른 '내재적 기의', 즉 또 하나의 기표에 의존할 것이다. 이렇게 기표가 마침내 최종적 기의에 도달하는 것은 무한히 연기된다. 하지만 무한히 소급을 해도 기표가 바깥으로 초월의 도약을 하는 것은 불가능하다. 기표에 의미를 부여하는 기의가 또 다른 기표에 불과하다면, '기표+기의'라는 기호의 정의 자체가 위험해진다. 그리하여 지붕에 올라간 후 사다리를 치워 버려야 했던 어느 철학자처럼, 아니면 자기가 사용한 낱말에 X표를 했던 어느 철학자처럼, 데리다는 우리에게 어느 단계에선가 '기호'의 개념을 버리라고 제안한다.

데리다가 선언한 '현전의 형이상학의 붕괴'는 이미 현대예술에서 재현의 붕괴로 예고되었다. 회화의 이념도 시대의 에피스테메에 규정되는 것이라 15세기에서 19세기까지의 근대회화는 '환영주의'의 원리를 따르고 있었다. 회화는 가시적 세계의 시각적 재현이며, 그것의 진리성은 원본과의 일치에 있었다고 설명된다. 하지만 헤겔의 예언을 입증이라도 하듯이 20세기에 들어와 회화는 그

전의 어느 시기에도 없었던 급격한 변화를 겪는다. 오늘날의 회화는 외부세계를 재현하기를 포기하고, 순수한 형태와 색채의 유희가 된다. 추상회화는 더 이상 사물을 재현하지 않는다. 그것은 더 이상 그 닮음을 통해 그림 밖의 대상을 지시하지 않는다. 현대회화는 그림 밖의 사물을 가리키는 기호이기를 포기하고, 그 자체가 하나의 사물이 된다. 현대회화가 지시하는 것이 있다면 그것은 오직 자기 자신뿐이다.

하지만 기호란 정의상 자기가 아닌 다른 것을 대리하는('stand for') 것이다. 기호가 대리하는 것이 결국 또 다른 기호에 불과하다면, 그것은 더 이상 기호라 불릴 수 없을 것이다. 기호가 아닌 기호, 자기 자신을 가리키는 기호. 그런 기호의 예를 우리는 재현을 포기하고 대상성을 상실한 현대회화의 자기 지시성에서 찾을 수 있다. 읽을 수 없는 문자의 모양을 한 앙리 미쇼의 칼리그램은 현전을 포기하고 초월을 지시하지 않는 기호, 즉 기호 아닌 기호의 예술적 엠블렘이다. 칼리그람이 아닌 미쇼의 칼리그람은 말로 지시를 하지도 않고, 그림으로 현전을 보여주지도 않는 순수한 기표의 유희다. 사물과 닮음으로써 사물을 지시하기를 포기한 현대회화는 기호를 흉내낸 기호, 즉 원작을 상실한 복제가 된다. 원본이 없거나 원본과의 일치가 더 이상 중요하지 않은 그 복제를 '시뮬라크르'라 한다. 오늘날 사물과 더불어 위험한 상태에 놓인 것은 기호의 권위다.

4. 흔적

'재현'의 에피스테메에 근거한 근대의 환영주의예술을 포기한 후 현대의 예술가들의 창작은 중세의 장인의 그것을 닮아간다. '아직' 사물과 기호가 두 개의 존재질서로 나뉘어 재현관계를 맺지 않고 있었던 중세에, 장인들은 가시적 대상의 재현에는 별 관심이 없었다. 그리하여 그들은 창작을 무엇보다도 '재료의 처리'로 이해했고, 이는 '이미' 근대의 환영주의를 포기한 현대 예술가들의 창작 원리로 부활한다. 중세의 필사본의 미니어처, 중세 성당 안의 모자이크와 스테인드글라스가 현대예술을 연상시키는 것은 이 때문이다. 그 안에서는 형태와 색채가 가시적 대상과의 닮음을 창조하는 데에 복무할 필요성에서 해방되어 자유로이 유희한다. 데리다의 기표들 역시 초월을 지시할 의무에서 해방되어 자유로이 유희하는 시뮬라크르다. 다만 중세의 예술이 가시적 세계의 기호가 아니라 그 너머에 있는 초가시적 세계를 지시하는 상징이었다면, 오늘날의 회화는 이 상징의 차원을 상실하고 순수한 유희가 되어 버렸다.

볼프강 벨쉬에 따르면 데리다는 자기의 사상을 구축하는 시기에 현대의 추상예술, 특히 당시에 프랑스에서 일어난 앵포르멜운동의 영향을 받았다고 한다. '앵포르멜'이라는 흐름은 굳이 분류하자면 추상표현주의 계열에 속하나, 미국에서 발생한 '액션페인팅'과 달리 그리기의 행위성이 아니라 그 행위가 남긴 자취와 흔적에 주목을 한다. 앵포르멜에 속하지는 않지만, 이브 클라인의 신체예술 역시 흔적을 강조한다. 그의 퍼포먼스는 핀젤 대신 물감을 문힌 신체를 끌고 다니며 바닥에 흔적을 남긴다. 현대예술은 더 이상 가시적 대상을 '현전'시키지 않는다. 다만 우리 눈앞에 흔적만을 남길 뿐이다. 흔적의 예술과 데리다의 사상과의 친연성은 명백하다. 데리다에게 의미란 단 한 번의 현전의 체험 속에서 주어지지 않는다. 그것은 초월을 포기한 시뮬라크르들 무한연쇄 속에 존재하는 듯 부재하는 듯, 그렇게 '흔적'이나 '자취'로 존재할 뿐이다.[1) 우연의 일치일까?

그 이름이 벌써 암시하듯이 앵포르멜에서는 초기 추상과는 달리 '형태(form)'마저 해체된다. 중세의 장인들의 창작은 '재료'에 기하학적 '형태'를 주는 것이었다. 그 바탕에는 물론 기독교적으로 재해석된 플라톤주의가 깔려 있었다. 마찬가지로 재료에 기하학적 형태를 준 초기 추상화가들, 가령 몬드리안의 작품은 비록 가시적 대상의 재현을 포기했으나 재현 자체를 포기한 것은 아니다. 그의 작품은 감각의 눈으로 볼 수 없는 사물의 비가시적 본질을 재현한다는 의미에서 플라톤적이다. 하지만 앵포르멜은 다르다. 추상회화가 형태를 위해 내용을 해체시킨다면, 앵포르멜은 이제 그 '형태'마저 해체시키고, '마티에르'의 질감을 그대로 드러낸다. 여기서 재료는 형태로 관념화하지 않고 그냥 물질로 남는다. 데리다는

---

1) 몸이 바닥에 끌린 흔적, 마티에르 속에 드러나는 붓이 지나간 자욱은 과연 무엇의 재현일까? 어떤 존재의 재현인 아닐 것이다. 흔적이 재현하는 것이 있다면, 흔적이나 마티에르의 물질성 속에 각인된 어떤 사건의 일어남이다. 여기에서 우리는 앵포르멜과 들뢰즈의 사상의 연관을 엿볼 수 있다. 흔적의 우연함 속으로 현실에서 벌어지는 어떤 사건의 객관적 과정이 주체의 의식적 가공을 거치지 않은 상태로 필연적으로 들어오게 된다. 들뢰즈가 "우연을 사고"하기 전에 이미 뒤샹과 존 케이지와 같은 아방가르드 예술가들은 창작에 '알레아토릭'을 도입했다.

기호의 물질성을 강조한다. 그의 기호는 소쉬르의 그것처럼 의식 내적 현상으로 관념화하여 초월적 기의로 승화하지 않고 그냥 공간, 시간적으로 반복되는 물질로 남는다.

5. 상사

칼리그람은 현전의 형이상학을 위한 미적 엠블렘이다. 칼리그람은 '말하기'와 '보여주기'를 통해 이중으로 의미를 고정시키는 데에 사용된다. 여기서 '현전'은 그림과 텍스트에 의해 이중으로 보장된다. 하지만 마그리트의 칼리그람은 다르다. 그것은 현전을 통해 현전의 파괴를 지향한다. 그의 작품 속에서 의미는 고정되지 않는다. 「이것은 파이프가 아니다」는 그 문장이 참인지 거짓인지 결정할 토대를 제공해주지 않는다. 연작의 두 번째 버전은, 그 어떤 것도 작품의 최종적 해석임을 참칭하지 않는 여러 개의 시뮬라크르로 해체된다. 그 작품에서는 "이것은 파이프가 아니다"라는 문장을 참으로 만들어주는 일곱 개의 해석("일곱 개의 봉인")이 가능하다. 이 해석들 사이에는 위계질서가 없어, 그 어느 것도 작품에 대한 유일하게 올바른 해석이라고 자처하지 못한다. 여기서 의미는 고정되지 않는다. 의미의 일의적 동일시는 불가능하다.

마그리트는 유사(ressemblance)와 상사(similitude)를 분리해내고, 후자로 하여

금 전자에 반대하게 만드는 것 같다. '유사'에게는 주인이 있다. 근원이 되는
요소가 그것으로서, 그로부터 출발하여 연속적으로 복제가 가능하게 되는데,
그 사본들은 근원으로부터 멀어질수록 점점 약화됨으로써, 그 근원 요소를
중심으로 질서가 세워지고 위계화된다. 유사하다는 것은 지시하고 분류하는
제1의 참조물을 전제로 한다. 반면 비슷한 것은 시작도 끝도 없고, 어느 방향
으로도 나아갈 수 있으며, 어떤 서열에도 복종하지 않으면서, 조금씩 퍼져나
가는 계열선을 따라 전개된다. (S : 72)

마그리트의 작품에는 3차원 공간의 환영이 있다. 그리고 그 안
의 대상들은 일러스트레이션을 연상시킬 정도로 정확한 자연주의
적 묘사로 재현되어 있어, 현실의 사물을 쏙 빼닮았다. 하지만 닮
음을 통해 지시를 하려고 했던 근대의 환영주의 회화에서와는 달
리 마그리트에게서 유사성은 더 이상 현실의 대상을 지시하는 데
에 사용되지 않는다. 그의 칼리그람에서 '닮음'은 현실의 대상을
지시하는 데에 늘 실패한다. 가방은 '하늘'이 되고, 주머니칼은
'새'가 되고, 나뭇잎은 탁자가 된다. 스폰지는 '스폰지'가 되기도
하나, 이 현전은 한갓 우연의 일치로만 나타난다.

> 유사는 재현에 쓰이며, 재현은 유사를 지배한다. 상사는 반복에 쓰이며, 반
> 복은 상사의 길을 따라 달린다. 유사는 전범에 따라 정돈되면서, 또한 그 전
> 범을 다시 이끌고 가 안정시켜야 하는 책임을 떠맡는다. 상사는 비슷한 것으
> 로의 한없고 가역적인 관계로서의 시뮬라크르를 순환시킨다. (S : 73)

그의 작품에 '닮음'이 있다면, 그것은 원본과의 유사성이 아니
다. 원본이 없는 복제, 굳이 원본과의 일치를 전제하지 않는 시뮬
라크르들 사이의 서로 닮음, 즉 상사일 뿐이다. 그의 그림은 원본

과의 동일시를 위한 것이 아니다. 그림의 의미는 탈동일화한다. 조형 요소의 의미는 소쉬르가 말하듯이 기표와 기의의 통일, 즉 현전이 아니라, 시뮬라크르들이 만들어내는 '차이'의 놀이 속에서 다양하게 무한히 전개된다.

> 이 전시술 덕분에 우리는 유사에 대한 상사의 우위를 알게 되었다. 유사는 (이미) 눈에 보이는 것을 재인식하게 하지만, 상사는 알아볼 수 있는 대상, 친숙한 실루엣이 감추어 못 보게 하고 보이지 않게 하는 것을 보게 한다. 유사는 유일한, 언제나 똑같은 단언을 내포한다. '이것, 그것, 또 저것. 그것은 저것이다.' 상사는 함께 춤추고 서로 의지하며 서로 겹치는 상이한 단언들을 (여러 겹으로) 배가시킨다. (S : 76)

이 차이의 놀이를 통해 의미는 열려진다. 그리고 한번 열려진 의미는 이제 생산적, 창조적 역할을 발휘한다. 그것은 서로 춤추고 의지하고 포개짐으로써 단언의 의미를 다변화한다. 나뭇잎에는 나무가 들어 있고, 새의 형상이 들어 있다. 하늘은 비둘기 모양의 바다를 담고 있고, 맥주병은 자라나 당근이 된다. 유사성은 의미를 고정시키고, 우리의 지각을 고정시켜 '나뭇잎은 나뭇잎'이라는 동어반복의 진부한 진리를 말한다. 반면 상사의 놀이는 친숙한 사물의 질서가 가리는 세계의 측면을 우리에게 새로이 열어 보여준다. 유사성의 재현은 우리에게 가시적인 대상을 보여주지만, 상사성의 유희는 우리로 하여금 보게 만들어준다. 그리하여 여기에는 해방의 즐거움이 있다.

> 언젠가 이미지 그 자체와 그것이 달고 있는 이름이 함께 길다란 계열선을 따라 무한히 이동하는 상사에 의해 탈동일화되는 날이 올 것이다. 캠벨, 캠벨, 캠벨. (S : 89)

6. 숭고

"텍스트 밖에 아무 것도 없다"는 데리다의 명제는 이 세계가 기호로 이루어졌다는 것을 의미하지 않는다. 다만 언어적으로 분절되지 않은 세계, 기호의 체계로 구조화되지 않은 세계, 그 어떤 형이상학으로도 해석되지 않은 세계의 체험이 불가능하다는 것을 의미할 뿐이다. 결국 실재론과 관념론의 이율배반이라는 의식철학의 낡은 패러다임이 오늘날 언어학적 전회를 거쳐 기호학적으로 변주되고 있는 셈이다. 칸트가 인식을 현상세계로 제한했듯이, 탈근대의 기호학은 유의미한 언표가 이루어지는 세계의 한계를 시뮬라크르의 현상계로 제한한다. 칸트에게 현상계 밖에 표상될 수는 없으나 사유될 수 있는 물 자체가 존재하듯이, 시뮬라크르의 저편(dehors)에는 언표되거나 표상될 수 없는 그 무언가가 분명히 존재한다. 그 저편의 존재를 예감할 때 우리는 숭고의 영역으로 들어서게 된다.

료타르는 재현을 포기한 현대회화를 "숭고의 부정적 묘사"라 부른다. 숭고의 묘사에는 간접적 방식과 직접적 방식이 있다. 숭고의 간접적 묘사의 예를 우리는 자연의 위대한 힘과 무한한 크기를 인간의 무력함과 왜소함에 대비시킨 낭만주의 화가들의 작품에서 볼 수 있을 것이다. 숭고의 부정적 묘사의 예는 헤브라이의 신의 율법에서 찾을 수 있다. 야훼는 인간에게 눈에 보이는 사물의 형상을 만드는 것을 금지했듯이, 현대의 예술은 가시적 대상의 모방을 스스로 금지한다. 20세기에 들어와 회화는 재현을 포기하고, 음악은 조성을 파괴하고, 시는 의미를 포기하고, 연극은 부조리해졌다. 료타르에 따르면 이 모두가 숭고를 드러내는 방식이라고 한다. 말하자면 이 세상에는 언어로 묘사할 수 없는 것, 그림으로 재현할 수 없는 것이 존재한다는 것을 드러내기 위해 현대예술은 스스로 언어적 묘사와 회화적 재현을 포기했다는 것이다.

19세기까지 회화의 이상은 '아름다운 가상'이 되는 것이었다. 하지만 20세기의 회화는 '아름다움'도 포기하고, '가상'으로서의 성격도 포기했다. '아름다움'이 더 이상 예술을 이끌어주는 원리일 수 없게 되자, 현대예술은 또 다른 미적 범주, 즉 '숭고'를 지향하게 된다. 료타르에게 현대예술의 본질인 숭고를 구현한 대표적인 예는 버넷 뉴먼이었다. 그의 작품은 평범한 색면회화(color-field painting)와는 분명히 구별된다. 대상의 묘사가 없이 널따란 색면을 이용한다는 점에서는 색면 회화와 비슷하나, 뉴먼의 작품은 단순히 색의 탐구를 위한 것이 아니라 그가 회화의 본질이라 여긴 어떤 주제(subject matter)를 드러내기 위한 것이었다. 그에게 회화의 임무란 호렙 산에서 불타오르는 나무를 바라보며 신을 벗어야 했던 모세의 체험을 매개하는 것이었다. 말하자면 관객으로 하여금 작품 앞에서 단순한 공간(space)이 아닌 성스런 장소(place), 즉 마콤(makom : 聖所)을 체험할 수 있게 해주는 것이었다.

시뮬라크르, 즉 계열적(serial) 작품들은 모든 숭고함의 아우라를 사정없이 파괴한다. 뉴먼의 작품은 그와는 정반대로 이 범속한 세상에서 성스런 아우라의 체험, 형이상학적 숭고의 체험을 매개하려 한다. "Sublime now." 그런 의미에서 앤디 워홀과 버넷 뉴먼의 작품세계는 어떤 의미에서는 서로 대립되는 세계 감정을 보여주고 있다. 워홀의 계열적인 작품 속에 원본이 사라진 시대의 감정이 담겨 있다면, 뉴먼의 작품은 시뮬라크르들로 가득찬 범상한 현대의 공간을 초월하는 어떤 신성한 장소의 현전을 추구한다. 이 두 개의 세계 감정은 어쩌면 동일한 현상의 두 측면인지도 모른다. 워홀의 시뮬라크르와 뉴먼의 숭고의 대립 속에서 반복되고 있는 것은 사실 관념론과 실재론이라는 두 개의 상호보족적인 철학적 입장이기 때문이다. 시뮬라크르의 현상계 저편을 예감하는 유일한 방식은 숭고의 체험인지도 모른다.

7. 재현에서 현시로

홉스와 데카르트는 낱말의 혼용을 막는 것을 철학의 임무로 생각했다. 의미를 고정시키려는 근대 형이상학의 강박관념은 한 낱말에 단 하나의 의미만을 대응시키려고 한 초기 비트겐슈타인의 이상언어의 기획에까지 이어진다. 하지만 오늘날의 철학을 지배하는 것은 이와는 전혀 다른 충동인 것 같다. 『회화 속의 진리』에서 데리다는 고흐의 〈구두〉에 대한 해석을 둘러싸고 마이어 샤피로와 하이데거를 함께 비판한다. 언뜻 보면 두 사람의 입장은 서로 대립되는 듯이 보인다. 하지만 작품의 최종적 의미를 고정시키려 한다는 점에서 두 사람은 본질적으로 일치한다는 것이다. 데리다는 고흐의 구두를 단 하나의 해석에 집어넣지 않고 그 작품 속에 내재된 다양한 해석 가능성들의 놀이를 발동시킨다. 초월의 희망을 포기한 탈근대의 철학자들은 기호작용을 원본과 닮을 의무로부터 해방시킨다. 그 결과 세계는 시뮬라크르의 유희가 된다. 시뮬라크르는 원본과의 닮음을 전제하지 않기에, 담론은 참, 거짓의 인식론적 기준 대신에 세계를 새롭게 바라보게 해주는 창조성이라는 미적 기준을 따라 전개된다.

　오늘날 진리는 인식론적 재현(représentation)이 아니라 예술적 현시로 존재한다. 현전의 포기라는 인식론적 회의주의의 멜랑콜리는 이제 창조의 기쁨이라는 미적 낙관주의로 전화한다. 탈근대철학자들의 글쓰기가 점점 문학을 닮아 가는 것은 이 때문이다. 가령 푸코의 계보학적 연구는 원본적 재현(representation originaire)이라는 아르토의 잔혹극 원리를 연상시킨다. 『쾌락의 활용』에서 그는 윤리학마저 미학화한다. 데리다의 글쓰기가 문학과 철학의 경계를 넘나들고 있음은 널리 알려져 있는 사실이다. 들뢰즈는 프랜시스 베이컨의 작품을 토대로 『감각의 논리』를 전개한다. 로티는 "구원적 진리" 대한 신학적 열망을 "문학적 문화"라는 존재미학으로 바꿀 것을 주장한다. 볼프강 벨쉬는 아예 포스트모던의 철학이 "모더니즘예술의 정신에서 탄생"했다고 단언한다. 이렇게 모든 것이 예술이 되고, 예술이 모든 것이 되는 현상에 보드리야르는 초미적(transésthetique)이라는 술어를 부여한다. 철학과 예술은 서로 닮는 데에 그치는 것이 아니라 서로 침투한다. 오늘날 철학은 예술을 지향하고, 예술은 철학적 해석을 요구한다. 이 모든 것의 의미는 무엇인가? 알 수 없다.

　탈근대문화의 유미주의적 경향은 부정할 수 없을 정도로 분명한 사실이다. 또한 그것이 담론의 생산에서 창조적 포텐셜을 갖고 있는 것 역시 부인할 수 없는 사실이다. 하지만 니체적 창조의 기쁨에 들뜨기 앞서 먼저 이 모든 미적 문화의 바탕을 이루는 두 가지 현상에 대해 비판적 검토가 필요하다. 아마 두 가지가 필요할 것이다. 한편으로는 자본주의적 생산으로 날로 가속화하는 시뮬라크르화에 대한 가치평가, 다른 한편으로는 현전의 형이상학을 파괴한 해체주의의 언어철학적 정당성에 대한 검토가 있어야 한다. 언어는 세계를 그리기 위해 존재하는 것이 아니라 그것을 가지고 세계 속에서 일을 하기 위해 존재하는 것이다. 언어게임과 맞물려 돌아가는 실천의 차원을 배제한 언어철학은 기호학적 형이상학에 빠지게 된다. 이 실천의 차원이 프랑스의 기호학에서는 완전히 결여되어 있다. 그런 의미에서 데리다가 『목소리와 현상』을 쓰던 시기에 자기에게 결정적인 영향을 주었음에 틀림없는 비트겐슈타인에 대해 침묵하는 것은 매우 징후적이다.

성자의 유희

김홍경

1. 냉소의 문화, 그 문화의 정신

냉소주의문화가 득세하고 있다. '왕고속' 광통신의 시대에 '졸라' 시끄러운 웹사이트들을 돌아다녀 보면 "우끼고 자빠진 각종 사회 비리에 처절한 똥침을 날리는 것을 임무로 삼는"『딴지일보』를 "똥꼬 깊쑤기", 지나 세이클럽에서는 전통적인 가족 질서를 "된장 처발라서" 무쳐 먹은 아줌마 아저씨들이 '작업'하기에 여념이 없고, 대한민국 헌법에 '태클'을 걸면서 표현에 관한 무한한 자유를 선언한 소라의 문에서는 '웁스' 근친상간은 얼마나 아름다운가를 "썰 풀고" 있는 프리랜서들이 즐비하다. 악마 '디아블로'는 이른바 '초딩'부터 '아자씨'에 이르기까지 '광역 중독자'를 가지고 있는 게임의 타이틀이고, '미국도 나라냐'라는 노래는 반미의 정치적 구호 때문이 아니라 '열라 역겨운 양키넘'들에 대한 조소이기 때문에 '애덜'한테 사랑받았다. 보라, 세종대왕께서 놀라실 한글 맞춤법에 대한 냉소는 이제 인터넷의 표준 언어이다. 텔레비전 선전에서 "나도 공짜가 좋아"라고 외쳐서 얼떨결에 떠 버린 쌀집아저씨가 어디론가 사라진 뒤 "돈 많이 버십시오"라는 '점잖지 못한' 인사는 어느 샌가 이 시대의 굉장한 축복이 되어 버렸다. 한편에서는 주유소를 때려 부셔 영웅이 된 양아치와 레드카드 대신 보관을 쓰고 '자빠진' 반칙왕을 뒤이어 이제는 춘향이 대신 〈조폭 마누라〉가 사랑을 받고 있다.

우리나라만이 아니다. 케빈 스미스라는 작자는 영화 "도그마"의 감독인데, 그의 영화에서 예언자는 낙태시술가이고, 천사는 사람의 머리를 한 방에 날려 버리는 재주꾼이며, 13번째 제자의 입을 빌어 예수는 흑인이 된다. 그는 점잖은 치들의 격렬한 항의에 "젠장, 영화를 보면서 어떻게 분노할 수 있지?"라고 반문한다. 아마도 미국에서 가장 잘 나가는 와레즈 사이트인 더블유더블유더블유 닷 와레즈 닷 컴에는 "엿 먹어라 부쉬야(Bush Sux)"라는 구호가 로고 옆에서 반짝거린다. 세계문화의 중심 뉴욕의 담벼락에는 여기저기 'FUCK YOU'라는 글(?)이 쓰여 있다. 이것은 정말로 현대의 구호이다. 근데 you? 나? 대문자 '퍽큐!'는 분노이지 냉소가 아닐지 모른다. 그래서 존 트라볼타는 고개를 꺼덕거리며 나지막하고도 무심하게 이렇게 말한다. '퍽큐.' 사이버는 현실에 대한 냉소이다. 포스트모더니즘은 이제 모더니즘에 대한 냉소가 되었다.

냉소는 고결한 정신이다. 냉소는 억압을 그 본성으로 하는 모든 권력에 대한 반항이다. 냉소는 길들여지지 않는 영혼이고, 목을 꺽어 누르려고 하는 '보이지 않는 손'의 몸통을 눈 까뒤집고 쳐다보는 시선이고, 저주받은 세상에 대한 저주이다.

그래서 냉소는 역사적으로 악마의 것이었다. 오랜 방황 끝에 영혼을 빼앗겨 버려도 좋을 아름다움을 발견한 파우스트가 "머물러라, 너는 참으로 아름답다!"고 말하면서 장대한 죽음을 맞이할 때 메피스토펠레스는 "최후의 무가치한, 공허한 순간을 이 가엾은 사나이는 꼭 붙들기를 원한다"고 조롱하면서 "나는 영원한 공허가 더 좋아"라고 빈정댄다. 『파우스트』에서 신에게 길들여지지 않은 유일한 존재는 그였다. 그래서 냉소에는 늘 자유의 느낌이 있다. 결코 권력에 복종하지 않는 고결함이 그 안에 있다.

냉소가 고결함의 반영이라는 데에서 알 수 있듯이 냉소주의자도 원래는 무엇인가 의미를 추구하는 자였을 것이다. 자신의 고결함을 용납하는 세계, 자아의 내용과 일치되는 삶의 형식들, 품위가 유지되는 생활, 아름다움의 감격, 성스러운 시간. 이런 것들에 대한 추구가 냉소주의의 출발점이 된다. 아니 정확히 말하자면 그 좌절이 냉소주의의 출발점이다. 의미를 찾는 데 실패하고, 희망을 발견하는 데 실패하고, 나이 서른이 채 못 되어 삶의 허망함을 뼈저리게 느낀 사람이 냉소주의자가 된다. 그들 중의 일부는 죽고, 일부는 세상과 타협하지만 냉소주의자는 자신을 인정하지 않는 세계에 대한 불인정으로 맞선 자이며, 보복을 택한 자이다.

하지만 냉소는 투쟁이 아니다. 투쟁은 뜨겁지만 냉소는 차갑다. 냉소주의자는 무엇을 위해서 세계를 비난하지 않는다. 자기 이외의 어떤 목적도 가지지 않는 무목적성, 이것이 냉소의 가장 큰 특성이다.[1] 목적을 가진 비판은 냉소가 될 수 없다. 세계로부터 돌아앉지 않은 분노도 냉소가 될 수 없다. 그래서 냉소주의자는 세계와 괴리된다. 그는 세계, 신성, 자연과 괴리되어 있다. 하지만 무엇보다도 그는 자기 자신과 괴리된다. 냉소주의자는 자아를 부정하는 자의식을 가지고 있기 때문이다.

왜 이렇게 되었나. 간단하다. 난관을 헤쳐나갈 공력이 딸리고, 방법이 보이지 않기 때문이다. 실천 없는 싸늘한 말이 그의 삶의 양식이다.

냉소도 즐거운가. 때로는 즐겁다. 그것은 부조리한 세계의 살집을 도려내는 날카로운 칼이다. 상식을 조롱하고, 모든 신성한 권력을 모욕하고, 허위를 폭로하고, 스스로 낯선 자가 되어 버림으로써 그는 세상으로부터 해방된다. 그는 발달한 오성을 가진 존재이다. 냉소는 오성을 소비하는 것이고, 그 소비는 즐겁다.

하지만 정말로 즐거운가. 아무리 냉소한들 변하는 것은 없다. 실천도 열정도 없는 말이 세상을 바꿀 리 없고, 실천도 열정도 없는 말이 자신을 바꿀 수 없다. 그래서 냉소는 점차 고갈되는 자신을 체험할 수밖에 없다. 말이 반복되면서 양식도 바닥이 난다. 냉소가

---

1) 따라서 이때의 무목적성은 어떤 행위가 아무런 의도도 없이 구성되어 있다는 것을 의미하는 것이 아니다. 냉소의 입술은 냉소를 위해서 벌어진다. 하지만 냉소는 냉소한다는 것 이외의 어떤 목적도 가지지 않는다. 이것을 자기 목적적이라고 할 수 있을지도 모르겠다. 하지만 자기 목적적이라는 것은 곧잘 기만적 성격을 띠기 때문에 여기에서는 그런 용어를 사용하지 않는다. 이 글에서 말하는 무목적성이란 좀더 정확하게 말하면 어떤 행위가 그 행위로써만 충족되지 않는 그 바깥의, 혹은 그 너머의 어떤 의미의 생산에 기여하지 않도록 하게 하는 것을 뜻한다.

생산해내는 것은 아무 것도 없기 때문이다. 해방은 허구적이다.

2. 의미의 생산으로서 구도주의

냉소주의의 대척점에 서 있는 것은 구도주의이다. 냉소가 오성적 활동인 데 비해 구도는 상상력에 기반한다.[2] 구도는 늘 오성으로 포착할 수 없는 상을 만들어 낸다. 오성이 그것을 잡아버릴 때쯤이면 구도주의는 자신의 '도'를 그 바깥으로 날려보낸다. 혹은 안으로 깊숙이 집어넣을 수도 있다. 어떤 방향이든 구도주의자는 부지런하다. 그의 상이 고갈되지 않도록 열심히 일한다. 그는 생산적인 자이고, 열정적인 자이다.

무엇보다도 구도는 언제나 목적적 활동이다. 그 삶 전체가 어떤 목적 아래에 놓여 있다. 이 목적을 통틀어 의미 찾기라고 해보자. 구도주의자는 존재의, 세계의 의미를 찾는 자이다. 내가 이 척박한 땅에 던져진 뜻은 무엇이며, 역사적 과정을 끝장낼 평화의 세계는 어디에 있는가. 나는 누구이고, 어떻게 살아야 하나. 그들은 고통을 알고, 고통 속에서 산다. 그들이 찾는 의미는 변화하지 않는 의미이며, 진정한 의미이다. 그래서 그 의미는 결코 소비되지 않는다. 고갈되지 않는 것이야말로 진정한 의미이기 때문이다.

---

2) 불친절하고 냉소적이지만 여기에서 '오성' '상상력(구상력)'의 의미를 알려면 칸트를 보면 된다.

현대의 냉소문화에 대한 염려는 구도주의와 맞닿아 있다. 무엇이 저들을 저리도 침울하게 만들었을까. 무엇이 저들로 하여금 세상을 조롱하도록 만들었을까. 엄마 잃고 다리도 없는 저 가여운 새들.

이것은 진짜 염려이다. 사이비가 아니다. 사이비는 염려하는 것이 아니라 경멸한다. 그렇지만 사이비는 냉소의 적수가 될 수 없다. 사이비는 냉소주의자를 불편해 하지만 냉소주의자는 사이비에게서야말로 가장 편안함을 느끼기 때문이다. 냉소가 흔들리는 것은 사랑을 목격할 때이다. 고귀한 사랑. 세상을 구원하기 위해 스스로를 희생하는 불굴의 담담한 노력. 그것은 냉소의 무의미함을 참된 의미의 생산으로 대체하려고 한다.

하지만 이것이 폭력과 구분되는 것은 무슨 이유 때문인가. 변화하지 않는 의미는 막강한 권력이다. 그것은 삶과 세계의 중앙 정부이다. 세상의 혐오스러움의 반은 그것이 중앙 정부를 장악하려는 온갖 의미들의 싸움터이기 때문이다.

오성으로 포착되지 않는 상은 언제나 허상이다. 이렇게 말할 수밖에 없다. 이해되지 않고서는 실상이라고 말할 수 없다. 안다는 것은 안다고 하고, 모르는 것은 모른다고 해야 한다. 그래서 고수 냉소주의자는 고수 구도주의와도 맞선다. 구도주의자는 냉소주의자에게 두려워하지 말고 네 안에 있는 그것을 꺼내라고 하지만 냉소주의자는 속이 빈 사람이다. 구도주의는 냉소의 복음이 아니다.

우리는 시간을 소비한다. 삶은 소비이다. 그런데 대부분의 시간은 의미 있게 소비되기 위해 우리를 기다린다. 시간이 그것을 명령하는 것이 아니라 세상이 그것을 강제한다. 그래서 의미 있는 시간의 소비는 항상 사회적 평가 체계와 관련을 가진다. 마누라가 내게 의미 있는 삶을 요구할 때 마누라는 내게 권력이다.

물론 이것은 냉소의 먹이다. 돈 잘 벌고 출세한들 뭐하리. 하지만 사회적으로 인정된 의미가 아니라 내 스스로가 인정하는 의미의 생산도 있을 수 있지 않은가. 이것은 때로 아름답게 보이고, 그 일을 하는 이에게 뿐만 아니라 보는 이에게도 즐거움을 주는 것 같다.

그렇지만 실상 그것은 두려움의 소산이다. 시간이 소비되는 데 대한 두려움이 의미의 생산을 권유한다. 의미의 생산은 시간의 소비, 삶의 소모에 대한 위안일 뿐이다. 정말로 시간의 소비를 대체할 수 있는 의미의 생산이 있을 수 있다면 두려움은 사라질 것이다. 그렇지 않다면 환각이다.

참다운 의미의 생산은 불가능하다. 그것이 삶의 운명이다. 삶이 자아와 자유를 내용으로 할 때 그 형식이 되는 것은 사회와 억압이다. 이 불일치는 극복되지 않는다. 삶이 무한과 자연을 목적으로 할 때 그 수단이 되는 것은 유한과 인간이다. 이 불일치도 극복되지 않는다. 삶의 질적인 변화는 없다.

이것이 부세(浮世)의식이다. 완적(阮籍)의 「내 마음의 노래」. "외로운 기러기 먼 들에서 울고, 푸드득 새소리 북림(北林)을 울리누나. 무엇 하러 이 밤도 서성대느냐, 울적한 생각에 홀로 마음 아프니."[3] 도잠(陶潛)의 「죽을 날 앞두고」. "빛 바랜 가을풀 아득히 널려 있고, 길가에 버드나무 쓸쓸히 흔들리네. 9월 서리 밟으며 먼

---

3) "孤鴻號外野, 翔鳥鳴北林, 徘徊將何見, 憂思獨傷心."(「詠懷詩」)

길로 나서니, 사람은 간 데 없고 무덤만 높이 섰다. …… 죽고 말 인생 무슨 말을 하리오, 묵묵한 산하에 썩은 몸 맡길밖에."[4] 삶 밖에 거하는 신을 노래하지 않고 전도망상(顚倒妄想)에 휩싸이지 않는다면 이것이 삶의 정서일 수밖에 없다.

삶이 부유(浮遊)함이라면 삶 속에 어떤 목적도 들어설 수 없다. 떠도는 나그네에게 목적지가 있을 리 없다. 의미의 생산은 유한한 인간에게 신이 부여한 노동이다. 선악과를 먹고 드디어 인간이 된 아담과 하와에게 하느님이 너는 일하지 않고서는 먹지 못하리라고 한 바의 노동은 의미의 생산이다. 죽지 않는 존재에게 의미의 생산이 있을 리 없다. 의미의 생산은 징벌이다. 모든 목적에 대한 비판, 모든 의미의 생산에 대한 무관심으로서 냉소는 이래서 참된 오성의 산물이다.

3. 무목적적인 시간의 즐거운 소비

하지만 냉소는 결국 즐겁지 않은 자신을 느끼고야 만다. 게으름 속에서 냉소주의자는 죽어간다. 그 안에 갇힌 우울은 결코 날개를 달지 않는다. 무엇이 문제인가.

구도주의자가 참된 의미에 구박되어 있듯이 그도 묶여 있기 때

---

4) "荒草何茫茫, 白楊亦蕭蕭. 嚴霜九月中, 送我出遠郊, 四面無人居, 高墳正嶕嶢 …… 死去何所道, 托體同山河."(「輓歌詩」)

문이다. 그를 묶고 있는 것은 무엇인가. 놀랍게도 그 역시 의미에 묶여 있다. 냉소주의자는 의미의 생산에 좌절을 경험한 자이고, 자신의 좌절을 일반화한 자이다. 그 깊은 우울이 냉소의 젖줄이다. 그러므로 그 속에 우울이 갇혀 있는 한 그 역시 의미의 환영, 의미의 강박 관념에서 벗어나지 못한 자이다. 의식의 표층에는 삶의 무목적성이 떠올라 있지만 그 심층의 침전물은 의미의 갈구이다. 의식의 자기 분열, 그것이 냉소주의자가 미소를 머금지 못하는 이유이다.

냉소의 오성적 반성 내용, 곧 삶의 무목적성을 유지하면서 즐거움을 부여하는 삶의 형식은 유희이다. 냉소와 같이 유희도 아무런 목적을 가지지 않는다. 왜 노나. 그냥 노는 거다. 왜 당구치나. 그냥 친다. 왜 밤새도록 게임을 하나. 그냥 한다. 돈 따기 위해서 당구치는 것은 유희가 아니라 노동이다. 아이템 팔아먹기 위해서 게임하는 것은 노동이지 유희가 아니다. 유희는 무목적적인 삶의 활동이다.

그렇지만 냉소는 심드렁하고 유희는 즐겁다. 유희는 의미에 전혀 강박되지 않기 때문이다. 의미의 생산에서 맛보았던 좌절감은 유희하는 자에게는 기억이 아니라 추억이다. 기억은 세계관의 일부이고, 추억은 그저 과거일 뿐이다. 열심히 노는 자에게는 우울이 없다.

의미에 강박되지 않기 때문에 유희의 내용은 끊임없이 변화한다. 구도도 냉소도 불변하는 시간의 소비 형식 속에 들어 있다. 하지만 유희는 다르다. 유희는 삽시간에 세계를 근본적으로 변화시킬 수 있는 정신이다. 당구를 즐겼던 놈이 고스톱으로 방향을 전환하는 것은 그 세계의 근본적 변화이다. 당구계를 제패하려고 하는 놈은 그렇게 하지 못한다. 이러한 변화야말로 유희가 즐거울 수 있는 이유이다. 거꾸로 생각해보면 간단하다. 맨날 당구만 치면 재미없고 맨날 고스톱만 치면 재미없는 이유를 생각해보면 된다. 시간의 소비 형식이 변화하지 않기 때문이다.

그러므로 유희의식에서야말로 상상력이 정말 날개를 단다. 더욱 자유로워진 상상력은 여행을 거듭하면서 그 여행에서 결코 돌아오지 않는다. 구도의 즐거움은 합일감이고, 구도의 상상력은 궁극적 합일의 대상을 만들어내기에 여념이 없지만 유희의 상상력에는 언제나 오성이 개입한다. 오성은 모든 상상력의 소산을 '저것은 가짜다'라고 말할 준비가 되어 있는 정신이다. 이렇게 오성이 개입함으로써 유희의 상상력은 더욱 활발해진다. 유희의 오성은 상상력이 쉴 자리를 마련해주지 않는다. 상상력은 끊임없이 운동하여 유희, 자아의 영역을 점차 확대시킨다. 유희는 운동하는 삶이다.

그러므로 유희가 되기 위해서는 의식의 저변으로부터 표층까지 일관하여 무목적적인 시간의 소비여야 하고, 그 시간의 소비 형식이 변화해야 한다. 그렇게 해야 무목적적인 시간의 즐거운 소비로서 유희가 제 모습을 드러낸다.

이때의 변화는 무질서한 것, 체계가 없는 것이 되어야 한다. 기획된 변화는 유희가 될 수 없다. 이것은 말하자면 무작정 길을 떠나는 떠돌이 같은 것이다. 길을 떠나는 것은 단지 한곳에 머물러 있기가 답답하기 때문이다. 어디 정처를 둔 것도 아니고, 어디 갈 곳을 정한 것도 아니다. 그저 가지 않은 길을 갈 뿐이다.

이때는 내가 가지 않은 길을 가야 한다. 남이 가지 않은 길을 찾아 나서는 것은 목적적 활동이다. 타자는 사회적 관계망 속에서 인식되고, 그 관계망에 기초하여 세계는 그 길이 남이 가지 않은 길이라고 한다. 그럴 때 새로운 여정은 포지티브한 방향으로나 네가티브한 방향으로나 사회적 의식 영역을 확대하게끔 기획된 것이다. 그러므로 내가 가지 않은 길을 가야 한다. 그것은 목적적인 활동, 곧 의미의 생산이 아니다. 나는 일단 고립되어 있으므로 자기 이외에는 의미를 부여할 자가 없는데, 내가 길을 떠나는 것은 나의 의미를 찾기 위해서가 아니라 한 자리에 있기가 답답해서, 심심해서일 뿐이다.5)

그렇지만 그런 여정에도 의미를 부여할 수 있다. 심심해서 가본 길이 전인미답의 처녀지일 수도 있다. 이렇게 될 수 있는 가능성은 대단히 높다. 타자의 체험은 끊임없이 자기의 의식으로 쌓이기 때문이다. 그래서 내가 가보지 않은 길이 남들이 가보지 않은 길이 될 가능성은 대단히 높다. 그렇게 되면 세계는 그의 여정에 의미를 부여할 것이다. 하지만 그러거나 말거나이다. 떠돌이는 그런 수근거림에 무관심하다. 유희의 여정을 통해서 자아는 계속적으로 확장되겠지만 떠돌이는 그런 걸 노리지 않는다.

이런 이야기는 형이상학도 아니고 인식론도 아니다. 이것은 행위의 선택에 관한 이야기이고, 그 이전에 마음씀에 관한 이야기이며, 삶의 태도에 관한 이야기이다.

재미있는 것은 삶의 태도를 말하는 동양의 핵심 개념들 중 많은

---

5) 이때의 '내가 가지 않은 길'은 사실은 이미 가본 길일 수도 있다. 하지만 내가 그 길에서 새로운 풍경을 발견하고 새로운 느낌을 가지는 한 그것 또한 가지 않은 길이다. 그것은 가지 않았다고 평가된 길이 아니다.

것이 삶의 무목적성과 관련이 있다는 점이다. 무소유(無所有), 무위(無爲), 무념무상, 무지무욕(無知無欲), 허심(虛心), 불이(不二), 무애(無碍). 이런 부정 개념들은 그것이 소유든 문명이든 자존이든 이념이든 무엇이든 간에 집요한 목적의 추구가 삶을 병들게 함을 지적한다. 그것들은 완고한 의미, 따라서 진정한 의미의 부정이라는 점에서 완전히 같으며, 어떠한 의미의 생산도 도모하지 않는다는 점에서 완전히 같다.

그러므로 그 배후에는 부인할 수 없는 부세의식이 깔려 있다. 공자 같은 도덕주의자도 마찬가지이다. 그는 돈을 벌 수만 있다면 벌고 싶었지만 불의한 수법으로 돈을 벌고 출세하는 것은 뜬구름과 같다고 생각했기 때문에 돈 버는 길로 나아가지 못했으며, "죽고 사는 데는 명이 있고, 부귀는 하늘에 달려 있다"6)고 이 문제를 정리하였다. "死生有命 富貴在天"이라는 말만큼 부세의식을 잘 보여주는 게 또 있을까. 단지 공자는 삶의 허망함을 깊이 느끼고서도 거기에 정을 두었기 때문에 의미의 생산에서 자유롭지 못했을 뿐이다.

그렇지만 부정에 그치는 것은 냉소이다. 부정의 정신을 가지고는 즐거울 수 없다. 욕망을 꺼 버리기 위해 죽음보다 깊은 잠에 드는 것이 열반에 이르는 길이라면 열반은 죽음이다. 냉소가 자살과 다른 이유가 무엇인가. 마음속의 부처는 죽은 부처이다. 그래서 흔히 부정 개념은 대긍정의 세계를 준비한다. 죽음보다 깊은 잠의 의식으로 세상을 보고, 마음속의 부처를 꺼내 세상을 살자. 예민한

---

6) "死生有命, 富貴在天."(『논어』「안연」)

사람은 이 삶을 느낄 수 있다. 무심의 활발발(活潑潑)한 세상. 이것은 곧잘 진정한 의미의 생산이라는 길로 나아간다.

만약 그렇게 된다면 그것은 망조이다. 세계의 온갖 불길함이 태어나는 징조이다. 하지만 이것이 유희의 길로 나아갈 수도 있다.

> 유식학자 도광(道光)이 선사에게 물었다. "어떻게 마음을 써야 진리에의 길을 닦을 수 있습니까?"
> "써야 할 마음도 없고, 닦아야 할 길도 없네."
> "그럼 왜 매일 사람들을 모아 선을 가르치고 길을 닦도록 가르치고 있습니까?"
> "내게는 송곳 하나 꽂을 땅도 없는데 어떻게 사람을 모으고, 혀가 없는데 어떻게 사람들을 오라고 권할 수 있겠는가."
> "뻔뻔스러운 거짓말."
> "혀가 없는데 거짓말은 무슨."
> "이해가 되지 않는군요"
> "나도 역시 모르겠어!"

이 선사가 도광의 존재를 뒤흔들고 나아가 그 뒤흔들림을 통해서 도광의 자아가 확장되기를 바랬다면 이 문답은 의미 없다. 내게 이 문답은 말장난으로 보인다. 객담이다. 왜? 심심하니까. 그래서 재밌다.

직관은 그대로 본다는 의미이다. 탁 보는 게 직관이다. 칸트는 대상을 탁 보기만 해서는 인식이 성립될 수 없다고 하였다. 오성이 개념을 조작하여 머리 속에서 그 의미를 만들어냄으로써만 우리는 무엇인가를 안다고 할 수 있다는 거다. 그런데 아다시피 동양은 직관을 중시한다고 한다. 이건 거의 입에 발린 말이 되어서

사실은 직관이 아니라 복잡한 체계에 대한 이해를 가리킬 경우가
비일비재하다. 그렇지만 말 그대로 직관을 중시한다면 그건 대단
히 좋다. 보는 것이지 만들어내는 것이 아니다. 의미를 부여하는
것이 아니라 보는 것이다.

4. 성자의 유희

유희는 멀리 있는 것이 아니다. 실상은 어떤 인간이라도 유희의
시간을 체험한다. 갓난아이가 버둥거리는 것부터 시작해서 늙어
손자 꽁무니를 밟으며 낄낄대는 것까지 수많은 유희의 시간을 보
낸다. 사람들이 강제된 존재의 무게, 배 위에 올라온 겁탈자의 기
쁜 나쁜 무게감에서 벗어나는 것은 이 순간이다. 그들은 일순간
의미 생산에 대한 강박 관념에서 벗어나 자유를 느낀다. 어떤 식
이든 삶에 유희가 요청되는 것은 이 때문이다.
　하지만 이 시간은 지속되지 않는다. 사람들은 무언가 의미 있는
일을 하기 위해 스스로 그 시간을 정지시킨다. 의미 생산에 대한
압박감이 크면 클수록 유희의 시간은 줄어들고 부정된다. 그들은
이미 무목적적인 시간의 소비에 대한 죄의식을 갖도록 코드화되
었기 때문이다. 그래서 나이가 들면서 유희의 시간은 현저히 감소
한다. 더욱이 보통 유희는 권력의 손바닥 위에서 놀도록 고안된
것이다. 그러한 유희만이 단순 재생산되면 스스로의 감시 체계에

의해서든 노골적인 탄압에 의해서든 유희의식은 제한되고 유희는 일상화된다. 이렇게 되면 유희는 단지 가면이며 위안부일 따름이다. 이것은 굴복이다.

양아치도 무목적적으로 시간을 소비하면서 논다. 하지만 그들은 유희의 정신을 자각하지 못하고 단지 의미 있는 일을 기다리기 위해 무료하게 시간을 소비하는 것이다. 이렇게 일상화된 유희에는 아무런 새로움도 없다. 이런 유희는 양아치의 유희이다.

그러므로 유희의 정신이 무한히 확장되기 위해서는 모든 목적과 의미에 대한 자각적인 일대 부정이 필요하다. 그리고 그것은 삶의 부유함에 대한 자각으로 열매 맺을 것이다. 이렇게 함으로써 우리는 비로소 삶을 긍정할 수 있는 계기를 얻게 되고, 망상에 사로잡힌 고통으로부터 벗어날 출구를 마련하게 된다. 부유가 삶의 내용이기 때문에 삶의 형식도 그것과 일치시켜야 한다. 그래야만 삶이 긍정될 수 있다. 이런 즐거운 삶이 성자의 삶이 아닌 이유는 도대체 무엇인가.[7]

목적이나 의미가 아니라면 행위의 근거는 무언가. 욕망인가. 그렇다. 의욕이 없다면 어떤 행위가 가능하겠는가. 하지만 유희의 욕망 구조는 체계적이지도 않으며 일관되지도 않다. 그것은 유동하며, 변덕스럽다.

이러한 욕망의 흐름을 낳는 것은 주체 자아로서 자의식이다.[8]

---

[7] 섹스는 원래 훌륭한 자손을 얻기 위한 방법이었을 것이다. 그것이 이형 유전자를 뒤섞어 놓음으로써 유전적 질병을 치료하고 좀더 좋은 유전자를 얻어내는 생물학적 의미를 지니는 것이었든 일부일처제를 무기로 아버지의 유전자를 가진(따라서 훌륭한) 자손을 퍼뜨리는 문화적 의미를 지니는 것이었든 간에 말이다. 섹스가 즐거워진 것은 이러한 의미로부터 해방된 이후이다.

이때의 자의식은 정체된 욕망의 힘을 권력으로 반성하여 욕망이 한 곳에 머물지 않도록 끊임없이 독려하고 새로운 욕망을 낳는 자의식이다. 그러므로 자의식도 일정한 방향을 가지지 않는다. 나를 반성하는 자의식이 항상 일정한 목적을 전제할 때 자의식의 활동은 제한적이다. 그래서 자의식의 생명력을 배가하는 길은 목적을 전제하지 않는 것이다. 어떻게 보면 유희의 즐거움은 자의식에 대한 억압의 결핍에 따른 것이다. 이렇게 해서 유희에는 자기 생산과 자기 소비의 메커니즘이 갖추어진다.

유희는 비생산적이기 때문에 그를 통해 먹고 살 길을 마련하는 것은 어렵다. 반대로 유희가 생산적인 것이 되면 더 이상 유희가 되지 않는다. 그러므로 주어진 시간 모두를 하릴없이 소비하는 것은 애당초 불가능하다. 누구도 물질의 생산에서 자유로울 수 없고, 먹고 살기 위해서는 벌어야 한다. 시간은 물질의 변화양식이기 때문에 시간을 소비하기 위해서도 물질을 구매하는 것이 필요하다. 그것이 인간의 조건이다. 그리스의 신들이 그랬던 것처럼 신들만이 줄창 놀 수 있다.

그래서 유희는 기생적이다. 노는 놈은 버는 놈 등쳐먹을 수밖에 없다. 떠돌이는 얻어먹지 밭에 나가 일하지 않는다. 하지만 유희가 갖는 보다 본질적인 기생적 성격은 그것이 생산력의 발달에 상응하여 늘어나는 시간에 기생한다는 점에 있다. 생산력의 발달은 곧 자유롭게 소비할 수 있는 시간의 증진이다. 먹고 살기 위해서 온

---

8) 이 부분에서 욕망·자아·자의식이라는 개념은 이훈의 「자아구성체와 자아생성」(『시대와철학』 19호, 1999)과 「역사변증법과 문화」(『인문논총』, 경남대, 1999)에서 온 것이다.

종일 노력해야 한다면 유희도 없을 것이다. 유희는 생산력의 발달에 기여하는 바가 없지만 생산력의 발달은 유희를 가능케 한다. 그래서 유희는 기생적이다.

그러므로 유희 운운하는 것은 근로 인민 대중의 고달픈 실천 역사에 기생하는 발언일지도 모른다. 맞다. 하지만 유희는 생산의 노예가 아니라 그 주인이다. 기생하는 것은 노예 상태가 아니라 주인의 상태이다. 메소포타미아 고대 종교에서 인간은 신을 봉양하기 위해 만들어진다. 생물의 진화에서 가장 극점에 위치한 것은 만물에 기생하는 인간이 아니라 인간에 기생하는 바이러스가 될 것이다. 석가모니는 대중들의 영적인 삶을 이끄는 사문들에게 '탁발하라'고 명령하였다. 이것은 노는 놈이 주인이고, 버는 놈은 노예라는 말이 아니다. 생산이 노예이고, 유희가 주인이라는 말이다. 버는 것은 놀기 위해서다. 생산은 유희를 목적으로 하지만 유희는 생산을 위해 복무하지 않는다.

그렇지만 유희는 반사회적 행동이 아니다. 사실 참된 유희는 인간을 필요로 한다. 아무리 재미있는 유희의 소재가 있더라도 사람이 없으면 별무신통이다. 진짜 재미있는 것은 사람하고, 친구하고 노는 것이다. 우리가 의미 생산의 강박 관념으로부터 유희의 정신을 구출하여 널리 퍼뜨리려는 것도 같이 놀 친구를 만들기 위해서이다. 이 점도 성자의 유희와 양아치의 유희를 갈라놓는다. 양아치는 패거리를 지어 다니더라도 결국에는 혼자 놀게 된다. 희롱은 유희가 아니다.

내게는 아이가 둘 있는데 둘이서 참 재밌게 논다. 하루는 사내 동생이 머리에 스카프를 예쁘게 쓰고 누나 치마를 둘러쓰고 소꿉 놀이를 하는데, 누나는 아빠고 동생은 엄마다. 무지하게 재미있는지 시종 키키덕댄다. 또 하루는 어디서 노끈을 잔뜩 구해와서는 누나 몸을 칭칭 동여매고는 누나는 개가 되어 멍멍 짖으면서 기어다니고 동생은 주인이 되어 '달려라, 달려'하면서 까르르댄다. 이것은 해방의 시간이고, 완벽한 유희의 시간이다. 구도적 엄숙주의에 완전히 영혼을 빼앗겨 버린 사람이 아니라면 누구나(설령 구도주의자라도) 어린아이들의 이런 행동을 보고서 웃음을 머금을 것이다. 그런데 왜 어른들의 행동에 대해서는 그렇게 평가하지 않으며, 자기 스스로도 그렇게 하지 못하는가.

현대문화는 냉소의 문화이다. 그것은 허구적이고 낡은 권력으로부터의 해방이라는 의의를 갖는다. 하지만 그것이 스스로를 변화시킬 다른 계기를 찾지 못한다면 문화의 발전은 다시 질곡에 빠지고 말 것이다. 이 점은 이미 예견되어 있다. 충고도 주어지고 있지만 그 충고는 주로 참된 의미의 생산이라는 측면에서 진행되고 있다. 이제 유희의 정신, '성자의 유희'에서 배우는 것은 어떨까?

찾아보기

인명

내용